U0099155

亨利·福特自傳

Henry Ford

亨利·福特/著　陳永年/譯

「影響人類歷史進程的100名人排行榜」的唯一企業家

一個農民的兒子，一個工廠的學徒，如何邁向商業的巨頭

史蒂夫·賈伯斯是福特的鐵粉，因爲福特是一個產品做到極致的偏執

序：宗旨和理念

美國現有的進步確實是夠驚人的，但是當我們把已經做到的和將要去做的相比較時，我們過去的成就簡直不值一提。

現在，世界上許多國家都在熱火朝天、躍躍欲試地發展，從這些國家已經取得的成就可以看出，這將是一個大有作為的時代。

當我們提到越來越多的電力、機器以及工廠時，有人會想到一幅冷漠的金屬世界圖畫，巨大的工廠取代了樹木、鮮花、鳥兒和綠地，因此他們便認為我們生活在一個由金屬機器和血肉機器組成的世界裡。

對於這種論斷我不敢苟同。我認為，除非我們對機器和機器的使用瞭解得更多，除非我們更好地理解生活中的機器，否則我們不可能有時間去欣賞樹木、鳥兒、鮮花和綠地。

我想，我們總認為在生活和生存手段之間存在著一些衝突，卻因為這種想法失去了許多生活的樂趣。我們浪費了那麼多的時間和精力，以至於沒有時間和精力去享受生活。

電力和機器，金錢和商品，只有作為使生活更加自由的手段時，才是對我們有益的。它們只是達到目的的手段而已。

比如，我並不認為以我的名字命名的機器僅僅是一臺機器。如果它只是機器的話，我就會去做別的事了。我會將它當作體現我的商業理念的具體證據。

我希望我的理念遠不止是一種商業理念——這個理念將把這個世界變得更適合生活。福特汽車公司的成功不同於一般的商業成功，只是因為它以通俗易懂的方式證明，我的理念直到現在依然是正確的。

如果僅僅是出於自私的考慮，我是不會要求改變現存的組織方式的。如果我只是要錢的話，那現在的社會體系已經很好，它能給我帶來巨大的財富。但是，我所關心的是服務。

目前的社會體系並沒有提供最好的服務。因為它鼓勵浪費，使很多人不能從為社會服務中得到相應的報酬，因此它是沒有發展前途的。這是一件需要進行妥善計畫和調整的事。

我並沒有和那些嘲弄新觀念的人爭吵。我認為，對所有的新觀念持懷疑態度，並且堅持讓每種新觀念都闡明自身的優勢，比起圍著新觀念團團轉要好——懷疑主義，如果我們謹慎地看待的話，那麼將是文明的平衡輪。目前世界所面臨的大多數緊迫問題都來源於我們接受新觀念時，沒有事先小心地調查它們是不是好的觀念。一種理念不會因為它是新的，便必然是好的，也不會因為它是舊的，便必然是壞的。一個理念是否行得通，事實是最好的證據。

理念就其自身來說，有著不同一般的價值，但理念畢竟是理念。幾乎每個人都可以想出一個不同的理念——重要的是付諸行動。

我現在最感興趣的是證明我們付諸實踐的理念是可以在很大的範圍內適用的——它們並不是關於汽車和曳引機的特殊理念，而是有著普遍的自然本性的東西。我完全肯定它的自然本性，我要證明這一點，使它不是作為一個新的理念，而是作為一種自然本性而被人們接受。

最自然的一件事就是工作——我們應該認識到，只有透過誠實勞動，才能獲得財富和幸福。人類的問題主要來自於總想逃避這一自然規律。除了完全接受這一自然規律之外，我沒有什麼別的建議。

我們必須工作，這一點是毋庸置疑的。我們所有已經取得的成就，都是持之以恆努力的結果。既然我們必須工作，那麼最好能做得聰明一些。因為我們工作得越好，我們的生活就會變得越好。我認為所有這些都是普通人的基本感覺。

我並不是一個改革者。我認為，這個世界上的改革已經太多了，我們給改革者的關注太多了。有兩種改革者，他們都是製造麻煩的人。一種是那些自稱為改革者的人，想打碎現存的事物。他們是那種因為襯衣領子上的扣子和扣眼不吻合便要撕碎襯衣的人，卻從來想不到可以將扣眼做大一點，這種改革者在任何時候都不會明白自己正在做什麼。

經驗和改革無法並存。在事實面前，一個改革者無法使他的狂熱情緒保持在白熾狀態，他必須不顧事實地採取行動。

自一九一四年以來，很多人接受了新品牌的技術產品，第一次用他們的腦子進行思考了。他們睜開眼睛，發現自己正置身於世界中，然後，他們帶著獨立的興奮，瞭解到自己可以批判地看待世界。當他們這樣做時，就會發現整個社會都錯了。

作為社會制度的批判者，總有驕傲的沉醉感——驕傲是每個人都享有的權利——最初是不平衡的。那些年輕的批判者是非常不平衡的，他們強烈地希望破除舊秩序，建立新世界。

還有一種改革者，但他們從不自稱為改革者。像那些激進的改革者一樣，他們也很獨特。那些激進者沒有經驗，也不想有經驗。而這一種改革者卻經驗豐富，但這並沒給他們帶來好處。他們想要回到原來的環境中，並不是因為那種環境是最好的，而是因為他們熟悉那種環境中的一切。

有一種人是為了創造一個更好的世界而砸爛現存的世界。另一種人則是要緊緊抓住現在這個如此美好的世界，讓它永遠保持這樣——直至腐爛下去。第二種觀念的來源和第一種觀念是一樣的——都是由於不用眼睛去看，僅僅閉著眼睛說瞎話。

我們完全可能做到砸爛這個世界，但不可能建立一個新的世界；阻止這個世界向前發展也是可能的，但無法阻止它倒退——倒向腐爛。以為把一切都顛倒一下，每個人就會得到一日三餐；或者以為一切都腐爛了，就可以得到六%的利息——這都是非常愚蠢的。

總的來說，改革者和反對者同樣都脫離了現實——脫離了社會最基本的功能。

社會最基本的功能就是促進農業、工業和交通的發展。沒有這三者，社會群體的生活是不可能正常的。它們使這個世界凝聚在一起。

種植東西、製造東西和運送東西，這些就像人類的需要一樣永恆不變，同時又像所有現代化的事物一樣處於時代的前端。它們是物質生活的本質。當它們停滯下來時，群體生活便停頓不前。

在目前體制下的世界，情況確實有些混亂，但只要基礎穩定，我們就有希望把事情做得更好。

人類最大的幻想是自以為能改變基礎——爭奪社會進程中主宰命運的角色。社會的基礎是人，以及種植東西、製造東西、運送東西的方式和工具。只要農業、工業和交通依舊存在，我們這個世界便會經歷各種經濟或社會的變化而存在和發展。我們以自己的勞動來為世界的發展服務。

人類有很多工作要做，商業是工作的一種。投機是早已存在的——但那不是商業，它只不過是一種或多或少的貪污行為，用法律的手段不能根除它，法律對此幾乎什麼也做不了。

法律做不了任何建設性的事情，它向來就只是一個警察。因此，指望我們各州的首府或華盛頓去做那些並不能透過制定法律所能做的事，那是在浪費時間。

如果我們還指望透過立法來治癒貧困或剷除特權，那我們就只能看到貧困的蔓延和特權的氾濫。我們對華盛頓的指望已經夠了，對立法者的指望也已經夠了——當然這個國家還不像別的國家那樣過度指望法律，讓法律去做那些它本身做不了的事情。

當你讓整個國家——就像我們的國家——的人們認為華盛頓是天堂、那裡居住著萬能者時，那麼你就在讓這個國家進入依賴狀態，這會給未來造成惡果。

我們的援助者不會來源於華盛頓，而是我們自己。當然，我們的幫助可以流向作為物流分配中心的華盛頓，我們的努力在那裡集合起來，為了大眾的共同福利而努力。我們可以幫助政府，但政府不能幫助我們。

「在企業中少一些政府干預，在政府中多一些對企業的考慮」是一個很好的口號。這並不主要是因為它對於企業或政府有利，而是因為對人民有利。

商業並不是美國成立的理由。《獨立宣言》並不是一份公司章程，美國《憲法》也不是一份商業計畫書。合眾國——包括它的土地、人民、政府和商業——只是為了使人民的生活變得更好。政府是公僕——它永遠不能是別的什麼，只能是公僕。

當人民成為了政府的附庸時，那些帶有報復性的法律便開始運作了，因為這樣的關係是違反自然的、不道德的和反人道的。

沒有商業，我們便無法生活；沒有政府，我們也無法生活。商業和政府作為僕人，都是人民所需要的，就像水和穀粒一樣，當它們成為主人時，便破壞了自然法則。

國家福利應服務於大眾——即作為個人的我們。這是它應該做的。

政府總是會輕易地許諾，但不會兌現。他們會把莊嚴的信口開河當成貨幣使用，就像歐洲一樣（全世界的銀行家只要有利可圖便玩弄花招）。但是只有工作才能兌現諾言——這一點每個人心裡都明白。

一個像我們這樣頭腦健全的人，是不可能想到要去毀滅經濟生活運行的基礎的。大多數人都知道不能不勞而獲，無中生有，並且也感到——即使他們不知道——金錢不等於財富。

對於那種不需要做任何事情就能各取所需的一般理論，普通人本能地不會相信，即使他找不到反對的理由。但是，只要他知道這種理論是錯的，便足夠了。

目前，美國的社會秩序總體上是笨拙、愚蠢的，而且在很多方面都不完善，但它比別的國家有優勢——它還能運行。

毫無疑問，我們的秩序會逐漸地發展成一個新的秩序，這個新的秩序也將能夠運行——但它自身發展所產生的因素要少於人們給它帶來的因素。

我們的制度能穩定，它是錯的嗎？當然，它是錯的，有一千個錯！它是愚笨的嗎？當然，它是愚笨的。從所有的理由來看，它都應該被推倒。但它沒有被推倒——因為它與某些經濟和道德的基礎相一致。這種經濟基礎便是勞動。

勞動是人類的特點，它使得地球對人類來說成為有用之物。正是由於人的勞動才會有收穫，這就是經濟基礎；我們每個人都在使用我們不能創造的原料進行勞動——這些原料當然是自然提供給我們的。這種道德基礎便是人的勞動權利。

因此，如果我們不能生產的話，我們就不能擁有——但也有人說如果我們生產的話，那也只是在為資本家生產。但我認為，正是因為他們提供了更好的生產方式，才成為資本家，這些資本家也是社會的基礎。事實上，他們所做的事情不只是為了自己，也是為了別人的利益而管理財產。

那些由於金融業務的操作而成為資本家的人只是暫時的惡人。如果他們的錢被用於投入生產，那他們就根本不是什麼惡人；如果他們的錢是用來使財產分配變得更複雜——即在生產者和消費者之間樹起障礙——那麼他們便成了邪惡的資本家。

當金錢被更妥善投入到生產中時，就不存在邪惡的資本家。當人們完全瞭解到經由勞動，也只有透過勞動才能獲得健康、財富、幸福時，金錢才會被更良好地用於生產之中。

一個願意工作的人卻不能工作，並由此獲得相應的認可和報酬，這是毫無道理的。同樣毫無道理的是，一個能工作但不想工作的人，卻能獲得不應有的報酬——他應該可以從社會中獲得與他對社會的貢獻相當的報酬，但如果他什麼都不付出，那麼就什麼也得不到，只有挨餓的下場。

如果我們堅持每個人都有權利得到他不應該得到的——只是因為確實有些人得到了他們不配得到的——那我們便無法維持秩序了。

再也沒有什麼比堅持「所有人都平等」的理論更荒唐、更有損人性的了。最明顯不過的是所有的人並不平等，任何試圖使所有人都平等的民主概念只會阻礙發展進步。

每個人不可能提供相等的服務。能力大的人要比能力小的人少。一群能力小的人有可能打倒一個能力大的人——但這麼做，他們便同時打倒了自己。因此那些能力大的人可以領導一個群體，使那些能力小的人不費什麼力氣就可以輕鬆生活。

因此，那種把所有人的能力無論高低全都削平的齊頭式平等觀念，只會造成大量的浪費。

沒有任何兩樣事物在本質上是完全一樣的。我們製造的汽車是可互換的，所有的零件都能用科學分析、最好的機器、最好的工藝做得幾乎一模一樣。用不著任何的裝飾，兩輛並排而放的福特汽車看起來肯定一模一樣，它們如此相像，以至於能把其中一輛的零件卸下來裝進另一輛上。但是，它們也並不是完全一樣，它們會有不同的道路習性。一些曾駕駛過上百輛、甚至上千輛福特汽車的人，曾說沒有兩輛車是完全一樣的——如果讓他們把一輛新車駕駛一個小時或不到一個小時，然後再把這輛車與另外一些同樣只駕駛過一小時、條件相同的車混雜在一起，雖然他們無法用肉眼認出他們曾駕駛過的那輛車，但他們只要一試，便可以分辨出來。

我一直在說的都是指一般的事情。現在讓我們來說得更具體一些吧。一個人應該依靠與他提供的服務相對應的報酬生活。在這個時候來談論這一點，顯然是一個好機會，因為在我們剛剛經歷過的時代中，大多數人都將提供服務排在了最後——我們到了一個沒有人在意花費和服務的時代。

只顧追求利潤對商業來說也是不利的。沒有必要的賣出或買進對商業是有害的。因為商業只有像小雞一樣，必須用爪子在地上刨來刨去才有所收穫的時候，才是健康發展的。事情來得太容易了，價值與價格之間的誠實關係被拋到了一邊，不用再去「迎合」大眾了，在很多地方甚至有「大眾該受譴責」的輿論。這一切對商業來說是極為有害的，可是還有些人把這種病態稱為「繁榮」。這並不是繁榮——這只是追逐蠅頭小利。

除非一個人的頭腦中一直都在考慮一個計畫，否則他很容易為金錢所累——一心只想著賺更多的錢，完全忘了在賺錢的同時應該把人們所需要的東西給他們。

建立在賺錢基礎上的商業是不安全的。這是一件難以捉摸的、變幻莫測的事，它極少能有一年的穩定發展時間。

商業的實質功能是為消費者提供產品，而不是賺錢或者投機。為消費而生產意味著產品要質優價廉——產品是用來為大眾服務的，而不只是為生產者服務的。如果金錢來自正當的途徑，那麼產品同時就會為生產者服務。

生產者的興盛與否取決於他為消費者提供的服務和品質。只為自己而生產，他也許能興盛一時；如果他真的如願以償，那也純粹是偶然情況。當人們一旦醒悟過來，發現他們付出後卻沒有得到相應的服務時，這位生產者的末日便指日可待了。

在繁榮時期，大部分生產都用來為自己服務，而當人們醒悟的那一刻，很多生產者便被迫倒閉了，於是他們說自己進入了「蕭條期」。

但事實上，他們並不是真的進入了「蕭條期」，他們只不過是想混淆是非，但他們不會得逞，因為金錢的貪婪者是肯定得不到金錢的。但是，當一個人為大眾利益提供服務——也就是去做自己認為該做的事情時——那時金錢就會自動向他滾滾而來。

金錢作為服務的結果，會自然到來。金錢是絕對要有的，但我們不要忘記，獲取金錢的目的不是為了安逸，而是為了提供更多的服務機會。

在我看來，再也沒有比安逸更可怕的事情了。在文明社會中，遊手好閒者沒有位置，我們任何人都沒有權利無所事事地打發時日。任何想廢除金錢的計畫，都只會使問題變得更加複雜，因為我們必須要有衡量價值的標準。但認為我們目前的金錢體系是交換的完美體系，這一點是很令人懷疑的。這個問題我將在後面的章節中討論到。

我之所以反對目前的金錢體系，最重要的一點是它成了一種只為自己利益著想的代表，它阻礙了生產，而不是在加速生產的發展。我將以簡單化的方式來闡明這一觀點。

普通人的錢已經是很少了，卻還要花很多錢去買生活必需品（除了那些每個人都有權享用的奢侈品以外），因為所有的東西在生產出來時，總比需要的更為複雜。我們的衣服、食品、傢俱——所有這一切都可以做得比現在的式樣更簡單，同時又更美觀。畢竟物品是在過去以某種固定的方式做出來的，製作者從此以後便一直沿襲下去。

我並不是說我們應該採用多變的風格來製作產品，沒有必要那樣做。例如衣服不能做成開口的袋子，這可能很容易做成，但穿起來卻不方便；毯子用不著做成有很多邊穗的樣子，但我們對印第安風格的毯子便不能以這樣的標準來要求了。

真正意義上的簡單，是指能夠提供最好的服務，並且用起來最為方便的東西。激烈改革的困難之處在於他們總是堅持為了使用某種已經設計好的東西，要求人們必須改變自身。

從一件合適的東西開始，加以分析研究之後，找出能去除其完全沒用的部分，這種方法可以應用到一切事物上——一雙鞋、一件衣服、一棟房屋、一臺機器、一條鐵路、一艘輪船、一架飛機。當我們去除無用的部分時，便把必要的部分簡單化，我們也就削減了製造成本。

這是一個很簡單的邏輯，但奇怪的是，人們總是想使生產工藝變得更廉價，而不是想使這件東西變得更簡單。其實，首先應該從一件東西開始。

首先，我們要知道它是不是按最好的方式製造的——它是否提供了最好的服務？

其次，要知道它的材料是最好的，抑或僅僅是最貴的？

最後，要知道它的複雜部分和重量能不能去除，諸如此類。

給一件機器加上多餘的重量，就像給馬車車夫的帽子再加上帽徽一樣荒唐。然而事實上還遠不止於此：帽徽可以幫助車夫辨別自己的帽子，而多餘的重量只意味著浪費精力。

我無法想像「力量來自重量」這一錯覺是從何產生的。對於打樁機來說，這是對的。但是如果沒有什麼用處，我們為什麼要去移動一個重傢伙呢？在交通運輸中，為什麼要給本身已很重的機器加上多餘的重量呢？為什麼不將其用來提高機器的載重量呢？

這好比胖子跑得不如瘦子快，但我們製造的大多數交通工具十分笨重，好像死沉的脂肪會增加速度一樣！我們國家很大一部分貧困就起源於運送這些多餘的重量，終有一天我們會知道如何去掉這些多餘的重量。

就以木材為例吧。就某些用途來說，木材是我們所知道的最好材料，但木材的使用特別浪費。如福特汽車上的木材就含有大量的水分，但我肯定還有某種比這更好的製作方法，既可以讓我們獲得同樣的力量和彈性，又不必承受多餘的重量。

農民們總是把他們的日常工作過於複雜化。我認為一般的農民只將他所花的力氣的五%用在了該用的地方。如果一個人採用這種方式去經營他的工廠，那麼工廠中就會到處擠滿了人，但是歐洲最糟糕的工廠也不如一般的農場那麼糟。

農場中電力的利用率是最低的。他們不僅一切工作都用手來做，而且極少想到合乎邏輯地安排工作。例如一個農民在做雜務的時候，會在搖搖晃晃的梯子上爬上爬下十多遍；他常年提水，卻不會想到用水管澆水。他的全部想法是，當有許多的工作要做時，便僱傭新的人手。他認為把錢用在設施上是一種浪費。因此，農產品的售價都比它們本來的價格要高，而農場的最大利潤卻比它們應有的利潤低。這是一種浪費行為，它使得農產品的價格高而利潤低。

在狄爾波恩我自己的農場裡，我們都用機器來做一切，因而減少了很多的浪費，但我們還沒有達到真正的經濟效益。我們還需要花五—十年的時間，來研究尋找什麼才是真正該做的。與我們已經做過的相比，我們還有更多的事情未做。但在任何時候——無論莊稼的收成如何——我們都能獲得最好的利潤。因為我們不是農民——我們是農場中的工業家。

一旦農民把自己看作工業家，看到存在於材料和人力上的可怕浪費，那時，我們農產品的價格就會低得使所有的人都能吃得起；那時，利潤會如此之大，以至於農業將被認為是最安全，而且最有利可圖的行業之一。

不知道將會出現什麼，不知道真正的工作是什麼，不知道完成這些工作的最好方法，這三者正是農業被認為是無利可圖的行業的原因所在。

沒有任何人可以承受得起農場的經營方式。農民們依靠運氣和祖輩的保佑來生活，他們不知道怎樣進行經濟合理的生產，怎樣將產品推向市場。一個既不知道生產，也不知道銷售的工廠主將無法維持生存，但農夫卻能夠維持下去，這就足以說明農業是多麼有利可圖的產業。

其實，在工廠或農場中獲得低價高產的做法——低價高產意味著每個人都可以獲得更多——非常簡單。其困難之處在於一般做法總是將相當簡單的事情複雜化。對此，我們可以舉「改進」為例子來說明。

當我們談論「改進」時，我們頭腦中經常想到的是一件被改變了的東西——一件「改進」的產品是「被改變了」的產品。但我的看法卻不是這樣。

我總是要在開發出最好的方法後才開始製造產品。當然，這並不意味著一件產品永遠不會改變。我認為在你滿意地找到最佳使用方法、設計和材料之前，不要去製造某件產品，從最終效果看來這是最經濟的方式。如果你的研究還不能使你有這樣的自信，那麼可以繼續研究，直到你感到自信為止。

開始生產的著眼點應集中在產品上面。工廠、組織、銷售、資金計畫將圍繞著產品而自動形成。對產品沒有足夠的認識就匆忙進行生產，這是很多企業失敗的原因。

人們似乎認為重要的是工廠、商店、資金或管理。其實，最重要的是產品，在設計完成之前就匆忙地生產，這一切都是在浪費時間。在我製造出T型車之前——也就是今天被命名為福特車的車型——我花了整整十二年的時間，才覺得它令我感到滿意。直到我們有了一種真正的產品以後，我們才試著開始真正的生產，之後這種產品沒有在根本上做過改變。

我們經常檢驗新的想法。如果你去過狄爾波恩附近的道路，你就會發現各式各樣的福特車。它們是實驗品——並不是新型號車。我不想讓任何好的想法隨便就溜走，但我並不急於判定一個想法是好或壞。因此，如果一個想法看上去不錯，或看上去具有可行性，我便做些必要的試驗，從不同的角度來檢測這個想法。

但是，檢測一個想法和對一輛車做出改動，可不是同樣的事情。大多數生產者都急於經常改變他們的產品，而不是改變其生產方式——而我們恰好走的是相反的路線。

我們最大的改變常常是在生產方式這方面，並且從未停止過。我想，從我們第一次製造現在這種型號的汽車到目前為止，沒有一種生產操作方式是相同的，這正是我們可以如此廉價地進行生產的原因。同時，汽車本身只有很少幾處改變，這些都是出於使用起來更加方便的考慮，或改變設計以增強力量。

隨著我們對使用材料的瞭解越來越深入，汽車上的材料也在逐漸發生變化。同時，為了防止因為某種特殊材料的短缺而使生產受限制或使成本增加，我們找到了大部分零件和材料的替代品。例如，釩鋼是我們在生產中所用的主要鋼材，用這種鋼材我們可以達到以最輕的重量獲得最大的力量。但如果將我們的整個未來都託付在釩鋼上，這就不是一件好事，因此我們找到了釩鋼的替代品。我們所使用的鋼材都是特殊的，並且其中的每一種鋼材我們至少有一種或好幾種有相同功能、被檢驗過的替代材料。其他的所有材料和零件也全都是如此。

最初，我們自己很少製造零件，也不生產引擎。現在，我們自己生產整個引擎和大多數零件，因為我們發現這樣可以將造價降得更低。同時，我們這樣做也是為了自己能夠生產所有的零件，從而不會因為市場危機或其他廠商不能履行訂單而影響我們的生產。

比如，在戰爭期間，玻璃的價格會大幅度地提高。我們是全國最大的玻璃消費者之一，而現在我們建立了自己的玻璃生產廠。假如我們將所有的這些精力都用於改變產品，那麼就不會有什麼大的發展。

我們沒有改變產品，但是我們卻把精力用於改進生產上。一把刀最重要的部位是刀刃。如果說我們的企業有一條基本原則的話，那就是這一點。如果沒有鋒利的刀刃，就不是一把好刀——不論它多麼漂亮，製作時所用的鋼是多麼好，被打造得多麼精緻，那也只能算是一塊廢金屬。所有的變化中最重要的是它所能做的——而不是設想它能做的。如果一把鋒利的刀輕輕一砍便能做到的事，為什麼要使用一把鈍刀費很大的力氣去完成呢？

刀是用來砍東西的，不是用來錘東西的，錘東西只是它偶爾被使用的功能。所以，如果我們在工作，那我們為什麼不專注於工作，並以最快的方式做好工作呢？

商品的鋒刃在於它能打動消費者。不能令人滿意的產品是鋒刃很鈍的產品。為了讓這鈍刀有用，必須浪費很大力氣。

一個工廠的鋒刃在於工人和操作的機器。如果工人不努力，機器也不會有用。如果機器不好，工人再努力也沒用。因此，一個人如果使用多於必要的力氣去完成一件事，那就是在浪費。

因此，我們的宗旨和理念的根本點就是：浪費和貪婪妨礙了真正意義的服務。

然而，浪費和貪婪是不必要的。浪費主要是由於人們不明白他們正在做什麼，或者對他們所做的事毫不上心。貪婪則只是一種目光短淺的行為。

我總是努力在材料和人力兩方面，以最小的成本生產，然後以最低的利潤價格進行銷售，通過銷售量來獲取好的利潤。在生產過程中，我付給工人們最高的薪資——這也是最大的購買力。由於統一了最低成本和最低利潤的銷售，我們可以使產品在銷售與購買力上協調一致。

這樣，每一個與我們生產相關的人——不論是管理者、工人還是消費者——都可以為我們提供更美好的生存環境。

我們的生產是為了向人們提供服務——這就是我談論它的唯一理由。這些服務的原則包括如下幾點：

第一，對未來毫不畏懼，對過去充滿敬意。一個害怕未來、害怕失敗的人，會使他的行為處處受到限制。失敗是更富智慧的行為，是再次開始的唯一機會。誠實地面對失敗並沒有什麼不光彩，丟人的是害怕失敗。過去的一切只有對進步指出了可能的途徑和方式時，才是有價值的。

第二，不要理會競爭。不論是誰，如果能將一件事做得更好，就應該由他去做。試圖不讓另一個人從事商業是犯罪——因為他為了個人的利益而企圖降低別人的條件——用權力而不是用智慧。

第三，把服務置於利潤之前。沒有利潤，企業就無法存在。獲取利潤並不是註定錯誤的，但利潤必須依靠良好的服務而獲得，誠實經營的商業企業不可能得不到利潤回報。利潤不能是基礎，它必須是服務的結果。

第四，生產不是低價買進高價賣出。它是這樣一個過程：以公平的價格買進原料，以盡可能低的成本把這些原料轉化成可消費的產品，再把它交給消費者。賭博、投機和損人的交易，只會阻礙這一過程。

以上這些原則是如何得出來、總結出來，並被普遍應用的，這將是下面各章要談論的話題。

目錄
CONTENTS

第一章 事業的開端

一九二一年五月三十一日，福特汽車公司已經生產出了它的第五百萬輛汽車。它和那輛三十年前研製的，即一八九三年春天第一次生產出的令人興奮的汽油馬車一起，被陳列在我的博物館裡。當「吃米鳥」飛臨狄爾波恩時，我正駕駛著它，這些「吃米鳥」總是在四月二日來到這裡。

這兩種交通工具的外表完全不同，結構和材料大部分也不相同，但是在製作原理上，它們卻是出奇的相像——除了那輛老汽油馬車上有一些條紋，而在我們的現代汽車上卻沒有。我們的第一輛汽車，也就是說汽油馬車，雖然它只有兩個汽缸，但是一小時可以跑二〇英里，可以憑藉它的小油箱裝載的三加侖汽油行駛六〇英里，並且現在仍然和它當年製造時一樣，性能保持良好。

一般來說，生產方式和材料上的發展，要遠遠快於在產品基本設計上的發展。福特汽車的整個設計都更加完美了。現在的福特汽車——也就是T型車——有四個汽缸和一個自動式引擎，這使它行駛起來更加方便和容易。它在設計上比第一輛車更為簡單，它身上的每一處幾乎都可以在第一輛車上找到相應的部位。設計的變化來源於製造過程中積累的經驗，而不是在生產的基本原則上予以改變。我把這作為一個重要證據，證明如果有了一個好主意，最好是集中精力把它完美地做出來，而不是把時間花在四處閒逛，尋找出更好的主意上。一次只堅持一個主意，這是一個人能做好事情的最重要的基礎。早年的農場生活，使我產生了這樣一種想法——應當使用更好的運輸方法和工具來進行勞作和生產。

我於一八六三年七月三十日出生於密西根狄爾波恩的一個農場裡。我關於農場的最初記憶，是那裡有太多的工作要做。直到現在，我對農業仍然有這種感覺。有人說我的父母很貧困，我們早年的日子很艱難。事實上，我父母雖不能說很富裕，但也談不上貧困。與密西根的農民們相比，我們還是很富有的。

我出生時的房子現在還在，這座房子和整個農場仍然是我所擁有的財產中的一部分。那時候，在農場——我們自己的和別人的，都有非常多的而且很艱難的手工勞動要做。在很小的時候，我就開始想也許會有更好的方法來做農場這些事情。正是因為這一點，使我開始對機械充滿了興趣——我母親總是說我天生就是機械師。當我什麼都還沒有的時候，我便有一個放滿了各式各樣的金屬片和工具的小房間。那時候，我們沒有像今天這樣的玩具，所有的玩具都是自己製造的。我當時的玩具全都是這些工具——直到現在它們還是我的玩具！因為每一臺機器都離不開各式各樣的零件。在我早年的歲月裡，第一件最重要的事情是：有一天，當我們趕車去鎮上時，在離底特律大約八英里的地方看到了一臺道路用的蒸汽車頭，那時候我只有十二歲。

第二件最重要的事情是：在同一年裡我得到了一只手錶。

我至今還記得那臺蒸汽車頭，就好像昨天剛見過它似的。因為那是我第一次見到不用馬拉的交通工具，它的主要功能是能夠帶動脫粒機和風車。

它看上去很簡單，只是將一個便攜蒸汽機和汽鍋安在輪子上，後面有一個水箱和煤車箱。我看過很多用馬拉的蒸汽機，但這一臺卻用一條鏈子連接著蒸汽機和上面裝了汽缸的馬車車架後輪。蒸汽機放在汽缸上面，由一個人站在汽鍋後面的平臺上不斷地鏟煤，觀察活塞的變化，並掌握方向。

這臺蒸汽車頭是由尼古拉—謝巴德公司製造的。當時，我第一眼就看到了它。蒸汽車頭停了下來，讓我們的馬車過去，正在駕馬車的父親還來不及知道我要幹什麼，我已經跳下馬車，和那位機械師交談了起來。那位機械師很高興地向我介紹了一切。可以看得出，他為它感到驕傲。他還給我展示了如果把鏈子從驅動輪上卸下來，再套上帶子，就可以帶動別的機器運轉。他告訴我，蒸汽機每一分鐘可以轉二百圈。鏈條的副齒輪是可以改變的，這樣可以使蒸汽機仍在運行，而車卻可以停下來。蒸汽機的這一項功能，被運用到現代汽車上了，雖然方式不同。不過對於蒸汽車頭來說，這一點並不重要，因為它可以很容易被發動和停下來，但這一點對於汽油引擎來說卻很重要。

正是這臺蒸汽車頭使得我對自動運輸工具產生了濃厚的興趣。我打算仿照它製造一臺，幾年之後，我真的造出了一臺，並且運行得非常好。從十二歲的孩提時代開始，一直到今天，我最大的興趣就是希望能夠製造一種能在道路上行駛的機器。

每次到鎮上去時，我的口袋裡總是裝滿了各種金屬小零件。我總是想修好那只壞了的手錶，在十三歲時，我終於第一次把那只壞錶修好了，並且它還能報時。在我十五歲時，我幾乎可以修任何壞錶了——雖然我使用的工具極為簡陋。然而，事實上只要我們願意笨拙地實際操作，就可以學到很多知識。因為我們不可能從書本上學到所有東西是怎麼製造出來的——一個真正的機械師應該知道任何東西是如何製造的。機械對於一個機械師來說，就像書籍對於作家一樣。他可以在操作它時從中得到很多感想和領悟。如果他是個有頭腦的人，他便會靈活地運用這些感想和領悟。

從一開始，我對農場的工作便沒有什麼興趣，總是想從事和機械相關的事情。父親並不完全理解我在機械方面的興趣，他希望我能夠成為一個農場主。當我十七歲離開學校時，便去德里多克機械廠的機械加工工廠當學徒，父親便認為我是沒有可能成為他所希望的農場主了。很快，我便順利地通過了學徒期——就在我的三年學徒期尚未結束時，我就成為了一名合格的機械師——由於我喜歡精細的工作和手錶，我常常在夜裡去一家鐘錶店修錶。有一段時間，我想我一定修了三百多只錶。我認為我可以自己造出僅售三〇美分的錶，並且我差點就著手去做了。但我沒有做，因為我想錶並不是大家所普遍需要的，一般來說人們用不著買它。我當時是怎麼得出這個驚人的結論的，我也無法表達出來。因為我並不喜歡珠寶店中的普通工作或修錶工作，除非有特別難修的錶，我才願意去做。即使在那段修錶的時間裡，我也想做一些大難度的修理工作。

那時候正好要開始實行鐵路標準時間。以前只有太陽時間，就像我們現在的夏令時間一樣，有好長一段時間鐵路時間和地方時間總是有差別。我苦思冥想了一段時間後，成功地製造出了能準確表示兩種時間的手錶，這種錶有兩個錶面。這引起了附近的人們極大的好奇。

在一八七九年，也就是在我第一次見到尼古拉—謝巴德蒸汽機四年之後，我終於獲得了一次自己駕駛這樣的蒸汽車頭的機會。在我的實習期滿後，我便在西屋公司的代理機構中當了一名機械專家，為他們裝配和修理道路機。他們所生產的機器和尼古拉—謝巴德公司的機器幾乎是完全一樣的。只不過他們把蒸汽機放在前面，把汽鍋放在後面，用一條輸送帶將動力傳到後輪上——雖然這種前驅功能只是在製造時的偶然發現，但它每個小時在路上能走十二英里。有時候它還可用作曳引機來運載重貨。如果機器要做脫粒工作，他們就把脫粒機和別的裝備套在這臺機器上，從一個農場走到另一個農場。這臺機器使我感到不便的是它那過重的重量和過高的花費。它甚至有好幾噸重，只有那些擁有大量土地的農場主才有能力擁有它；並且僅僅是那些以脫粒為業務的人，或有風車的人，或是需要便攜動力的人才需要用它。在那段時期之前，我就產生過製造某種輕便式的蒸汽車頭以取代馬車的想法，特別是當我看到把馬車當作曳引機來犁地時。

正如我模模糊糊記得的那樣，也可用這種輕便式的蒸汽車頭來運送貨物。製造一種不需要馬的貨車是大家的普遍想法。很多年之前人們便在談論將有一輛不需要馬拉的車子——事實上是從蒸汽機被發明後，這一話題便一直在被討論。但最初對於用車子運貨的想法，在我看來還不如用車子耕地的想法那麼現實，因為耕地是農場中最難的。

由於我們當時的道路條件很差，人們也沒有到處走動的習慣。對於農場來說，汽車最重要的功能是它擴大了農民的活動範圍。我們認為如果不是有什麼緊急的事情，人們是不會到鎮裡去的。我們每星期出門的次數幾乎不超過一次。當天氣不好的時候，我們甚至不出去。

我作為一個成熟的機械師，在農場裡又有一個相當理想的工作室，因而對我來說，要製造一輛蒸汽貨車或曳引機並不是一件很難的事。只是當我在製造的過程中，突然冒出來一個想法，認為也可把它用於道路的交通運輸中。

我很肯定地分析出，使用馬車需要照料和餵養馬，而養馬並不合算。因此最好的辦法就是設計並製造出一種蒸汽車頭，它可以非常輕便，並用來帶動一般的馬車或用來耕地。

我認為最重要的應當是先造出曳引機。我最迫切的想法就是把農場的辛苦工作從農民們的血肉之軀上解除掉，讓鋼鐵和引擎去做大部分農務，然而環境卻迫使我要先去進行發明道路交通機械。

後來我發現人們對在道路上行駛的機器興趣，要遠遠大於能做農務的機器——事實上，如果不是由於汽車一步步地拓寬農民們的眼界，輕便農用曳引機還是無法被應用到農場中去。當然，這都是後來的事情了。而我當時卻自認為農民們應該對曳引機更感興趣。終於，我製造出了一輛能夠跑動的蒸汽車頭，它有一個用煤油來加熱的汽缸，能產生很大的動力，並且很容易控制——蒸汽活塞是很容易進行控制的。但是，汽缸卻很危險。由於要獲得很大的動力，同時又不能有太大重量的動力裝置，就使得蒸汽機必須在高壓下工作才行。操作者坐在一個高壓的汽缸上並不是好事。為了使它更加合理和安全，就需要增加一些多餘的重量，而這又正好抵消了高壓所帶來的經濟效益。

在兩年的時間裡，我不停地實驗使用各種汽缸——蒸汽機的控制問題非常簡單——最後，我放棄了用蒸汽機來製造道路交通工具的所有念頭。

在英格蘭，這時已經造出了一種能沿著一定道路拖拉一列貨車的車頭，同時也毫不費力地製造出了可以在大農場中使用的大型蒸汽曳引機。但是我們那時並沒有像英格蘭那樣好的道路，我們的道路簡直會使最強有力的、最重的曳引機顛成碎片。並且在我看來，生產那些只有少數富裕的農場主才能購買得起的大型曳引機，並不是一件有意義的事情。

我始終沒有放棄不用馬拉車的理想。我在西屋公司的代理機構所做的工作，更加證實了蒸汽機不適合製造輕便交通工具的想法，這正是我為什麼在這家公司待了一年就離開的原因。因為大型曳引機和蒸汽機都不能教給我更多的東西，我不想在那些沒有發展前途的事情上浪費時間。

幾年以前，當我還是學徒工的時候，我在英格蘭的一份出版物《科學世界》上讀到過有關介紹英格蘭製造的「無聲氣體引擎」的文章。我想那就是自動引擎。文章說，發光的氣體在引擎中運行，有一個大汽缸，動力是間斷性供給的，因此需要有一個特別重的飛輪。考慮到它的重量，平均每磅金屬產生的動力還不如蒸汽機大，而使用發光氣體則更使它難以用於道路交通工具中。它之所以使我感興趣，是因為我對所有機器都感興趣。

我透過在商店買來的美國和英國雜誌，瞭解到了引擎的發展歷程，並想從中找到使用帶有揮發性的汽油形成的氣體，讓其代替發光氣體的相關內容。雖然內燃引擎的想法並不是很新鮮，但這是第一次做出的實際努力，並將把它推向市場。

當然，它們引起了人們的興趣，但不是熱情。我不知道有誰想過這種中斷性內燃引擎除了有限的用途外，還能做什麼。所有的聰明人都認為這種引擎還不如蒸汽機，但是他們從沒想到過這種引擎卻可以為我們開闢出一條新的道路。

這往往就是聰明人做事的方法——他們如此聰明和現實，以致他們總是知道為什麼某些事情是做不到的，他們總能知道事物的局限性。這也正是為什麼我從不僱傭那些過分聰明的專家的原因。如果我想用什麼不公平的方式來扼殺我的對手，我就會把這些專家送給對手。雖然他們有那麼多的好建議，但我可以肯定他們什麼也不會做成。

既然內燃機使我感興趣，我便繼續關注它的發展，但也只是出於好奇。直到一八八五年或一八八六年，當蒸汽引擎不符合我要製造的車輛動力要求，而被我放棄之後，我才不得不開始四處尋找別的動力引擎。

在一八八五年，我在底特律的伊格爾鋼鐵廠修理過一部自動引擎。對於它，鎮上的人一無所知。由於當時有人說我能做這工作，雖然我在此之前從未摸過這種引擎，但我還是接下了這項任務，並修好了引擎。這給了我一次仔細研究最新引擎的機會。

在一八八七年，為了檢驗自己是不是真正地弄懂了引擎的原理，我仿造「四周自動引擎」造了一臺同樣的引擎。

「四周」的意思是指活塞在汽缸裡經過來回四次而推出一次動力。第一次是把空氣吸進汽缸中來，第二次是壓縮汽缸中的空氣，第三次是氣體爆發或動力移動，第四次是排出廢氣。

這個小引擎模型運行得非常好。它有一英寸的直徑和三英寸的衝程量，整個過程是用油進行操作的，雖然它不能釋放出多大動力，但與市場上的引擎相比來說要輕得多。後來，我把它送給了一個年輕人，他好像是想用它做點什麼事情。那個年輕人的名字我忘記了，而且這臺引擎最後被毀掉了。這是我第一次和內燃機打交道。後來我又回到了農場，原因當然是為了做實驗而不是農事。現在我已經成了一個全方面的機械師，我有了一個一流的工廠，代替了早年的玩具室。

我父親說只要我放棄做一名機械師的理想，便給我四十英畝的木材種植地。當時作為權宜之計，我同意了，便開始伐木出售，這也給了我結婚的機會。

我做了一架風車和一臺可攜式馬達便開始砍樹，並把所有木頭鋸成木料。第一批木料中的一部分被用於蓋新農場的房子，在那座房屋裡，我開始了婚姻生活。

當然，它不是一座很大的屋子，而且只有一層半高，但它對我來說是一個舒適的地方。我給它加做了一個工作室，在我不砍木頭的時候，我就在那裡設計我的內燃機，研究它是什麼式樣以及如何運行的。

我流覽了所能找到的一切資料，但我認為最大的知識來源於實際工作。內燃機是一種神祕物——它並不總是像它本應該的那樣良好運行。你可以想像一下，那些最早的引擎是怎麼運行的！

就在一八九〇年，我開始研究並實驗雙缸引擎。指望用單缸引擎來推動運輸是不切實際的——飛輪的重量太重了。從製造第一臺四周奧托型引擎起，到研製雙缸引擎中間的這段時期，我做了大量的探索性實驗。我知道我的出路在哪裡，我認為雙缸引擎可以用於道路交通工具中。

最初，我只想把它載入到自行車上，用曲軸將其直接連接起來，自行車的後輪作為平衡輪，運行速度只能由節氣門來調整。但我從未實施過這一設想，因為我很快便清楚地瞭解到引擎、汽油箱和各種必需的控制裝備，對一輛自行車來說負荷太大了。使用兩個汽缸的計畫，是想在一個汽缸傳出動力的時候，另一個汽缸則排出廢氣。這自然用不著使用那麼重的飛輪。

我開始在農場的工作室裡進行著這種實驗，後來底特律愛迪生電氣公司向我提供了一份工程師和機械師的工作，每個月四十五美元的薪水。我接受了這份工作，因為它的薪資比農場的收入高得多，我決定不管怎樣也要離開農場的生活。

木頭全都砍完後，我們在底特律的巴格利街租了一套房子。同時還加裝了工作室，我把它設在房子後的磚屋裡。在開始的幾個月裡，我在電燈廠上夜班，因此我幾乎沒有時間進行實驗。但此後，我改上日班，於是每天夜晚以及每個星期六的夜晚，我便忙著研製這種新的引擎。我不認為這很艱苦，對我來說，任何感興趣的工作都不會是苦差事。我對最終的結果充滿信心。因為如果你努力工作，成功總是會來臨的。

對於我的研究，我的妻子甚至比我還要有自信，這真是一件難得的事，她總是那樣信心百倍。一切必須得從起點做起——那也就是說，雖然我知道有不少人同樣對無馬的車感興趣，但我無法瞭解到他們正在做什麼。我所要解決的最大問題，是如何點燃和熄滅火花，以及減少多餘的設備重量。至於傳送、轉向裝置及一般結構等方面，我可以吸收蒸汽曳引機上的做法。

在一八九二年，我成功地造出了我的第一輛汽車，但直到第二年的春天，它才令我滿意。這輛汽車的外表很像一輛馬車。但它有兩個汽缸，有二英寸半的直徑和六英寸的衝程量，並排地放置在後軸上。我用買來的一根蒸汽引擎的廢管子做成中間軸，它能發射出四馬力的動力。動力由一根輸送帶從馬達傳輸到中間軸，再由一根鏈子從中間軸傳到後輪上。

車子上可以坐兩個人，座位掛在一根柱子上，人就可以坐在橢圓形的彈簧上。它有兩個速度——一個速度是每小時一〇英里，另一個速度是每小時二〇英里，可以經由改換輸送帶而獲得不同的速度，這要依靠調節駕駛座前的操縱桿。當把操縱桿往前推時，就產生高速；往後拉時，便是低速行駛；操作桿直著向上，引擎便一直空轉著。

發動汽車時需要用力轉動馬達，而此時離合器要鬆開。需要把汽車停下時，只要把離合器合上，用腳踩住剎車就行了。當然，它沒法實現倒車，除了輸送帶從節氣門處可獲得的兩種速度外，也沒有別的速度可選擇。

這輛車的鐵架、座位和彈簧是我買來的，輪子是二十八英寸帶橡膠胎的自行車輪。平衡輪是我自己用一個模子做的，其他精巧的機械零件也都是我自己做的。我發現汽車中一個必需的裝置是補用齒輪，當轉彎的時候它可以把相同的動力用在後面的兩個齒輪上。

整輛汽車共重達五〇〇磅。裝在座位下面的一個油箱一次可以裝載三加侖汽油，這些汽油通過一根管子和混合閥門傳送給馬達。點火裝置使用的是電火花。

最初，機器是由空氣進行冷卻的，或者準確地說，根本就沒有冷卻裝置。我發現汽車在跑一個小時或一個多小時的時候，馬達就會熱起來，於是我就把汽缸周圍用水圍起來，把水放在汽車後面汽缸上的水箱裡來產生冷卻作用。幾乎汽車上所有需要的各種各樣的零件，都是事先計畫好的。而且我也總是以這種方式做任何事情，我先是做出計畫，在開始動手之前，就準備好事情的每一個細節。否則，在工作已經進行時，卻還在改變計畫，以致最後造成了前後不一致，這樣就會浪費大量的時間。這種浪費顯然是不應該的。許多發明家的失敗就是因為他們理不清計畫和實驗的區別。

在製造中，我所遇到的最大的困難，就是找不到合適的材料，其次是合適的工具。

在設計的細節上有一些方面是需要調整和變化的，但對於我來說，最大的困惑是，我沒有時間和金錢去找到每個零件所需的最好的製作材料。

但是在一八九三年春天，汽車終於能令我比較滿意地行駛在道路上，並且給了我更多的機會，讓我可以檢驗道路交通所需的設計和材料。

第二章

從商業中獲取的有益知識

我的「汽油馬車」是底特律的第一輛汽車，也是很長時間以來唯一的一輛汽車。它被別人認為是令人討厭的東西，因為它總是發出很大的響聲，驚嚇其他的馬匹，而且它也時常堵塞道路交通。當我把它停在鎮上的某些地方，而再要把它開走時，它的周圍必定會有一大群圍觀的人。即使我僅僅是停留幾分鐘，有一些好奇的人也總是想去開動它。後來，我就帶上一條鏈子，不管把它停在什麼地方，我都用鏈子把它鎖在電線桿上。

隨後不久，警察就來找我麻煩了，我還不知道究竟是為什麼。在我的印象中，那時候還沒有交通工具限速方面的法律。但他們聲稱不管怎樣，我得首先從市長那兒得到特別的許可才行。因而在一段時間裡，我曾經是美國唯一持有執照的司機。

在一八九五年——一八九六年期間，我開著那輛汽車跑了大約有一千英里。然後，我以二百美元的價格把它賣給了底特律的查理斯・安斯利。這也是我的第一筆汽車交易。

當然，我造這輛車的目的並不是為了出售，而是為了進行實驗，因為我想造一輛新車。既然安斯利想買，而我又需要這筆錢，於是我們很快談好了價格。

然而，用這樣一種方式來製造汽車不是我所想要的。我希望能進行大批的汽車生產，但在此之前，我得生產一些其他的東西——畢竟過於匆忙將會導致得不償失。

在一八九六年，我開始製造我的第二輛汽車。它和第一輛汽車很像，只是重量更輕一些，它同樣是靠輸送帶進行驅動的。直到後來我才放棄使用輸送帶，其實除了很熱的天氣外，輸送帶還是很好的——這也正是後來我採用齒輪的原因。從這輛車的製造上，我又學到了很多東西。

那時候美國以及外國的很多人也在設法製造汽車。一八九五年，我聽說有一輛德國來的賓士車，在紐約的馬西商店裡展覽。我專程跑去看了，結果發現它根本就不值得看。它也使用輸送帶驅動，但重量卻比我的車重多了。我一直都在為使汽車更輕便而努力，而那些外國製造者似乎沒有瞭解到輕便的意義。

在我的家庭工作室裡，我製造出了三輛汽車，它們在底特律行駛了多年。我仍然擁有我所製造的第一輛車——因為幾年之後，我僅花了一百美元，又把它從別人那裡買了回來——安斯利先生把汽車賣給了另外一個人。

在這段時間裡，我仍然保留了在電氣公司的工作，月薪漸漸提升為一百二十五美元，並且成了總工程師。但是我的內燃機實驗並沒有得到公司董事長的欣賞，就如同我的父親不欣賞我的機械才能一樣。

我的雇主並不反對我做實驗，而只是反對做內燃機實驗。現在他的聲音還時常在我耳邊迴響：「電力，是的，將來的世界是電力的世界。但氣體——卻不是！」他的懷疑主義——用中性的詞來講——是有一定根據的。實際上，還沒有人對未來的內燃機有最準確的概念。我們正處於偉大的電力世界發展的前沿。一些相對激進的觀點認為，利用電力所能做到的遠比我們今天知道的要多得多。

我看不出如何利用電力來幫助我達到我的實驗目的。即使架設空中電線更便宜一些，但也沒有辦法用它來驅動汽車運行，因為沒有適當重量的蓄電池能用於汽車。一輛電車就有很多受限制的地方，包括與它所產生的動力成比例的大型電動設備。

我在此並不是說電力不行，但是我們還沒有開始使用電力。我認為電力有電力的好處，內燃機有內燃機的優勢。任何一項都不能代替另一項——這一點是非常肯定的。

我擁有了那臺我曾經在底特律愛迪生公司掌管的電機。當我們開始建設位於加拿大的電廠時，我把它買了回來——它被電廠賣給了一座辦公大樓。對其進行稍微修理之後便可使用，幾年來它在加拿大電廠中運轉得非常好。

由於企業的發展，我們需要建立新的電站，我把這臺老馬達放進了我的博物館——狄爾波恩的一間屋子，這裡面裝滿了很多珍寶般的機械零件。

愛迪生公司想提拔我為公司總監，但前提條件是我必須放棄內燃機的研究設計，把精力投入到他們認為真正有用的方面。於是我必須在汽車和工作之間做出選擇。

我選擇了汽車，放棄了工作，實際上這沒什麼必要去選擇，因為我已經知道對汽車的研製肯定會成功的。我在一八九九年八月十五日提出了辭職，全心地投入於汽車製造事業中。

對我來說，這實際上是很重要的一次選擇。因為我並沒有多少積蓄，除了平時的生活費之外，其他錢全都用在了汽車實驗之中。然而我的妻子也不同意我放棄汽車事業——儘管我們可能成功，也可能失敗。人們也並沒有產生對汽車的需求——在新產品產生之前，從未有過對新產品的需求。汽車被人們接受就有點像最近我們接受飛機一樣。

開始「不用馬拉的車」被認為只不過是異想天開而已，很多聰明人還特別地做出解釋，認為它只不過是一個玩笑。沒有一個有錢人想過它將來會具有商業價值。

無法想像為什麼每一種新的交通工具在開始時，都會遇到這麼多的反對之聲。甚至今天還有一些人搖著頭，批判汽車的奢侈，不太情願地承認汽車的用途。

在最初，幾乎沒有人能看到汽車業可以成為產業中的一大部分——最樂觀的人也只是希望能生產出一種自行車的「親戚」。當人們發現汽車真的能跑，製造者們在製造汽車時，最大的好奇就在於想知道哪輛車跑得最快。這種賽車的想法是奇怪的，然而又是自然而然地產生的。

我從未考慮過賽車的事情，但大眾卻把汽車看成一個快速的玩具，除此之外別無其他，因此後來我們也開始賽車了。

起初的汽車工業被這種賽車行為拖了後腿，因為製造者的注意力被引到如何製造速度更快的車，而並不是更好的車。這是投機者耍的伎倆。

一群投機者開始動起了腦筋，當我一離開電力公司時，底特律汽車公司便開始開發我的汽車專案。

我作為總工程師，手頭有少量的貨物。在三年的時間裡，我們繼續製造一些和我的第一輛車相同的車。但我們賣掉的車很少，因此我幾乎得不到經濟援助可以來製造更好的車大量銷售給大眾。

整個計畫就是依照訂單來製造，儘量從每一輛車上獲得最高的利潤。當時，主要的想法似乎就是為了賺錢。

除了機械製造方面之外，我沒有別的權力。很快我就發現這家公司不是實現我的理想的場所，而只是一種賺錢的工具——而且也沒有賺到多少錢。於是在一九〇二年三月，我便辭職了，決心再不受別人的指揮和命令。

底特律汽車公司後來成為凱迪拉克公司，公司由亨利李蘭所有，後來他也加入了汽車行業。我租了一個店鋪——它位於公園村八十一號，是一座只有一層的磚棚——在那裡繼續我的實驗，並想看清楚工商業到底是什麼。我想它肯定和我的第一次冒險所證明的東西是不一樣的。

從一九〇二年到福特汽車公司成立，有一年時間，實際上這一年是進行調查研究的一年。在我那個小小的店鋪裡，我努力工作，開發了四個汽缸的引擎。在外面時，我便試圖發現工商業到底是什麼樣子的，看看它是不是像我從第一次短短的經驗中所感受到的那樣，必定是自私自利的搜刮金錢手段。

從我上面已講的第一輛汽車，到我的公司成立，我一共製造了二十五輛汽車，其中十九輛或二十輛是在底特律汽車公司製造的。汽車的發展之路已經走過了它的最初階段。

在這一階段，汽車從僅僅能走，發展到了具有高速度的階段。克利蘭德的亞歷山大・溫頓——溫頓車的創造者，那時他是全國的賽車冠軍——表示願意接受所有挑戰者的挑戰。於是我設計了一臺比以前更簡便的雙缸密封式引擎。

我把這臺引擎裝進底盤架上，突然發現我的汽車也能獲得較快的速度，便安排了一場和溫頓車的比賽。我們在底特律舉行了比賽。

最終我擊敗了他。這是我第一次賽車，而它也帶來了人們唯一願意看的廣告。除非汽車的速度快，除非它能夠擊敗其他的賽車，否則大眾對它會不屑一顧。這促使我產生了想製造出世界上最快的汽車的野心，促使我設法造出四缸引擎。但這是以後的事了。

在商業運作中，最令人吃驚的方面是，大量的注意力都是針對金錢的，只有少量的注意力是用於服務。但我認為這是和自然規律相反的。自然規律中，金錢應該是作為勞動的結果，不能是在勞動之前。

商業運行中的另一個讓人吃驚的方面是，只要能把一件事做好，能賺錢就可以，而對更好的生產方式卻抱著普遍的冷漠態度。

換句話說，就是一件物品被生產出來，並不是考慮它能為大眾提供多大的服務，而主要看它能賺多少錢——因而對於顧客是否對產品滿意並不會特別在意，只要能把東西賣出去就萬事大吉了。一個對產品不滿意的顧客，商家不僅不認為他的信任被自己辜負了，反而是把他當作討厭的人，或者是將他當作榨取二次金錢的來源——本來在第一次時就該把工作做好的。比如，汽車一旦被賣出之後，商家就不關心它可能會發生什麼事情，也不關心它每跑一英里會耗掉多少汽油，它確實能提供怎樣的服務也不重要。如果它被損壞了，需要更換零件，那麼這只是購車人自己倒楣。

這種理論會導致人們進一步認為，以最高的價格賣零件是一樁好生意，因為既然顧客已經買車了，他需要汽車的零件，就會願意為此付錢。因此，汽車業的發展並不是建立在誠實的基礎之上，而且從生產的角度來看，它也不是建立在科學的基礎之上，其他的行業也是如此。

也許人們還記得，曾經有過一段時期，很多公司是在金融界的支撐、扶持下才能夠生存的。那些從前只局限於鐵路行業的銀行家，也開始關注工業了。

那時候，我的想法和現在一樣，認為如果一個人把他的工作做好，他就會為此而獲得好的回報，利潤和資金方面的支援也就會滾滾而來；一個企業應該從低起點起步，不斷地鞏固自身的所得，並逐漸發展壯大。如果企業在發展過程中始終沒有收穫，那麼這便是向其企業主表明，他是在浪費時間，因為他並不適合這一行業。

我從來沒有改變過這些看法，但我發現這種認為把工作做好就可以從中獲取所得的簡單想法，對於現代企業來說不太適合。

那時候，最好的企業計畫是一開始便盡可能地爭取最多的資本，然後是儘量地出售企業的全部股票和債券。在扣除股票和債券銷售的費用、宣傳費以及其他各種開銷之後，剩下的錢便是企業的利潤。而且一個好的企業就是其股票和債券能以最高價並且可以大量出售的企業，因而在企業發展中重要的是股票和債券，而不是工作。好的企業不是指那些工作做得很好、能獲得公平利潤的企業。

我不知道一家新企業或舊企業怎麼能一方面希望獲得最大的股票和債券利潤，另一方面又能以公平的價格出售產品，我從未弄懂過這一點。我一直弄不清是根據什麼理論，認為給企業投資金錢之後，就可以向其收取利潤。

那些自稱是金融家的人說，他們的錢值六％或五％或百分之多少的利息。如果一個人向某企業投資了十萬美元，那麼這個投資者便有權利向企業要求一筆收益，因為如果他不把錢投入企業中，而是存入銀行或保險公司的話，他就能得到一定的利息。因此，他們認為從企業的運行費用中抽取一部分適當的收益是這筆錢應得的利息。這種想法是造成很多商業失敗的根本原因。

金錢本身並沒有一個特別的價格，而且金錢本身也沒有價值，因為它自身什麼也做不了。金錢唯一的用處就是可以購買勞動工具或原料。因此，金錢的價值只在於它能幫助生產或購買，除此之外不會有更多的價值了。

如果一個人認為他投出去的錢能獲得六％或五％的利息，那麼他應該把錢投到他能獲得回報的地方。投入工商業的錢不等於它本身能給工商業帶來利潤，或者說不應該是，因為它不再是錢，而是成了——或者應該成為——生產的引擎，因此它的價值在於生產之中——而不應當由某些並沒有特定生產業務的行業規定它的數目。金錢的所有回報都應該在生產之後才兌現，而不應當是在此之前。

商人們相信，透過外界注入資金，便可以做任何事情。如果第一筆資金沒有帶來好的結果，那就再投入資金。這種再注入資金的行為簡直就是把錢往水裡扔。

在多數情況下，企業需要重新注入資金，肯定是因為企業管理不善。再投資的結果只不過是讓那些無能的管理者把他們錯誤的管理方式持續得更久，不過是推遲對他的裁判而已。

這種再次投入資金的行為，不過是一些投機金融家們的錯誤之舉。事實上，他們的錢只有用在真正能做事的地方，才會發揮作用，而企業如果不是管理不善，他們的錢也不會投進去，而那些投機金融家就據此認為自己投出去的錢在被使用——但這僅是他們的幻覺。他們沒有團結起來共同努力，而只是把錢拿出來浪費了。

我早已下定決心，絕不會加入一個從一開始就急於賺錢的公司，也不會加入有銀行家、金融家參與其中的公司。並且，如果不是建立一個以大眾利益為目的的企業，那我根本就不會開始。

在我短短的經歷中，以及周圍我所看到的事情，足以證明只顧賺錢的工商業是不值得去為之工作的，並且對一個想做出一番成就的人來說，顯然在這樣的企業中也是不可能實現的。同時，在我看來，這也不是賺錢的正確途徑。我將證明什麼是真正的賺錢之道。真正的工商業，其唯一的基礎就是服務。做成一樁買賣之後，廠商和顧客的關係並未就此結束，事實上它才剛剛開始。

以汽車為例，把汽車賣給顧客，這只是對汽車進行某種介紹而已。如果汽車不能為顧客提供某種服務，對廠商來說，最好不要做出這種介紹，因為他將產生最差的廣告效果，顧客會有極大的不滿。

在汽車工業的早期，有一種很普遍的觀點認為，把汽車賣出去就是真正的成功，至於此後買主手裡的車會怎麼樣，卻並不重要。這是目光短淺的銷售態度。

如果一個銷售商僅透過出售商品就獲利，那就不能指望他會為顧客做出多大的貢獻和努力。就這一點來說，我們後來為福特公司的銷售而進行的大爭論是對的。

我們的汽車在價格和品質方面無疑都具有市場，並且市場很大，但我們所做的卻遠不止這些。一個購買了我們汽車的人，也就有權利享受那輛車的良好服務。因此，如果他的車出了任何毛病，那就是我們的責任，我們將以最快的速度把這輛車修好，使其重新投入使用。

在福特公司的成功經驗中，首次提倡產品的服務措施是一個突出的因素。在那個時期，大多數價格昂貴的車，其售後服務都很糟糕。如果購買後車壞了，只有依靠當地的修理工進行修理——事實上買主完全有權找廠商要求服務。

如果修理工恰恰是一位能幹的人，而且手頭又保存了不少的零件（雖然很多車輛的零件是無法互相更換的），那位車主就是幸運的。但是，如果這個修理工是個平庸之輩，對汽車的瞭解並不多，而且還有很強的金錢欲望，想方設法從每一輛到他這裡來修理的車上榨取一筆大錢，那麼即使車子只是受到輕微的損壞，也要等上好幾個星期，並且在汽車被開走之前，得被狠狠地榨掉一筆修理費。

有一段時間，汽車修理工被認為是阻礙汽車工業發展的最大威脅。甚至到一九一〇年—一九一一年，擁有汽車的人仍被認為是相當有錢的，因而他的錢理所當然可以被修理工刮走部分。

在開始的時候，我們針對這一問題，提出了很好的解決方案。我們可不想讓我們的銷售量受到那些愚蠢、貪婪的人的不良影響。

幾年之後，由於金融家對企業的控制，使得企業的服務措施被迫中斷，因為金融家所指望的是馬上得到美元。

如果在企業運作中首先考慮的是能賺到多少錢，那麼企業的發展必然被金錢斷送，除非碰到特別好的運氣，有多餘的錢用來為顧客提供服務。

我還注意到，很多從事工商業的人都有一種傾向，認為他們的工作過於勞累，他們現在工作是為了有一天能退休在家，靠積蓄而生活。生活對他們來說是一場戰鬥，越早結束越好。

這是我所不能理解的，因為我認為生活並不是一場戰鬥，除非是與我們消極的想法作戰。如果腐朽是成功的話，那麼一個人只要能夠忍受無所事事的懶散生活就可以了。但如果發展才是成功，那麼一個人就必須每天早晨清醒過來，並且一整天都保持頭腦清醒。

某個大的企業的名稱會成為精神的代名詞，因為人們會認為他們可以以其優秀的管理辦法把企業管理好。雖然那套管理方法在過去的日子是最輝煌的，但它的輝煌更多是在於它能夠適應今天的變化，而不是盲目地照搬以前的管理方法。

生活，在我看來，不是指某個終點，而是一個過程。即使是自己感到已經「安居」下來的人，也並非真正安居下來了，他很可能是在後退。

萬物都在運動，其意義就在於此。生活是不斷向前的，我們可以先後兩次住在同一條街的同一個地方，但住在那裡的卻不是同一個人。

我注意到，由於人們認為生活是一場戰鬥，並且這場戰鬥可能會由於自己錯誤的舉動而導致失敗，因而對一些舊的習慣和慣例會產生很大的熱情。人們習慣於陷入陳規陋習當中，甚至沒有鞋匠願意用新的方法來縫鞋，也很少有工匠願意在他的行業裡開發出新的方法。

例如在改進工作方法的時候，指導工人儘量減少無用的工作，以避免疲勞，但對此反對最激烈的正是工人自己。雖然他們也懷疑這一舉動是想從他們身上榨取更多的價值，但真正使他們惱火的是，這將干涉他們養成已久的習慣。

商人們只會隨著他們慘敗的商業而走下坡路，因為他們那麼喜歡舊的一套，以至於沒法跟上新的商業方式。

這種人隨處可見，他們不知道昨日已經過去，當早上醒來時，他們頭腦裡裝著的還是過去的觀念。這幾乎可以作為一條公式：當一個人要想尋找到他想要的方法時，最好先認真審視一下自己，看看自己的大腦是不是在不斷更新。

如果一個人有一種被生活「套牢」的想法時，便存在著潛在的危險，它顯示你已經失去了不斷進步的思維方法。

金錢給人們帶來的影響——迫切想從投資中謀取利潤的心理——造成了對工作的忽視、輕率以及對服務的輕視等這些方面我看到過很多。這可能是企業遇到諸多困難的最根本原因。

它首先是造成低薪資的原因——因為在錯誤方向上進行的工作，是不可能有高薪資的。而企業如果不把全部的注意力都集中到工作上，那是不可能確立正確方向的。

雖然大多數人都想自由地工作，但在現行制度下，他們不可能自由地工作。在我的第一次工作經歷中，我並不自由——我不能完全按照自己的設想去工作。

當時，一切計畫都是為了賺錢，最後考慮的才是工作和服務。最奇怪的是，它堅持最重要的是錢而不是工作。大多數人認為把錢放在工作之前，並沒有不符合邏輯——雖然他們都承認利潤來自於工作。人們最大的願望似乎是能找到一條賺錢的捷徑，但卻忽視了一條最明顯的捷徑——工作。

再來談談競爭問題。

我發現競爭總是被看作一種對自己的威脅。一個好的經理就必須利用人為的壟斷方式，來擊敗他的競爭對手。這種觀念是基於這一想法——任何商品都只有一定數量的人們會願意購買，因此必須儘量把生意做在對手之前。

也許有人還記得，曾經有很多的汽車企業聯合起來，組成了塞爾頓查營，這樣一來他們就可以壟斷汽車的價格和產量。他們的做法和很多行業聯合會一樣——持有這種想法的人認為，少量的工作而不是大量的工作可以獲得更多的利潤。我認為這種觀念是非常陳舊的。

我那時候不明白為什麼會有這種想法，現在也仍然不明白，為什麼人們不考慮如何把自己的工作做好，卻將時間浪費在競爭場上。

總有很多的人準備或急於購買你的產品，只要你能供給他們所需要的產品，並以適當的價格出售——這一點既適用於服務業，也適用於商品。

在這段思考的時期裡，我並沒有無所事事。我們製造了一臺四缸引擎，並生產了兩輛大賽車。我花了很多時間在我的事業上，我不相信一個人能離得開事業。人應該整天想著工作，並且整夜都夢見工作之事。

在上班的時間裡工作，即每天早晨撿起工作，晚上再放下工作——直到第二天早晨再去想它，這是一個好習慣。這麼做可能是最好的。

如果一個人準備一輩子都朝著別人指定的方向做事，當一個普通的員工，那他可能成為一個負責任的員工，但他不能成為一個部門主管或經理。

體力勞動者必須受到勞動時間的限制，否則他將會異常疲憊而不堪重負。如果他想一直做一個體力勞動者，那麼當就寢的哨聲吹響時，他就應該忘掉自己的工作而安心睡覺。

但是，如果他想向前發展，做更多的事情，那麼就寢的哨聲只是開始思考的信號——思考這一天的工作，並從中發現怎麼才能把他的工作做得更好。

一個有工作能力和思考能力的人，是註定要成功的。

我並沒有哄人！

那些全身心投入工作的人，那些從不離開自己工作的人，那些始終想趕在前面的人，並且也的確走到了他人前面的人，是不是一定會比那些只有在上班時間才動手動腦的人更加幸福呢？對此我也無法說明，也並不需要做出決定。

十馬力的引擎沒有二十馬力的引擎拉的東西多。那種下班之後什麼都不想的人，正是自己限制了自己的馬力。如果他滿足於他所承載的重量，那是他自己的事情，但他不能抱怨別人增加馬力，以致比他做得更多。

閒散度日和勤奮工作會帶來兩種不同的結果。如果一個人喜歡閒散，並自我放鬆了，那麼他就沒理由去抱怨，因為他不能既擁有閒散的生活，又擁有勞動的成果。

雖然在隨後的每一年中，我都有新的認識，但這並沒有改變我最初的觀點。總體來說，那一年我對工商業的認識包括如下幾點：

如果把金錢放在工作之前，就相當於破壞工作和毀壞服務措施的基礎。

把金錢作為首先的考慮，而不是工作，這會造成對失敗的恐懼心理。這種恐懼心理阻礙了企業的發展之路。它使人害怕競爭，害怕改變他的舊方法，害怕做任何會改變他現狀的事情。

對於把服務放在首位的人來說，其道路都是很明確的——盡可能以最好的方式來工作。

—第三章—

開始真正的事業

在公園村的那座小磚房裡，我有許多機會去設計一輛新車，並想辦法進行生產。但是，即使在當時的情況下成立我所想的那種公司——在公司中關鍵性因素是把工作做好，滿足大眾的需求，但是很顯然，在這種試驗性生產的方式下，我不可能生產出可以低價格出售的好汽車。

大家都知道，一件事情第二次做的時候總是會比第一次做得更好。我不知道當時的生產為什麼沒有把這點當作一個基本事實來看待。可能是由於所有的廠商都急於生產能夠出售的東西，他們沒有時間做好充分的準備。

這種依訂單生產而不是大批量生產的方式，我想是一種習慣、一種傳統，它是從很早的手工藝時代就傳下來的。我曾經詢問一百個人，問他們希望怎樣製造產品，大約有八〇%的人不知道如何回答——他們把這種事留給你來決定，一五%的人覺得，他們必須說點什麼，只有五%的人真正有想法和理由。

九五%的人是屬於不知道並且承認不知道的，或不知道卻不承認不知道的人，這些人構成了所有產品的市場。那五%需要特別產品的人，他們也許能夠，也許不能夠出得起特殊產品的價格。如果他們出得起價格，他們就能得到自己所想要的，但他們只構成特別有限的市場。

而那絕大多數占九五%的人，也許有一〇%—一五%的人會為品質而付錢。剩下的人，他們買東西時只考慮價格，而不問品質，但是這種人正在日漸減少。

消費者正在學會如何購買產品。大多數人在逐漸地考慮品質，並買那些同等價格中品質最好的東西。因此，如果你發現什麼能給這九五%的人以全面的服務，然後以最高的品質進行生產，並以最低的價格出售，你將面臨一個巨大的需求，甚至可稱為是普遍需求。

其實，並沒有什麼統一的標準，「標準化」這個詞的運用很容易引起麻煩。因為它意味著僵化的樣式、方法和通常性的工作，因此生產廠商可以選擇最容易製造，同時又能賣到最高價格的產品進行生產。大眾並不考慮產品樣式，也不考慮其價格。大多數標準化的背後是為了能夠獲取最大的利潤。由於只生產一種東西，產生了一定的經濟效益，使越來越多的利潤持續地流入廠商手中。於是生產的產量變得越來越大，但他還不知道市場上已經塞滿了賣不出去的貨物。如果廠商降低這些貨物的價格，也許這些貨物能夠賣出去。

購買力總是存在的——但購買力不會總是對降價做出反應。如果一種商品開始以過高的價格出售，然後由於企業的不景氣，價格突然削減下來，人們的反應有時會令人非常失望。而這是有理由的，因為大眾很擔心，他們認為削價又是一套把戲，他們會坐等著真正的削價。去年我們看到了很多這樣的事例。

與此相反，由於生產的效益而引起價格的降低，大眾知道這是廠商的方針，會非常信任廠商，並迅速做出反應——因為他們相信廠商能給出真正的價值。

因此，標準化可以說是一樁壞事，除非它能降低所售商品的價格。價格的降低——這點非常重要——是生產的效益所產生的，而不是由於大眾需求的下降，大眾需求的下降只表明大眾對產品的價格並不滿意。大眾將會感到奇怪，怎會需要花那麼多錢來購買這些東西呢？

我認為標準化並不僅僅是找到最暢銷的產品，將注意力集中在它上面，而應該是長期的計畫——也許有的要計畫好幾年。

首先，要考慮什麼東西最能滿足人們的需要，然後考慮該怎麼去生產它。這樣，生產的具體過程會自然形成。然後，如果我們把生產從利潤的基礎上轉移到服務的基礎上，我們便會擁有真正的工商業，其利潤可以滿足任何人的需要。所有這些對我來說都是不言而喻的。要為社會上九五%的人服務，是任何產業都要考慮的，它也是社會服務於工商企業的邏輯方式。我不能理解為什麼所有的產業都未能做到立足於服務這一基礎。為了做到這一基礎，需要做的就是克服自己總想抓住眼前的美元的習慣，總以為眼前的美元是世界上唯一的美元。大多數人在某種程度上已經克服了這種習慣。美國所有大型的成功零售商店，都是建立在這一基礎上的。

唯一需要再加改進的是要除掉那種囤積物質、奇貨可居、謀求高價的觀念，以平常心態根據生產的成本來定價格，並且設法降低生產成本。

如果一件產品的樣式經過充分的研究，那麼這件產品的樣式就會改變很小。但產品生產過程的改變會來得很快很澈底，這是我們的經驗。關於它是怎麼進行的，我在後面會講到。

我在此需要強調的一點是：除非預先對一件產品進行了充分的研究，否則便不可能獲得一件完美的、無可挑剔的，同時又吸引人們注意力的產品。

以上這些觀念，是在我做實驗的這一年中，在我的頭腦中形成的。我做的大多數實驗是關於賽車的。

那時候的人們認為一流的汽車應該是一輛賽車。我本來對賽車沒有什麼真正的興趣，但是沿用自行車的思想，不少汽車生產廠商認為在車道上贏得一場比賽，可以有助於告訴觀眾一些關於汽車的優點，但我不認為任何其他的檢測得出的結論會比這種檢測得出的更少。但是，由於別人都在這麼做，我也不得不加入。在一九〇三年，我和湯姆・庫珀一起，製造了兩輛主要是追求速度的車。

它們很像，我們把其中一輛稱為「999」號，另一輛則稱為「飛箭號」。如果一輛汽車能以速度而知名，那麼我也能造這樣一輛汽車，使它在只要速度快便出名的地方出名。這兩輛車就是這樣。我用了一臺由四個大汽缸發出八十匹馬力的引擎——這在當時是聞所未聞的，這些汽缸的轟鳴聲就足以把一個人吵得半死不活。車上只有一個座位，因為一輛車上坐一個人就足夠了。

我試過那兩輛車，庫珀也試過，我沒法形容那種感覺。駕駛其中的一輛車經過尼加拉瓜大瀑布，可以說是件悠閒的事。

我並不想駕駛「999」號去賽車——雖然這輛車是我們製造的。庫珀也不想去，他說知道一個人，這是個為速度而活著的人，對他來說沒有什麼東西是太快的。

庫珀給鹽湖城拍了封電報，於是來了一位名叫巴里・奧菲爾德的職業自行車賽手——他從未駕駛過汽車，但他又很想試試，他說對任何事情他都想試一試。

只用了一個星期的時間就學會了駕駛汽車，那個人幾乎不知道什麼是恐懼，直接學著去操縱這個怪物。今天即使跑得最快的車也根本沒法與那輛車相比。

那時候的車根本就沒想到要設置方向盤。所有我以前製造的車都只是裝了一個很簡單的方向柄，但在這輛車上，我裝了一個雙手握的方向柄，因為要控制行駛中的這輛車需要一個大漢的全身力氣。

我們的賽車在克羅斯頓車道上跑了三英里，我們要讓我們的車像一匹黑馬一樣。我們把各種結果的預測留給別人。

那時候車道修得並不完善，我們甚至不知道一輛車的速度到底能達到多快。奧菲爾德明白轉彎意味著什麼，當他坐在座位上，我搖著曲柄發動汽車時，他高興地對我說：「好了，這輛戰車可能會要了我的命。但以後人們會說，當它帶著我衝出圍欄時，我快得要命。」

他跑開了……他根本不敢往旁邊看一眼。在轉彎處他也沒有剎車，只是讓它一直跑著──它也確實在迅速地跑。

在他到達比賽的終點時，後面的人落後了大約有半英里！

「999」號做到了它想要做的事情，它為我們的快速汽車做了廣告。

賽車後的一個星期，我成立了福特汽車公司。我的職位是副董事長、設計師、機械師、總監、總經理。公司的資本是十萬美元，其中我擁有二五・五％。以現金方式投入的資本總額是二・八萬美元，這是公司從經營以外的基金中獲得的全部的錢。

在開始時，儘管我有了以前的教訓，但我仍想成立一個我參與其中，但又沒有控股權的公司。但我很快就發現我必須要有控股權，因此在一九〇六年，我用從公司賺得的錢買了足夠的股票，使我擁有的股份達到了五一％。沒過多久，我又買了更多，使我的股份達到了五八・五％。

公司的新設備和公司的整個發展資金都是來源於公司的收入所得。在一九一九年，我的兒子埃德塞爾買下了剩餘的四一．五%的股票，因為一些股東不同意我的經營方針。為了購買這些股份，他以每一百美元原始股付一萬二千五百美元的比率支付，總共付了七千五百萬美元。

在公司初創之際，公司和設備都不算完善。我們租用了馬克大街的斯特拉勞木器店作為店面。在進行汽車設計時，我同時也制定出了生產的方法。

那時候因為我們沒錢購買設備，整個車是按照我的設計製造的，但卻是經由不同廠商製造的。我們所做的，就是以流水線的方式來組裝汽車，也就是安裝上輪子、車胎和車身。如果能確保所有的零件都按照我設想的生產計畫進行生產，那真是一種最節約的生產方式。

最低成本的生產將是這樣的：整個產品不會是在同一座廠房裡製成，除非是很簡單的產品。現代的或者說未來的生產方式是在生產得最好的地方生產每一個零件，最後再把各零件組裝成一個整體。這就是我們現在所要學習的方法，並希望它能長期發展下去。

不管是一家公司還是一個人，也不論是生產某件產品的所有零件的全部工廠，還是所有的零件由某個我們獨自擁有的工廠進行生產，這兩者並沒什麼區別——只要所有的工廠都採用了同樣的服務方法。如果我們能買到和自己製造的一樣好的零件，不僅價格公道而且供貨充足，我們就不會自己去生產，也不會盡可能製造一些不緊急需要的零件。事實上，把所有權進行更廣泛地分散也許是一件更好的事情。

我一直在試著減輕汽車的重量。關於重量的問題有很多愚蠢的觀點，當你考慮這些時，你一定會很奇怪那些愚蠢的言語怎麼現在還在流行。「沉重的分量」這個詞常被用來指一個人的精神裝備，這是什麼意思？沒有人想要變得肥胖、身體笨重，那麼為什麼頭腦卻要變成這樣？

然而，出於一些愚蠢的思考，我們曾將重量和力量混為一談。早期的原始製造無疑與這有關，例如過去的牛車重達一噸，它這麼重但卻很脆弱！為了把幾噸重的人從紐約市運到芝加哥，鐵路就得造幾百噸重的火車，其結果是損失了真正的動力，造成了大量動力的驚人浪費。

當力量被轉變成重量時，降低利潤的法則便開始生效了。重量轉化為力量，對於蒸汽軋路機來說也許是值得的，但在別的方面便不值了。力量和重量本來就沒有什麼關聯。

在這個世界上能夠成功的人，他的精神必定是敏捷、輕快、強壯的；世界上最美麗的東西，它的身上所有多餘的重量都會被消除掉。力量從來也不只是體現為重量——不論是人還是物。

有人向我建議增加汽車的重量或增加一個部分，而我所想的卻是如何減少重量，減除其中的一個部分，因此我所設計的車比以往的任何車都輕。如果我能知道怎樣才能做到更輕，它將會變得更輕——後來我終於獲得了能製造重量更輕的汽車材料。

在我們公司開始的第一年，我們製造了A型車，敞篷式的賣八百五十美元一輛，如有後座的則再加一百美元。這種車型有一個雙缸馬達，能發出八匹馬力。它由鏈條傳動，有七十二英寸的軸距——這點被認為太長了——還有一個能裝五加侖的油箱。

第一年我們製造並銷售了一千七百零八輛車，這可以表明大眾對我們汽車的反應有多好。

每一輛A型車都有一段歷史。以「420」號車為例，加利福尼亞的科利上校在一九〇四年買下了它。他用了幾年後，又把它賣掉，買了一輛新福特車。

此後，「420」號車經常被轉手，直到一九〇七年它被一個住在雷蒙那附近深山中的名叫艾德蒙．雅各的人買下。他在崎嶇不平的道路上開著這輛車跑了好幾年，然後他又買了一輛新福特車，並把舊車賣掉。

到一九一五年，「420」號車到了一個叫坎特羅的人手裡，他把馬達取下來，把它套在抽水機上用來抽水；他又給汽車底盤裝上轅，由小驢拉著當馬車用。

當然，這個例子的寓意是：你可以拆開一輛福特車，但你永遠沒法消滅它。

在我們做的第一次廣告中，我們說：

「我們的目的是製造並銷售為日常的損耗和磨損而特別設計的汽車，它可作為商業用車、工作用車和家庭用車。這種汽車能獲得一般人所滿意的、同時又不會有被人們普遍指責的危險的高速。它的緊湊、簡單、安全、舒適和新穎，它合理的價格——成千上萬的人們都能承受這種價格，而人們對大多數汽車所標出的神話般的價格想都不敢想——所有這一切都會使它受到男人、女人和孩子們同等的喜愛。」

下面這些是我們所一直強調的：

- 好材料。
- 簡單性——那時候的大多數車需要相當的技能才能駕駛。
- 引擎。

■點火裝置——它由兩套六節乾電池組成，自動供油。

■簡單而容易控制的傳送——這點是非常典型的。

■工藝。

請注意，我們並未尋求它的享受性，我們從來沒有去尋求過。從第一份廣告中我們便表明一輛汽車的價值在於它的實用性，我們這樣說道：

「我們經常聽到這樣一句被人引用的古老格言：『時間就是金錢。』但幾乎沒有商人和專業人士的行為顯示他們真正相信這句格言中所包含的真理。

那些經常抱怨時間太少，認為一週的天數太少的人，那些對他們來說浪費五分鐘便相當於扔掉一美元的人，那些有時候延遲五分鐘便會損失一大筆錢的人，還駕駛著危險的、不舒服的、很受限制的電車之類的交通工具。事實上，只要投入一筆相當合理的錢買一輛完美而高效的汽車，就能消除你的焦慮和不準時帶來的煩惱，並為你提供隨時可用的旅行工具。

■使你隨時準備，隨時都有把握。

■為你節省了時間和金錢。

■把你送到你想去的任何地方，再把你準時送回來。

■帶給你守時的聲譽。

■使你的顧客心情愉快，擁有購買的心情。

■它為了你的事業和快樂而製造。

■它為了你的健康而製造——帶著你平穩地走過任何崎嶇的道路，同時由於戶外活動而使你的大腦清醒，它可使你的肺呼吸到新鮮空氣。

■你可以選擇速度。你如果願意，可以在街上漫遊。你也可以踩下腳踏加速桿，直到所有景色看來都一樣，不過你得睜大眼睛數著掠過的路牌。」

以上是我們這份廣告的要點。從一開始，我們所追求的就是如何更好地提供服務，我們從未費勁地去製造什麼「運動車」。

我們的企業在魔術般地向前發展。我們的汽車獲得了品質良好的名聲，它們是堅固的，同時又是簡單的、製作精良的。

我正在努力設計，想開發出一種普及型的車，但我沒有完成設計，我們也沒有錢建立適合生產的工廠和購買設備，也沒有錢來尋找最好和最輕的材料。

我們仍然不得不接受市場提供的僅有的材料，儘管這些材料是現有的當中最好的，但我們還沒有設備來對材料進行科學檢測或進行最初的研究。

我的同行們並不相信，我們有可能將汽車局限為一種單一的車型。汽車工業在走自行車業的老路。

在自行車業中，每一個生產廠商都認為有必要在每年推出一種新款式的自行車，並且使新型車與舊型車呈現出不同的樣式，以致那些買了車的人總是把舊車扔掉又買新的。這被生產廠商們認為是一樁好買賣。

婦女訂購她們的衣服和帽子也是出於相同的想法。但這不是一種服務，只是在尋求新奇的玩意，而不是提供更好的東西。

人們的一種根深蒂固的觀念是：工商業不停地在出售東西，但並沒有滿足顧客的真正需求，而是首先用一件物品從顧客那裡賺錢，然後再勸他們應該買一件新的、不同的物品。

那時候，在我的頭腦中有一種尚未充分形成，而且也沒有予以表達的想法是：當一種車型固定下來後，這種車型的每一個零件都是可以更換的，這樣這種車才永遠不會過時——我的目標是讓每一部車，或我生產的任何非一次性消費產品，都非常堅固，品質良好，任何人買了一輛之後便用不著買第二輛。就像任何一種好機器都應該像一塊好手錶一樣，可以長期地使用。

第二年，我們把資源分散到三種車型上。我們製造了一種四缸旅行車——B型車，售價為二千美元；C型車，其實它只是稍微改進了的A型車，售價比以前多了五十美元；F型車，這是售價一千美元的旅行車。

由於我們分散資源還提高車的價格，因此銷量要比第一年少，銷售量是一千六百九十五輛。

那種B型車，也就是第一輛在一般道路上行駛的四缸汽車，我們必須為它做廣告。贏得一場賽車比賽或創造一項比賽紀錄，在那時候是最好的廣告。

所以，我修好了「飛箭號」——即「999」號的雙生兄弟——在紐約汽車展覽會的前一個星期，我自己駕駛它在冰上走過了一英里的筆直檢測線。

我將永遠忘不了那次經歷：

那冰面看起來非常平滑，平滑得如果我一旦越出了劃線，肯定會成為一個最糟糕的廣告。但實際上冰面非但不平，而且有裂縫，當我知道這些時，我已經開始加速了。

此時沒什麼可做的，只有沿著檢測線向前走。我開著老「飛箭號」向前行進，在每一處冰縫，車都跳向空中，我都不知道它是怎麼落回地面的。當車不在空中的時候，就在地面上滑行，我從頭到尾都不知道自己是如何駕駛著它的——但汽車始終都沿著檢測線。

它創下了一個傳遍世界的紀錄，這使B型車出了名，但這並不足以克服價格過高的缺點。任何特技和廣告都不能長久地服務於銷售一種商品，因為商業畢竟不是遊戲，道德又開始起作用了。

隨著我們企業的發展，我們的小木器店完全不夠用了。因此在一九〇六年，我們從資本中提取足夠的錢，在匹科特街和波賓街的拐角處建了一座三層樓的工廠。這是我們第一次有了真正的生產設施，我們可以製造和裝配很多的零件了，雖然我們仍然還主要是一家組裝廠。

在一九〇五年—一九〇六年，我們只製造了兩種車型。一種是二千美元的四缸車，另一種是一千美元的旅行車，事實上這兩種都是前一年的車型。這一年，我們的銷售量下降到一千五百九十九輛。

有人認為這次銷售量下降的原因是我們沒有推出新的車型。我想這是因為我們的車價太高了，它們不能吸引九五%的人。第二年我改變了經營方式，並第一次獲得了控股權。

在一九〇六年—一九〇七年，我們完全停止製造旅行車了。我們造了三種型號的敞篷車和小客車。這些車在材料、生產程序和組成配件上都完全一樣，僅在外表上有些區別。

重要的是，最便宜的車售價僅為六百美元，最貴的車也只賣七百五十美元。結果我們賣掉了八千四百三十三輛車，幾乎是我們以前銷量最大的一年的五倍！

我們最高的組裝紀錄是一九〇八年五月十五日，我們在六個工作日裡組裝了三百一十一輛車——當時幾乎用上了我們的所有設備。領班有一塊記數板，每一輛車裝好後交給檢查者時，他都在板上用粉筆記下，當時那塊記數板幾乎都寫不下了。

隨後在六月的某一天裡，我們又組裝了一百輛車！

接下來的一年，我們告別了如此成功的項目。我設計了一種大車——具有五十匹馬力、六個汽缸的車，它能在道路上跑得飛快。之後我們繼續製造小車，但一九〇七年由於把精力分散到更貴的車型上去，這使銷售量下降到六千三百九十八輛。

我們已經走過了五年的試驗期，汽車開始銷往歐洲。我們的企業，作為從事汽車工業的企業，在當時被認為是特別興盛的。我們有了很多錢。

實際上從第一年起，我們就有了很多錢。我們賣車是收現款的，因此我們從來沒有借過錢，我們直接把車賣給購買者，沒有拖欠的債務。因此，每一舉動都在我們計畫之內。

在我自己的工作範圍之內，我總是能做得很好。我從未發現過有必要限制我的工作進度。如果你把注意力放在工作和服務上，財源的增長會快得讓你來不及找到處理的方法。

我們在選擇經銷商時很小心。要找到一個好的經銷商很困難，汽車業並不被人們認為是穩定的行業，它被認為是奢侈品，是為了享受快樂的工具。我們最後選定了代理人——我們所能找到的最好的人，並付給他們遠比他們自己開業賺得還要多的薪資。

開始，我們以薪資的方式支付的錢並不多。但我們逐漸找到了自己的路，我們知道我們的路是什麼，我們決定為服務支付最高的報酬，然後再得到最好的服務。

在對代理人的要求中，我們立下了以下規定：

上進的、跟得上時代的人，對商業具有敏銳的感覺。有合適的營業場所，外表乾淨整潔，為人令人尊敬。存有充足的零配件，可以很快地更換零件，能為他銷售領域內的每一輛福特車提供積極的服務。有一個裝備齊全的修理店，有能夠進行必需的修理和調整的機器。有對福特車的結構和操作完全熟悉的機械師。配備一本綜合帳本和銷售本，各業務部門的資金狀況一目了然，以及將存貨狀況、現在的車主、將來可能的購買者都非常清楚地列出來。所有的地方保持絕對的乾淨。不允許有沒擦洗過的窗戶、佈滿灰塵的傢俱、骯髒的地板等現象。適當的招牌。保證絕對的公開交易，擁有最高的職業道德。

以下是我們頒佈的指導原則：

經銷商或代理商應該知道他的經營區域內的每一個可能購買汽車的人的姓名，包括那些自身根本沒考慮過購車的人。對於這個名單中的每一個人，只要有可能，他就應該進行個人拜訪，至少進行通信以表示關切，並做必要的備忘錄，知道與每位受關注的居民相關的汽車情況。如果他的區域太大了以至於做不到這點，那麼就縮小他的區域。

實行這種運作方式並不容易，我們公司遭到了很多的反對。那些強大的勢力企圖逼迫我們和

「汽車生產廠商聯合會」建立聯繫，然而這家聯合會一直是在錯誤的原則指導下運行的——它認為汽車市場是有限的，因此必須壟斷這一市場。

這就引發了著名的賽爾頓查營案。為了支持我們的辯護，我們的銷售額受到了嚴重的影響。

事實上，直到最近才去世的賽爾頓先生與這一案件關係很小，主要是聯合會想在專營的幌子下壟斷汽車市場。

情況是這樣的：

喬治・賽爾頓，是一位專利律師，他早在一八七九年便為一種東西提出申請一項專利。這項產品被稱為是「一種安全、簡單、便宜的道路機動車，它重量輕，易於控制，並有足夠的動力爬上一般的坡度」。這份專利申請以完全合法的方式在專利局一直保持到一八九五年，直到它被授予專利。

在一八七九年——當這份申請提交時——對一般大眾來說，汽車還是他們毫無所知的東西。但當這項專利被授予時，人們對自我發動式的交通工具都熟悉了，並且很多人——其中包括我在內——多年來一直在為馬達發動而工作。

於是我們驚奇地發現，我所付出努力使之變成現實的東西，已經被包含在多年前的申請中了。但申請人只是把他的想法提出來而已，他並沒做任何事情去使之變成現實。

我想，即使是在提交申請的一八七九年，申請中的任何一條也都算不上新穎。專利局許可組聯合簽發了一個所謂的「綜合專利」，稱這種綜合為：有車廂，其車身是機器的，有方向盤、推動機械的離合器、齒輪和引擎。這使當時的申請成了合法的專利。

起初我們對於這一切並不在意，我認為我們的引擎和賽爾頓頭腦裡的東西沒有任何共同之處。而那些受到專利權人的許可，自稱為合法廠商的汽車廠商，組成了強大的聯合會，在我們剛剛建立汽車生產廠時，便對我們提起了訴訟。

案件在緩慢地進行，其意圖是要嚇倒我們，使我們退出這一行業，但我們有大量的證詞。一九〇九年九月十五日，豪夫法官在美國地方法院發表了對我們不利的觀點。那個合法的聯合會便馬上做起宣傳來，警告購買者不要買我們的車。在一九〇三年案子一開始時，他們也曾做過同樣的事情。

當時有人認為我們會被趕出汽車業，但我絕對相信我們最終會贏得這一官司。我知道我們是對的，但面對第一個反對者時，我們還是受到了相當沉重的打擊。即使當局沒有簽發對我們的禁令，相信也有很多購買者確實被嚇得不敢買我們的車了，因為他們也受到了威脅。

有一種說法傳開了，即如果案件最後的判決對我們不利，那麼每一個擁有福特車的人都將會受到起訴。一些狂熱的反對者們曾私下裡謠傳，說這既是一樁民事案件，也是一樁刑事案件，任何一個買福特車的人，可能同時也為自己買了一張監獄票。

為應對這些，我們選擇在全國主要報紙上刊登四頁公告。我們公佈了案件的經過，表達了對獲得勝利的信心。公告最後還說道：

「總而言之，如果有哪位想買車的人卻害怕我們的敵人，我們不但將給予他擁有六百萬美元財產的福特汽車公司的保護，還將給予他有六百萬美元財產的公司為後盾的個人保證。因此每一位福特車的車主都將受到保護，直到我們這一千二百萬美元的財產被那些試圖控制並壟斷汽車行業的人攫走為止。只要你提出要求，這種保證書便可以給你。不要因為那些自稱為『神聖』的團體的聲明，不得不花高價格買次品車。

請注意：如果沒有東部和西部最出色的專利訴訟方面律師的建議，福特汽車公司是不會發起這場戰鬥的。」

我們認為保證書能給購買者以安全感，因為他們需要信心，實際上他們可能並不需要這些。我們仍然賣掉了一萬八千輛車，幾乎是上一年產量的兩倍，大約有五十個購買者要了這種保證書，也許實際上還少於這個數字。

事實上，再也沒有什麼能比這個案子為福特汽車和福特汽車公司做一個更好的廣告宣傳了。由於我們看起來受人欺負，我們得到了大眾的同情。聯合會有七千多萬美元，而我們剛開始時還不到他們的零頭。

對於結果我從未懷疑過，但這是一把本來不應該懸在我們頭上的劍。打這一官司也許是美國商人團體做過的最卑鄙的舉動，排除其他的因素不論，它可能是試圖扼殺一種行業的最好例證。

我想對於美國的汽車廠商來說，我們最終能贏這場官司是他們的最大幸運。從此，汽車聯合會不再是汽車業中的重要影響因素了。

到一九〇八年，儘管有這一案件的影響，我們仍然製造了我想造的那種車。

第四章

生產和服務的祕訣

我並不是出於個人的原因而敘述福特汽車公司的歷史，我從來沒有說：「去吧，照這樣去做。」我在這裡想說的是，工商業以往的經營方法並不是最好的經營方法。現在，到了和這種經營方法澈底決裂的時候了，也正是從這時開始，我們公司取得了非凡的成功。

我們嚴格地遵守行業習慣，並且我們的車比任何別的車都更加簡單，我們也不用去關注外界的資金。除了這兩點，我們和別的汽車公司並沒有什麼重要區別。

我們只是更成功、更嚴格地執行現金折扣政策，保證把我們的利潤投入再生產，並且保持大筆的現金平衡。此外，我們參加了全面的汽車比賽，還透過做廣告來進行促銷。

除了車的基本結構簡單之外，我們在設計上與別人的主要區別在於我們從沒有製造那種用於享受的車。在市場上，駕駛我們的車和任何其他車一樣有著愉快享受，但我們並沒有設計純粹的奢侈部分。

我們願意為買主做一些特別的工作，我們會根據價格來製造特殊的汽車。我們現在已經是一家生意興旺的公司，可以很輕鬆地坐下來說：「現在我們已經成功了。讓上帝保佑我們所得到的吧。」

確實，有些人持一些特殊的立場。當我們的產量達到一天一萬輛的時候，有些股東開始感到嚴重不安了，他們設法使我停止管理公司。我回答他們說一天生產一萬輛只是一樁小事，我很久以前就希望一天能生產十萬輛時，他們震驚得說不出話來。

於是我開始認真考慮該怎麼行動了。如果我順從這些股東的觀點，使公司保持原樣，把我們的錢用於建造一些漂亮的行政大樓上，成天和那些看起來非常活躍的競爭者討價還價，還不時地設計出新車型以滿足大眾的好奇心，成為一個環境安靜、受尊敬的企業，我將處於安靜的、令人尊敬的公民位置。

這些人想停下來，保持已經得到的，這是很自然的事情，我完全理解這種想過安寧生活而不想再勞累的人。但我從未這麼為自己考慮過，我能理解這些想法，我也認為一個想退休的人應該完全擺脫工作。這種想法實際上包含著退休的傾向和保持控制力的傾向。

我認為我們現有的進步只是剛剛開始，它僅僅表明我們可以開始提供真正的服務了。這些年來，我每天都在考慮設計一種通用的車。人們對我們生產的各種車型都給予了強烈反響。對於服務用車和賽車，公路檢查方面都給予了很好的指導。甚至在一九〇五年，我的頭腦裡便有了很多關於我想製造那種車的想法，但我缺少有力量而且輕便的材料。

後來，我偶然地找到了這種材料。

一九〇五年，我在棕櫚海灘參加了一次賽車比賽。當時發生了一次大的交通事故，一輛法國車被毀了。我們參賽的車是六缸高速K型車。我認為外國車有一些比我們所知更小而且更好的零件，那輛車報廢後，我得到了它的一根閥門條桿，它很輕但很堅韌，我問別人這是用什麼造的，沒有人知道。於是我把這根條桿給了我的助手。

「弄清楚它，」我對他說：「這就是我們應該用在我們車上的那種材料。」

最後我們發現這是一種法國鋼，它裡面含有釩的成分。我們找遍了美國所有的鋼鐵廠，但是沒有一家能生產釩鋼。我在英格蘭找到了一個知道怎樣製造具有商業價值的釩鋼之人，而接下來的問題是找到一家工廠來生產釩鋼。

此時，又出現了一個新問題。釩需要華氏三千度的高溫，而普通的高爐無法超過二千七百度。我找到了俄亥俄州坎頓的一家小型鋼鐵廠，向他們提出如果他們願意為我們工作，我們將給他們提供擔保。他們同意了。第一爐的加熱失敗了，鋼鐵裡面幾乎沒有釩。我讓他們再試一試，第二次煉出來了。那時，我們只有能承受六萬—七萬磅抗張強度的鋼鐵，但有了釩鋼後，抗張強度達到了十七萬磅之高。

有了釩鋼之後，我拆開了我們的車，仔細檢測，以決定每一個零件用哪種鋼材最好，看是要硬鋼、強鋼，還是有彈性的鋼材。我想，在任何大型機器的歷史上，是我們第一次科學地判斷鋼材的確切品質。

結果，我們選擇了二十種不同的鋼材用於製造不同的汽車零件，其中大約十種都是釩鋼——只要是需要高強度而又輕便的地方便用釩鋼。當然，它們並不都是成分一樣的釩鋼，其成分根據這一零件是要承受磨損還是需要彈性來確定——簡單地說，根據它的需要而進行適當的變化。

在進行這些實驗之前，我還在想，有沒有超過四種等級的鋼材可以用於汽車製造。根據後續的實驗，特別是進行熱處理後，我們能更進一步地增加鋼的強度，因此可以減輕汽車的重量。

在一九一〇年，法國工商部從我們這裡取走了一個連接著軛軸的方向桿，拿它去和他們認為是法國最好的車上的相同零件相比較——結果每一種測試都顯示：我們的鋼更堅韌。

釩鋼的使用減少了很多重量。我設想中的一輛通用車的要求，有很多已經實現了。首先設計必須保持平衡，因為一個零件飛出就會造成人的死亡，如果一些零件比較脆弱就會使整個機器報廢。因此，在設計通用汽車時，主要的問題就是考慮盡可能地使所有的零件能具有同樣的強度——使整部汽車就像輕便馬車一樣。不過同時，這裡面也有一些愚蠢的事情。因為一輛汽油引擎汽車本質上就像是一臺精緻的樂器，即使是那些有頭腦的人也極有可能弄壞它，但當時我採用了這樣的宣傳方法：

「我們的汽車中只要有一輛被損壞，我們知道應該由我們承擔其責任。」

自從第一輛汽車在街上出現的那一天起，它對我來說就是一種生活必需品。正是基於這種認識和信念，使我想去製造出最好的一輛車，即一輛能滿足廣大民眾需要的車。

我那時和現在的所有努力都是為了生產一輛車——或者說一種車型——並且年復一年的壓力都是、現在仍然是如何提高、改進和製造更好的汽車，同時把汽車的價格降得更低。

通用汽車必須具備以下這些特點：

將優質的材料用於提供完美的服務。釩鋼是最強、最硬、使用時間最長的一種鋼材，它構成了汽車的超一流結構。如果不考慮價格如何，它是這世界上最好的鋼材。

操作的簡單性，因為廣大群眾並不都是汽車機械師。

有足夠的動力。

絕對的可信賴，因為這種車將有不同的用途，行駛在各種路面上。

輕便，福特汽車每一立方英寸的活塞排放量只能承受七・九五磅的重量——這就是為什麼福特汽車總能暢通無阻的原因之一。不管在哪裡，在什麼時候，你都可以看到它們越過沙地或泥地，經過坑坑窪窪的路面，或者在雪中、水中、上山，穿過田野和沒有道路的平原——它們都暢行無阻。

控制性能好，它的速度掌握在駕駛者的手中，使其能夠鎮靜安全地處理每一種緊急狀況和意外情況，無論是在城市擁擠的街道上還是在危險的道路上都一樣安全。福特車的行星齒輪傳送控制系統，任何人都會使用，這就是為什麼說「任何人都能夠駕駛福特車」。現在它幾乎隨處可見。

汽車越重，在行駛時消耗的燃料和潤滑油自然就越多。而重量越輕，行駛的費用便越低。在早些年，福特車重量輕這一點曾被人用來作為反對它的理由，可是現在，這一切都改變了。

我最終確定的車型叫作T型車，這種新車型的亮點是它構造非常簡單。它如果被人們接受——正如我所希望的那樣——我便只製造這一種車，然後進行生產。

這種車只有四個結構單位：動力系統、車架、前軸、後軸。所有這些都讓人一目了然，它們之所以這麼設計，就是為了讓人們不需要什麼特別的技能便可以對它們進行修理或更換。

那時候我就有過這種新奇想法，但我幾乎沒有說過，我認為可能由於它的零件非常簡單便宜，那些昂貴的汽車修理將被通通取消。因為零件的造價很低，它會使買新車比修舊車更便宜。汽車可以透過五金商店來出售，就像買釘子和螺絲一樣。

我想我作為一個汽車設計師，應該把車造得極其簡單，以至於所有的人都明白它的一切構造。

這是一條雙向的道路，可用於一切事物，即一件東西越簡單，便越容易製造，就可以以更便宜的價格出售，因此也就更可能進行大量地銷售。

在這裡沒有必要講述一些具體的機械細節，但現在我們可以回顧一下我們生產過的各種車型。因為T型車是我們生產的最後一種車型，由它所帶來的政策使得我們的企業超越了商業常規。如果把同樣的觀念用於實際中，將會使任何企業脫離一般的道路。

在開發T型車之前，我總共設計了八種車型。它們分別是：A型車、B型車、C型車、F型車、N型車、R型車、S型車和K型車。

實際上T型車的所有部分在以前的各種車型裡都已經有了，而且其每一個細節都經過實踐的檢驗。對於它是否能成功，我們並沒有抱任何僥倖心理。因為它肯定能成功，沒有不成功的理由，它不是靠一日之功製造出來的。

它用了我那時候能用在汽車上的一切，再加上有特殊的材料——這些材料是我第一次獲得的，在一九〇八年—一九〇九年，我們推出了T型車。

公司那時已經成立五年了。工廠最初的面積只有〇・二八英畝，我們第一年僱傭了三百一十一人，製造了一千七百零八輛汽車，還有一個分廠。到一九〇八年，工廠的面積增加到二・六五英畝，我們還擁有了自己的大樓，員工的數目增加到了一千九百零八人，製造了六千一百八十輛車，有十四家分廠，成為一家很興旺的企業。

一九〇八年—一九〇九年，我們繼續製造R型車和S型車，即四缸敞篷車和小客貨車，這兩種車型在前一年的銷售非常成功，售價為七百美元和七百五十美元。

但T型車超過了它們所有的總量，我們賣了超過一萬輛車——比任何一家汽車廠曾賣過的車都多，旅行車的價格是八百五十美元。

在同樣的底盤上，我們又裝配了售價僅為一千美元的都市轎車，以及售價為八二五美元的小型客貨車，售價為九百五十美元的雙門廂式小客車，售價為九百五十美元的單排座敞篷轎車。

在這一年度的最後，我知道是該著力推行新政策的時候了。在我宣佈我的新政策之前，銷售人員被巨大的銷售量所吸引，他們認為只要我們開發製造更多的車型，就能創造更大的銷售量。

這真是奇怪的事情，一旦某項產品取得了成功，人們就會認為只要把這項產品改成一件不同的東西，就會取得更大的成功。人們總有一種隨著時尚走的傾向，總想把一件好端端的產品加以改變從而毀了它。

銷售人員堅持要增加車型。他們僅聽從五%特殊顧客的需求，只有這些顧客能夠說出他們究竟需要什麼。但銷售人員忘記了另外九五%的顧客，這些顧客只是購買，卻沒有任何挑剔。因此，除非一個企業盡最大努力地聽取消費者的抱怨和建議，否則它就得不到改進。

如果產品在服務中有什麼缺陷，必須馬上對產品進行認真調查，但當建議只是關於汽車的款式時，就得弄清楚是不是純屬個人的奇思異想。而那些銷售商總是傾向於迎合某些消費者奇異的趣味，而不是充分瞭解他們的產品，從而能對那些有奇思異想的顧客做出承諾，他們將滿足顧客的每一項要求——當然，前提是他們能夠接受滿足這些要求的條件。

因此，在一九〇九年的一天上午，在事先沒有任何透露的情況下，我宣佈以後我們將只生產一種車型，這種車型就是T型車，而且所有車的底盤都完全一樣。

我說：「任何顧客都可以為他的車噴上他想要的顏色。」

我不能說任何人都會同意我的想法，但我知道那些銷售商是看不到生產單一車型所帶來的好處的。情況還不止於此，他們對我的新政策根本就沒有給予特別的關注。

他們認為，我們的車已經夠好了，降低價格會影響銷售量，那些要求高品質的顧客會被趕走，但沒有別的顧客群可以來取代他們。

其實，他們對汽車工業還根本沒有任何概念，汽車仍然被人們認為是一種奢侈品。生產汽車的廠商在宣傳這一觀念時產生了不小的作用，一些「聰明人」甚至發明了「豪華車」這一名稱，並且在廣告中重點強調其豪華部分。

銷售人員有理由反對我們的新政策，特別是當我做出以下的一些宣佈時。

我決定為廣大群眾生產汽車。它會大得足以容納家庭所有的成員，同時又小得可以由一個人駕駛和保管。

它用最好的材料製造，並且由最好的工人製造，由現代機械提供最簡單的設計製造，但它的價格卻非常低。

任何一個有一份好工作的人都買得起一輛車，因此能和他的家庭享受生活中的美好時光。

我的這份宣言並沒有得到熱情的支持，人們普遍的評論是：「如果福特如他所願的去做，六個月之內他就要破產。」

當時，普遍存在的觀念是不可能用低成本製造一輛好汽車，並且也沒有必要製造價格低廉的汽車，因為只有那些有錢人才能到汽車市場來。

一九〇八年－一九〇九年度超過一萬輛車的銷售量，這使我感到我們需要一家新工廠。現在我們有一個大型的現代工廠——匹克特街工廠，它與美國的任何一家汽車廠一樣好，也許比它們還要稍稍好一點，但是我不知道它將如何應對即將到來的巨大生產量和銷售量。

所以，我在高地公園買了六十英畝土地，那個地方在當時被認為是底特律城外的鄉下。所要購買的土地數量遭到了反對，要建一個大工廠的計畫也遭到了他們的反對。原因是我們已經說過的：「福特說不定何時就要破產了！」

這個問題不知道被問過了多少次。人們之所以質疑，是因為他們沒有理解這是一個原則，而不是一個個人的行為——這個原則如此簡單，以至於它顯得有些神祕。

一九〇九年－一九一〇年，為了購買土地和建築樓房，我稍微提升了一點車價。這是很公平的，結果也是有利的，對購買者並無損害。

好幾年前，我也曾做過完全一樣的事情，我沒有像我每年習慣的那樣降低價格——也許像這樣的事情，可以經由借貸獲得所需要的錢，但如果貸款，我們的企業就會承受連續的負擔，而且以後的所有汽車都得承受這一負擔。

我決定把所有型號的汽車價格都增加一百美元，只有小型客貨車增加七十五美元，單排座敞篷轎車和都市轎車，則相應地增加了一百五十美元和二百美元。在這段時間裡，我們賣掉了一萬八千六百六十四輛車。

然後，在一九一〇年——一九一一年度，由於我們有了新的生產設備，我把旅行車的價格從九百五十美元減到了七百八十美元，我們總共賣了三萬四千五百二十八輛汽車——在原料價格和薪資一直上漲的情況下，我們的車價卻開始穩步下降。

我們把一九〇八年和一九一一年進行對照：

工廠面積從二・六五英畝增加到三十二英畝；

平均僱傭員工人數從一千九百零八人增加到四千一百一十人；

生產汽車的數量由六千多輛增加到近三萬五千輛。

請注意，人員的增加並不是與產量的增加成比例的。看起來我們好像是一夜之間便產量大增。這到底是怎麼出現的呢？

簡單地說，我們是通過採用一條不可避免的原則而達到的，是通過明智地使用動力和機器而獲得的。

在一條小街上，有一個昏暗的小店，一位老人在此製造斧柄，勞作多年。他用風乾的山核桃木製作斧柄，使用的工具有鉋子、鑿子和砂紙。每一個斧柄都經過認真地秤、量，看它是否平衡，它們沒有兩只是完全一樣的。斧柄的曲線必須合手，必須和木頭的紋路一致。

從早到晚，這位老人都一直忙碌著。他的平均產量是一星期八個斧柄，每一個他賣一・五美元。還有一些斧柄是經常賣不出去的，因為這些斧柄不能保持平衡。

今天你花幾分錢，就可以買到一個由機器製造的精美斧柄，而且用不著擔心平衡問題，它們全都一樣——每一個都是完美無缺的。現代生產製作方法的應用，不但使斧柄的價格降到了只有原先價格的零頭，並且還極大地提高了產品的品質。

正是把相同的方法應用到福特汽車的製造上，才使得從一開始車價就降了下來，並且提高了汽車的品質。

我們只是發展了這種觀念——一個企業的核心也許就是一個觀念。這個觀念就是，一位發明家或一位喜歡思考的工人不斷地想出一種新的方法，來滿足人們的需要。人們需要這種觀念來幫助自己。

用這種方式，某個人可以證明，或透過這種觀念來發現一個企業的核心。但是這個企業的創造和發展壯大是和每個與它有關係的人息息相關的。

沒有一個廠商能夠說：「我自己建起了這家企業。」他需要上千人來幫助他建立這家企業。它只是一件聯合生產的產品，它所僱傭過的每一個人都對它做出了一些貢獻。經過勞動和生產，他們使購買者不斷地光顧這家企業，尋求它所提供的產品和服務，這樣一來，他們便建立了一套傳統——或者說一個習慣，同時也為他們提供了生活來源。

我們的公司就是通過這種方式成長起來的。在下一章裡，我將講述公司是怎樣成長的。

與此同時，我們的公司成為了一個世界範圍內的大型公司，在倫敦和澳大利亞都有分公司。我們的車出口到了世界上的各個地方，特別是在倫敦，我們的汽車像在美國一樣有名。

由於美國自行車業的失敗，把汽車打入英國市場時有一些困難。美國自行車並不適合在英國使用，於是有些銷售商就想當然地認為美國的交通工具在英國市場上都不會有吸引力。

然而，我們的兩輛A型汽車在一九〇三年終於到達了英國。當時的報紙拒絕報導它們，汽車代理商也表示對它不關心，甚至還有謠言說：我們汽車的主要組成部分是彈簧和勾子，如果能在兩週內不解體，那買主就算是幸運的了！

在第一年，大約十二輛車被銷售出去了。第二年情況稍微好一點。我可以肯定地說，就A型車的可靠性來說，它們中的大部分在二十年後仍然可以在英國繼續為人們提供服務。

在一九〇五年，我們的代理商派了一輛C型車參加蘇格蘭的汽車可靠性檢測。那時候，可靠性跑車在英國參加比賽比較流行。也許這是一種象徵，表明一輛汽車畢竟不只是一個玩具。

蘇格蘭檢測要求跑八百多英里的崎嶇山路，整個行程中，福特車只出現了一次非自願的停車。從此我們開始了福特車在英國的銷售。

同年，福特牌計程車第一次出現在倫敦。在隨後的幾年裡，我們的銷售量開始大幅度上升。

福特車還參加了所有汽車耐力和可靠性比賽，並且每次都取得了勝利。希爾頓的銷售商讓十輛福特車在南頓陡峭的道路上行駛了兩天，結果每一輛都完好無損地完成了任務，最終的成果是——他一天就賣掉了六百輛車。

一九一一年，亨利・亞歷山大把一輛T型福特車開到了四千六百英尺高的本尼維斯山山頂。那一年在英國銷售了一萬四千零六十輛車，並且從那之後，我們再也用不著表演什麼特技了。

最後，我們在曼徹斯特建立了自己的工廠。它最初純粹是一家組裝工廠，但是隨著時間的推移，我們在那裡逐漸地製造出越來越多的汽車。

第五章

改進生產方式

如果某種工具能節約一〇%的時間，或者能增加一〇%的成果，那麼缺少它就意味著被抽取了一〇%的稅。如果一個人的時間一小時值五十美分，那麼節省一〇%就意味著一個小時能增加五美分。如果一座摩天大樓的所有者能夠增加他的收入的一〇%，那麼為了知道如何去增加，他寧願付出所增加收入的一半。他之所以能建摩天大樓，是因為科學已經證明了透過某種方式來使用某些材料，可以節省空間，因而增加租金收入。這樣，一座三十層高的建築所佔用的面積不必比一座五層樓高的建築所佔用的面積大。如果沿襲老式建築的方式，五層樓的所有者就浪費了二十五層樓的租金。每天為一萬二千名員工節省十步路，你就相當於節省五十英里無用功和濫用的能量。

以上這些就是我的工廠在生產中所依據的原則，它們都是從實踐中自然得出的。

例如剛開始時，我們盡力尋找機械師。但隨著生產量的增加，很顯然我們不但不可能找到足夠多的機械師，而且生產中的熟練工人也不夠。我們從中得出了一條原則，這條原則我在後面的內容中詳細地說明。有一點是不言自明的，即這世界上的大多數人不能靠智慧讓自己過起好生活，但卻能靠體力做到——那就是說，他們不能創造出這個世界需要足夠數量的商品，以便用這些商品來交換他們所需要的產品。

我聽說過，事實上我也相信這是大家認可的觀點，我們從工作中得到技能。但我們並不是這樣，我們把技能投入工作之中，把更高的技能用於計畫、管理和製造工具上，使這種技能的成果被那些沒有技能的人享用。這點我也將在後面的內容中詳細說明。

我們應當承認，人類在智力方面是有差別的。如果我們工廠的每一份工作都需要技能，那麼這工廠就不可能會存在。即使花一百年時間也訓練不出所需要數量的技術人員，一百萬名手工勞動者也不可能生產出我們目前每天達到的產量。

沒有一個人能管理一百萬人。更重要的是，這一百萬人生產的手工產品不可能以與購買力相適應的價格出售。即使可以讓這樣一大群人擠在一起，能對他們進行管理，但想想看這需要佔據多少空間！如果是這樣，那將會有多少人沒有投入生產，而只是把別人生產的東西從一個地方搬到另一個地方？

我無法想像，在這樣的條件下，人們的薪資一天會多於十美分—二十美分。當然，薪資並不是由雇主支付，他只是把錢交給他們，是產品在支付薪資，是合理安排生產的管理使得產品能夠支付他們的薪資。經濟的生產方式根本就不是從一開始便全部實施的，它們是逐漸實施的，正如我們開始逐漸製造我們汽車的零件一樣。

T型車是我們第一次自己製造引擎的車型。巨大的經濟效益開始於組裝汽車，隨後擴張到其他的生產部門。我們現在雖然有很多技術高超的機械師，但他們並不生產汽車，而是使別人更快地生產汽車。我們的技術人員是工具的製造者、實驗工人、機械師、造型設計和製造者。他們的確很優秀，不應該被浪費在操作那些他們設計出來的機器上。

到我們這裡來的大批人員都是沒有技術的。他們能在幾個小時或幾天之內學會怎麼做他們的工作。如果在這段時間內他們仍然學不會，那麼他們對我們就不會有任何用處。

這些人之中，有很多是外國人，在他們進來之前我們要求他們應當有足夠的潛能勝任工作，以適應他們後來的工作崗位。

他們並非一定要體格強壯不可。我們有需要充沛體力的工作，雖然這種工作正在迅速減少；我們也有根本不需要力氣的工作，這種工作就它所需要的力氣來說，就連三歲的孩子都能勝任。

如果不能深入到技術操作之中，一個人不可能按照每一件事情出現的順序，一步一步地將整個生產的過程敘述出來。我知道這點是做不到的，因為幾乎每天都會發生一些特殊的事情，而沒有人能夠跟蹤得了。隨便舉一些例子，也許就會明白我們付出了遠遠多於我們應該付的代價，人們得到的薪資遠比他們應該得到的要低得多，還有那麼寬闊的領域等待著人們去開發利用。而福特汽車公司只不過是沿著這條道路走了一小段而已。

一輛福特車有大約五千個零件，這其中包括螺絲、螺帽在內。其中有些零件很龐大，而另一些卻幾乎只有手錶的零件那麼大。在我們最初組裝汽車的時候，我們只是簡單地把一輛車放在地上安裝，工人們把需要的零件裝在車上需要的地方，完全像建房子一樣。

當我們開始自己製造汽車零件時，自然地成立了一個部門專門生產零件，但通常一個工人要完成一個小零件生產所需要的全部工序。於是，生產帶來的壓力使得有必要制訂生產計畫，以避免工人之間的不協調。而當時未受訓練的工人們走來走去找材料和工具的時間，比他們實際工作的時間還多，因而他們得到的報酬很低，因為步行並不是一份需要高薪資的工作。

當我們開始根據工作來選擇工人，而不是讓工人去選擇工作時，便邁出了走向生產流水線的第一步。我們現在所有的工作都貫徹兩條原則——如果不必要，一個人就不須多走一步，也沒有人需要一直彎著腰工作。流水線工作的原則主要是以下這些：

按照操作程序安排工人和工具，這樣在整個生產成品的過程中，每個零件都將走盡可能最短的距離。

運用輸送帶或別的傳送工具，這樣當一個工人完成他的操作後，他可以把零件放在同樣的地方，這個地方是他放起來最方便的地方。如果有可能，可以運用重力把零件送到下一個工人工作之處，供他操作。

運用滑動裝配線，把需要裝配的零件放在最方便取到的地方。

運用這些原則的結果是，減少了工人思考和步行的時間，把他的動作減到最低程度。在工作時，他幾乎只用一個動作即可。

裝配汽車底盤，在那些不懂機械的人看來，是我們工作中最有趣、也是最有名的操作。曾有一段時間，它的確是特別重要的操作，但我們現在把這些需要裝配的零件都運送到銷售的地方。

一九一三年四月一日，我們第一次試驗了一條裝配線，我們用它來試驗裝配飛輪磁石電機。首先在一個小範圍內實驗所有想法，我們將會採用任何一種一旦被我們發現的更好方法，但我們必須能絕對肯定新方法將比舊方法好，只有這樣才能進行大的變革。

我相信這是安裝在生產上的第一條流水線，它來源於芝加哥食品包裝廠中使用的加工牛排的空中滑輪。

我們以前用常規的方法裝配飛輪磁石電機時，一個工人做完全部工序，一天九個小時能裝三十五—四十臺，平均每二十分鐘組裝一臺。

後來，他所做的全部工作被分解成二十九道工序，這樣裝配時間被減少到十三分十秒。然後在一九一四年，我們把流水線的高度提高了八英寸，裝配時間又降低到七分鐘。後來對工作行動速度的進一步提高，又使時間降低到了五分鐘。

總而言之，試驗的結果是：在科學研究的幫助下，一個人現在能做幾年前四倍之多的工作。這條流水線是一種高效的方法，現在我們已經把它用於所有需要的地方。

引擎的組裝以前是由一個人完成，現在被分解成八十四道操作工序，那些人組裝引擎的數量是以前同等情況下的三倍。在很短的時間內，我們又試驗成功了裝配底盤的方法。在裝配底盤時，以前我們做得最好的是每臺底盤平均用十二小時二十八分鐘。我們在試驗時，用一條繩子和絞車沿著一條二百五十英尺長的線拉動，六個裝配者隨著底盤一同走動，從沿著這條線放好的零件堆上取下零件裝上。這項簡單的試驗便把每臺底盤的裝配時間降到了五小時五十分鐘。

一九一四年初，我們把流水線的位置提高了——我們採取了「與人同高」的工作辦法。有一條流水線離地面二十六．七五英寸，另一條流水線離地面二十四．五英寸，它們分別適合身高不同的兩組人員。這種和腰齊高的流水線安排以及進一步分解工序，使得每個人的動作都減少了，每臺底盤裝配所需的工作時間下降為一小時三十三分鐘。

那時候，只有底盤在流水線上裝配，車身則在約翰．R街再安裝上，也就是從高地公園工廠前面經過的那條著名街道，而現在我們則可以在流水線上裝配整部車。但是，絕不要以為所有的一切做起來會像聽起來那麼快，流水線傳動的速度是經過細緻的實驗得出來的。

在飛輪磁石電機流水線上，我們最初設置的速度是每分鐘六〇英寸，實驗時發現這一速度太快了。然後我們又試了每分鐘十八英寸，但這又太慢了。最後我們決定每分鐘四十四英寸，因為我們要求一個人在工作時能夠保持不慌不忙，他能夠有足夠的時間，不多一秒也不少一秒。

我們測試出了每條流水線的速度，底盤流水線裝配的成功使我們逐漸地改變了所有的生產方式，我們把所有的裝配都設置在機械驅動的流水線上進行。例如底盤裝配線，以每分鐘六英尺的速度運行；而前軸裝配線則以每分鐘一百八十九英寸的速度運行。

在底盤裝配線上，有四十五個獨立的操作程序或操作站。第一道工序是在底盤框架上擰上四塊擋泥板架。引擎的安裝在第十道工序上開始。在整個流水線上，有些人只做一個或兩個小的操作，有一些人則做得更多。裝零件的人並不需要鎖緊它，因為也許要在後面好幾道工序之後，這個零件的位置才能固定。一個裝螺栓的人並不需要裝螺帽，裝螺帽的人也不一定要把它鎖緊。

在第三十四道工序時，剛被裝好的引擎才得到汽油，在此之前它已上了潤滑油。在第四十四道工序，散熱器裝滿了水。到第四十五道工序，汽車便開出了約翰・R街。

這樣的做法也完全被用到了引擎的裝配上。一九一三年十月，裝配一臺引擎還需要九小時五十四分鐘。六個月後，由於採用了傳動的裝配線，這一時間已經下降到五小時五十六分鐘。

工廠的每一件東西都是依靠傳動的。它被掛在空中的鏈條上，按照所需要的每個零件按順序進行裝配。它也可以用移動平臺進行傳動，也可以利用重力，但關鍵在於不能提升或運送任何材料。

材料由微型福特車底盤帶動的小卡車或拖車運來，這種車能靈活、快捷地走到任何需要它們去的過道上。因此沒有任何工人需要走動，去拿起任何東西，因為那是另一個不同的部門（運輸部門）要做的事。

我們開始在一座工廠裡組裝整輛汽車。後來由於開始製造零件，我們便開始部門化，這樣每個部門只是做一件事。正如現在工廠的組織結構，每個部門只生產一種零件或裝配一種零件，因而一個部門自身又是一座工廠。零件進來時只是被作為原料或鑄件，經過種種的機器和熱處理，或者任何需要的處理之後，離開這個部門時，它已經是成品了。

由於交通的便利，我們進行生產時不同的部門能組成一個整體。開始我並不知道如此精細的分工是否可行，但隨著我們產量的增長和部門的增加，我們實際上從製造汽車變成了製造汽車零件。

隨後，我們發現了另一種新的做法——那就是所有的零件不必都由一家工廠來製造。其實這也並不是真正的新發現，實際上在我第一次製造汽車時，便自然而然地出現了。

當時，我買了引擎和大約九〇%的零件來組裝汽車，然後我們開始自己生產零件，於是我們就想當然地認為所有的零件都應該在一家工廠生產——這實際上和那種想在同一個屋簷下生產整輛汽車的想法一樣。

我們現在的發展已改變了這種方式，如果我們需要建立更大的工廠，那只能是因為需要非常大的空間製造某一種零件，比如非常大的組合。

我希望隨著時間的發展，高地公園的工廠將只需做一件或兩件事情。鑄造工序已經從那裡遷到羅格河工廠去做了，所以，我們現在正在走開始走過的路，但不同的是，我們不是從外面購買汽車零件，而是在我們不同的工廠製造零件。

這種變化有著特別重要的影響，這點我將在後面的章節詳細說明，它意味著高度標準化、高度分工的工業不需要集中在一家大工廠——這種大工廠會因為交通不便和住房等問題而阻礙其發展。

在一家工廠裡，一千人或五百人就足夠了，這樣才不會有上下班時的交通堵塞，也不會存在擁擠的居住環境，或在過於擁擠的情況下肯定會發生的非自然的生活事件。

高地公園的工廠現在有五百個部門，在我們匹克特街的工廠裡只有十八個部門。而以前在高地公園的工廠裡我們有一百五十個部門，這一點也表明了我們在生產零件方面的發展有多快。

我們幾乎沒有一個星期不對機器或工作程序進行某些改進，有時候，這種改進甚至是違反所謂的「最佳工廠實踐」的。

我記得有一次，一位機器生產者被叫來參加一個關於製造一種特別機器的會議。當時的要求是每小時產量為二百臺。「這肯定是搞錯了」，那位生產者說：「你的意思是每天二百臺，可沒有任何機器能夠在一小時之內生產二百臺。」於是公司的官員派人把那位設計機器的人找來，讓他解釋一下說明書。那位設計者說：「事情就是這樣的，怎麼啦？」

「它不可能做到。」那位製造者肯定地說：「任何機器都不可能做到這點，這是毫無疑問的。」

「毫無問題！」那位工程師叫道：「如果你願意到一樓去看看，你會看到有一種機器能做到這點。我們製造了一臺機器，已經能做到這點。現在我們需要生產更多像它一樣的機器。」

當時工廠沒有保存實驗的記錄，但領班和監工記住了所做過的一切。如果以前試驗過某種方法並且失敗了，那麼會有人記住它，但我並不特別在意那些過去做過的事情，那時候我們反而迅速地積累了許多未能去做的事情。這就是詳細記錄帶來的麻煩之一。如果你記下了全部失敗，那麼你很快便會有一張單子，那上面的記載將使你覺得不必再去試驗任何東西了——但事實上絕不是一個人以某種方式去做時失敗了，那麼另一個人這樣做就肯定不會成功。

他們告訴我們，不能使用沒有盡頭的鏈條方法去鑄造灰鐵。我相信我們還有過一次失敗的記錄，但我們正在做這事。成功地完成這項工作的人，對以前的失敗毫不知曉，也毫不在意。

還有人告訴我們，不能把鐵水從高溫爐裡直接澆入模子。通常的方法是先將鐵水變成生鐵，讓它們稍涼一會兒，然後再重新熔化後用來鑄造。但在羅格河的工廠裡，我們便直接從高溫爐裡將鐵水澆入模子裡進行鑄造。

失敗的記錄——特別是一份權威的記錄，確實會讓那些年輕人嚇得不敢再去嘗試了，但我們總是能從我們盲目的衝撞中獲得一些最好的結果。

我們中沒有人是「專家」。而且一旦有人自認為是專家，我們便認為有必要擺脫他，因為除非他真正瞭解他的工作，否則不會有人自認為是專家。

一個瞭解自己工作的人，一定能看到他所需要做的事遠遠多於他已經做過的事，因此他總是不斷向前進，而從不會有時間想到他有多能幹、多有效率。

總是想著向前，想著做更多的事，這會使人的大腦認為沒有不可能做到的事。然而，一旦一個人進入專家式的思維狀態，那麼很多事情就變得不可能了。

我不承認有什麼事是不可能的。我認為這世界上沒有任何人知道所有的事情，沒有人可以明確地說出什麼是可能的，什麼是不可能的。正確的經驗和良好的技術訓練，可以擴大思維領域，縮小不可能性的數目——不幸的是，我們還沒有這種訓練。

大多數技術訓練和一般的那種被我們稱為「經驗」的東西，只能提供一些以前的失敗記錄。這些失敗記錄沒有被當作有價值的東西而加以利用，反而成為了對進步的絕對阻礙。如果有什麼人自稱為權威，說不能做這事或那事，他後面那一大群沒有頭腦的追隨者就會齊聲喊道：「不能做。」

以鑄造為例。鑄造是一個存在很多浪費現象的程序，它是一個古老的行業，已經積累了許多傳統經驗，這些傳統使得要對它進行一些改進就特別困難。

在開始我們的實驗之前，我猜想鑄造方面的權威一定會宣稱：「任何說能在半年之內創造出低成本的人都是騙子。」

過去，我們的鑄造廠和別的鑄造廠一樣。當我們在一九一〇年鑄造第一輛T型車汽缸的時候，整個過程的每一項工作都是由手工操作的。我們用許多鏟子和手推車來運送原料，這工作在那時候既是技術工作又是非技術工作。我們有製模工，也有做體力活的工人。

現在，我們有五%非常熟練的製模工和砂芯安放工，但其餘的九五%是非技術工——或者說得更精確一點，他們必須能熟練地進行一項操作，而這項操作即使是最愚笨的人，內也能在幾天學會。模塑工作全部由機器來完成。我們鑄造的每一個零件都由一個鑄造小組根據生產計畫需要的數目進行鑄造，每個小組的機器只能鑄造一種零件。這樣，這個小組中的每個人就總是做著相同的操作。小組的機器由一條懸掛的鐵軌構成，上面間隔地掛著供鑄造用的平臺。在此用不著講述技術細節，製模、放砂芯和包裝砂芯都是在移動的平臺上完成的。

當開始傳動時，金屬在一個地點被澆注進去，被澆注了金屬的模子到達終點時已經冷卻了，便可以開始自動清理、加工和組裝，然後平臺再為新的載貨轉動。

讓我們再看看活塞桿組裝的發展。

即使按照傳統方法，完成這項工作也只需要三分鐘，看來沒必要再麻煩地去改進了。我們總共有兩張長凳和二十八個人，他們在一天九個小時的工作中，裝配一百七十五個活塞桿——這意味著每個活塞桿只需要三分五秒鐘。因為沒有檢查，很多活塞桿由於品質不合格而被從引擎裝配線上退回來。

這其實是一項很簡單的操作。工人們只需將銷子從活塞上拔出來，替銷子塗上油；把桿插進去，再用銷子穿過桿和活塞，鎖緊一個螺絲，並打開另一個螺絲——這就是整個操作過程。

領班檢查了整個過程，他不明白為什麼這項操作要花費三分鐘。他用一支碼錶來計算和分析整個動作，發現一天九個小時中，有四個小時是在來回走動。然而裝配工人並沒上別的地方去，只是為了拿到材料並運走成品，他就不得不移動他的腳。這整個工作中，每個人要做六個動作。

於是領班重新做了安排。他把整個操作分成三組，在凳子上裝了一個滑輪傳動裝置，每一邊坐三人，傳動的盡頭坐一個品質檢查員。每個工人不再進行全部操作，而只進行三分之一的操作，只進行不用移動雙腳就能操作的部分。

他們由二十個人減少到十四個人。以前二十八個人的最高紀錄是一天裝一百七十五只，而現在，七個人在八個小時內卻能裝配二千六百只，更別提節約了多少人力！

油漆後軸曾經有一些麻煩，它需要用手工把它浸入一個油漆箱中，兩個人要完成好幾個操作。現在只需一個人，用一臺特製的機器就能全部做好，這種機器是由我們的工廠自己設計和製造的。現在，工人只需要在一條傳送鏈子上掛好需要裝配的後軸，傳送鏈便把後軸帶到油漆箱上。然後，兩根控制桿再把套管插入勺柄的一頭，油漆箱被升高六英尺，把軸浸沒之後再回到原來的位置，再把後軸送往烘乾爐。

整個操作過程現在只花十三秒鐘。

散熱器是一件複雜的東西，它的焊接曾經被認為是一件需要技術的工作。一個散熱器裡面有九十五根管子，用手工裝好並焊接這些管子要花很多時間，並且既需要技術又需要耐心。而現在這些工作全部都由機器來完成。它在八小時能安放一千二百個散熱器內核，然後用輸送帶把它送往爐子內進行焊接。由於這不再是焊工的工作了，所以不需要任何技能。

我們曾經用氣動錘把曲軸箱臂和曲軸箱鉚在一起——這種氣動錘在當時被認為是最新式的。它需要六個人抓住錘子，六個人抓住曲軸箱，結果出現了凹凸不平。現在一臺自動壓鉚機只需一個人操作就行了，他一天的工作量是那時候十二個人的五倍。

在匹克特街工廠，從前氣缸的鑄造到最後完成，需要移動四千英尺，而現在它只要移動三百英尺多一點。

我們不再靠人工傳送材料，也不再需要手工操作，如果機器能夠使它自動運行，那就讓機器去做。沒有一項操作能說已經是在採用最好的或最方便的方式進行。我們的工具中只有一〇%是特別製作的，其他的還都是常規機器，在經過調整後，才被用於特別的工作——這些機器幾乎是一臺挨一臺地被放在一起。

我們比世界上的任何其他工廠在每一平方英尺的地面上所擺放的機器都要多。我認為不充分利用每一平方英尺的空間都是極大的浪費，這種浪費我們並不需要。

當然，所有的空間都被利用是指對一個人來說，空間既不會太大也不會太小。進行分工和再分工，使得工作正常進行，這些正是生產的關鍵之所在。

但同時也應該記住，所有的零件都是事先設計好的，以便它們能用最容易的方式製造出來。

節約情況又怎麼樣呢？如果以我們目前的生產量來估計，我們現在應該需要比二十萬還多的人力——假設現在我們生產一輛車僱傭的人和在一九〇三年剛開始時生產一輛車所僱傭的人數相等——但那時候那些人只是進行組裝，這種對比就顯得更不公平了。而事實上，現在我們產量最高的時候一天生產四千輛車，而我們用於汽車生產的人還不到五萬！

第六章

人才是最寶貴的

當一大群人聚集在一起工作時，最難對付的便是因此產生過多的組織和隨之而來的繁文縟節。在我看來，沒有什麼比那種被稱為具有「組織天才」的頭腦更可怕的。這通常會導致巨大的官僚體系誕生，就好像一棵樹上沉甸甸地掛滿了漂亮、圓圓的漿果，每一個果子上都有一個人的名字或者一個辦公室的名字——每個人都有一個頭銜和一定的職責，他們的職責被嚴格地限制在他們的漿果的範圍之內。如果一個助理領班有什麼想法要告訴總負責人，他就要經過下級領班、領班、部門經理、助理總監，最後才能到達總負責人那裡。也許到達總負責人的時候，他想要談的內容就已經成為歷史了。

一般來說，下層提供的資訊需要六個星期才能到達董事會的董事長或主席手裡。即使它到達了這些高高在上的官員手中，到那時，它的周圍也已到處是批評、建議和評論了。因此，沒有什麼事情能在「官方的決定」下順利進行，因為決定的時間早已過了他們實際應該行動的時刻。

在這種體制下，事情總是被推來推去，所有的人都在迴避責任——按照那種懶觀念來說，兩個腦袋比一個腦袋好。

依我看來，一家企業並不像一臺機器，它是為了讓一群人聚集在一起工作，而不是為了讓他們相互溝通資訊。對任何一個部門來說，沒有必要知道另一個部門正在做什麼。如果一個人正在做他的工作，他將不會有時間去做任何別的工作。促使所有這些部門都為著同一個目標而合理地工作，這正是那些負責整個工作計畫的人的職責。

沒有必要召開會議來溝通個人與個人，或者部門與部門之間的感情。對人們來說，在一起工作時用不著彼此相愛。關係太好也許不是一件好的事情，因為這可能會導致一個人盡力去掩蓋另一個人的錯誤——而這對兩個人來說都是糟糕的。

當我們工作的時候，應該專心地工作；當我們玩的時候，就應該盡情地去玩。把這兩者混同起來是沒有用的。我們的主要目標應該是做好工作，並因此得到報酬。當工作完成之後，我們便可以開始玩了，但玩樂並不能在完成工作之前。

所以在福特工廠和公司並沒有嚴格的組織，沒有任何特別的職責被賦予任何職位上，沒有一些上下級的權力等級，並且幾乎沒有頭銜，也沒有會議。我們需要的僅僅是職員。我們沒有任何精細的記錄，也沒有那些繁文縟節。

我們要求個人對自己完全負責——也就是說，工人對他的工作絕對負責，助理領班對他手下的工人負責，領班對他的群體負責，部門經理對他的部門負責，總負責人對整個工廠負責。每個人都應該知道在他的責任範圍內正發生著什麼事情。

我這裡說的「總負責人」，事實上並沒有這樣正式的頭銜。由一個人負責管理工廠，已經實行多年了。他有兩個人幫忙，這兩個人也沒有任何明確的職責範圍，他們分別承擔著屬於他們工作任務的特別部分。

大約六個具有助手性質的人與他們在一起，但他們也並沒有特別的職責。「總負責人」的兩個助手都自己在找事情做，我對他們的工作並沒有任何限制，但他們都在最適合的地方工作，一個人查詢存貨和缺貨，另一個人抓品質檢查。

這看起來也許很危險，但實際上並不危險。如果一群人全部都想著把工作做好，那麼完成工作不是件難事。這樣做他們不會陷入權力限制的困境，因為他們不用去考慮頭銜。相反地，如果他們有自己的辦公室和所有那一切，他們就會把時間浪費在辦公室上，一心想為什麼自己不能有一間比其他同伴更好的辦公室。

因為沒有頭銜，也沒有權力限制，所以沒有了繁文縟節和想要勝過別人的想法。任何工人都可以在工廠裡找任何人。因此，如果有個工人越過領班而直接去找工廠的負責人，領班並不會為此而動怒，因為這已經成為一種習慣了。但工人很少這麼做，因為領班自己知道如果他不公正的話，很快便會被別人發現，那麼他將不再是領班。

我們所不能容忍的事情之一，便是任何形式上的不公正。一旦一個人開始隨著權力的增大而自我膨脹，他就會被人發現，因此他就會離開權力，或者回到機器身邊去。

大量的勞工動亂都是起源於那些下級管理人員不公正地行使權力，因此我擔心，在很多工廠工人的確得不到公正的待遇。工作——並且唯有工作——才能控制我們，這也就是我們為什麼沒有頭銜的理由之一。

事實上，大多數人都能做好工作，但他們常常被頭銜弄昏了頭。頭銜的影響是很特別的，它經常被人們當作一種擺脫工作的藉口。它幾乎如同一枚徽章，上面寫著這樣的話：

「這個人無事可做，但他認為自己是重要人物，而別人都是無關緊要的人。」

頭銜不僅經常會影響它的擁有者，並且也同樣影響到別人。在人們心中再沒有比這樣的事實——即有官位的人反而不是真正的領導者——更容易激起個人不滿了。每個人都知道，一個真正的領導者應當是一個善於計畫和命令的人。當你發現一個人是位真正的領導者時，你將會去問別人他的頭銜是什麼。當然，他自己對此也從不炫耀。

企業中的頭銜已經很多了，並因此而使企業遭遇困境。其中的困境之一就是要根據頭銜來劃分責任，這種情況已發展到如此地步，以致完全脫離了責任的本來意義。

責任被分成很多部分，並被分攤到很多部門，每個部門又都在一個有頭銜的上司領導下，這位上司又同樣被一群有著美麗光環的下級頭銜的人包圍著，這時候便很難使所有人感到真正的責任。

大家都知道「把牌推來推去」意味著什麼，這種推牌遊戲肯定起源於那些各部門間推託職責的工業組織。每個組織的健康運行依賴於組織中的每一個人——不管他處於什麼位置——都能意識到在他所視範圍內所發生的與整個企業利益相關的事情都是他的工作。

鐵路的情況之所以糟得一塌糊塗，是因為各部門都在這樣說：「噢，這不是我們的事。管這事的是某某部門。」

官員們曾被多次勸告不要埋藏在頭銜之後。現實表明這種狀況不僅僅是勸告才能夠糾正的，糾正的真正辦法就是廢除頭銜。

有些頭銜也許是合理的、必需的，有一些也許是有用的——例如為了指導眾人認真地工作，但對於其他的頭銜，最好的辦法非常簡單——把它們全部廢除。

就目前很多企業來看，它們都大大地貶抑了頭銜的作用，再也沒有人會吹噓自己是一家破產銀行的董事長。從總體上來說，企業是難以熟練地駕馭的，所以不能給予舵手太多的驕傲。

那些現在還看著頭銜，並認為頭銜有價值的人，是那些被摘掉了自己的頭銜、下到企業的最基層去鍛煉的人。不久他們又回到了他們提升的地方——試圖從底層開始重新爬起。

然而，當一個人真正工作時，他並不需要頭銜，他的工作本身就給了他無比高尚的榮譽。

我們所有的人在進入工廠或辦公室之前，都是通過招聘部門考核的。正如我前面說過的，我們從不僱傭專家——我們也不僱傭那些過去有經驗或者有過高職位的人。

我們並不會因為一個人過去的歷史而錄用他，因此也不會因為他過去的歷史而拒絕他。我從不認為一個人會壞得一無是處，他身上總是會有一些好的方面——如果他能得到機會的話，他就可以做好。這就是我們一點也不在乎被僱傭者身世的原因，因為我們不是僱傭一個人的歷史。

我們會僱傭一個曾經蹲過監獄的人，因為沒有理由說他將再次坐牢，我認為恰恰與此相反，如果給予他機會的話，他很可能會特別賣力地工作，以便不再進監獄。

我們的人事部門絕不會因為一個人以前做過的任何事而拒絕他——不管他以前是蹲過監獄還是在哈佛大學，他都會受到同等的對待。

我們甚至不詢問他是從哪所學校畢業的，如果他不想工作，那麼他就不會申請這份工作。因為這一點是眾所周知的，福特工廠的人是一個能夠工作的人。

再次重複一下：我們並不在意一個人曾經是什麼。如果他上過大學，他應該能進步得更快，但也必須從最底層開始，並證明他的能力，每個人的未來主要靠他自己。人們總是有太多的抱怨，說自己得不到承認。然而，在我們這裡，每個人都肯定會得到他應有的承認。

當然，我們還必須看到一個人要得到承認，需要哪些因素。現在整個現代工業體系都被這種渴望刺激得變了形，它甚至可以說幾乎是走火入魔了。

我們曾經有過這樣的時期——每個人的個人發展完全依靠他的工作，並且會很快表現出個人的能力來，而不需要依靠任何人的恩惠。但現在它經常依靠個人是不是幸運，能否被一個重要人物的雙眼看中，而我們這裡成功地抵制了這點。

人們如果帶著要引起某人注意的想法去工作，那麼他們在工作的時候就會想著：如果他們不能為自己所做的工作而獲得稱讚，他們就會把它弄糟或者乾脆不做。這樣一來，有時候工作便成了第二位考慮的事了，手中的工作——即手中的產品、手中的特別服務——便不再是主要的了，主要工作也成了如何獲得個人的提升——成為由此被某人看中的跳板。

這種做法——即把工作放在第二位，把得到承認放在首位——對工作是不利的。它把得到承認和稱讚看作是真正的工作。

同時，這種做法也會對工人產生一種極其不好的影響。它鼓勵一種特別的野心，這野心既不高尚又不能促進生產，相反地，它容易產生一種人，這種人認為只要他「站在老闆一邊」，就會得到提升，就會當上主管——幾乎每個工廠都有這種人。

最糟糕的是，目前產業體系中的一些事情表明這種做法還真不少。領班也是人，很自然他們也容易被人奉承，並相信自己手中掌握著工人的飯碗。同時，一旦他們接受奉承，那些自私的下屬將進一步地吹捧他們，這也是很自然的——直到從他們那裡得到好處和利益。這就是為什麼我要盡可能地減少企業中個人因素的原因。

那些不知道把所有精力都用於尋求更高職位的人，和我們在一起都特別容易相處。他們工作努力，但並沒有思考能力，特別是迅速反應的能力。這樣的人將會得到他們的能力所值的一切。

一個人可以根據他的勤奮來得到提升，但同時他也要有領導素質，否則就不能提升他。我們所生活的不是一個夢想世界，我想在我們工廠的人員篩選過程中，每個人最終都會去他應當去的地方。

我們從來不滿足於做好整個組織的任何一部分該做的事。我們認為它應該做得更好，並且它最終將被做得更好。這種進取精神使得素質高的人最終一定能獲得與他素質相稱的職位。

在任何時候，一個組織——這是一個我不太喜歡使用的詞——變得僵化了，高素質的人也許就得不到應有的職位，那時一切都是按照常規步伐在走，人人都在等著死人的鞋穿。

由於我們幾乎沒有頭銜，所以當一個人本應該去做比他目前所做的更好工作時，他很快就能去完成這樣的工作——他不會因為在他前面沒有空出的職位而受到限制——因為並沒有什麼「職位」。

我們沒有事先準備好什麼職位——我們最優秀的職員總是自己去找職位。這點很容易做到，因為總是有工作可做。

當一個人首先考慮的是把工作做好，而不是為得到提升或為自己找一個合適的頭銜時，那就不會存在提升的困難了——提升本身並不只是表現在形式上，還包括不再是做以前所做的事，並且能夠得到更多的報酬。

我們所有的人都是這樣從最底層被提拔上來的。例如某位工廠的廠長原來是一位機械師；負責羅格河大工廠的人則是從造型設計師開始他的工作的；有一位管理一個主要部門的人最初還是一個清潔工。

工廠裡沒有一個人不是簡單地從街上來又回到街上去。我們所有的事情，都是由那些與我們一起工作，並使自己變得越來越合格的人做的。很幸運的是，我們沒有繼承以往的任何傳統，我們也不會去建立任何傳統。

如果說我們有一個傳統，那就是：任何事情都應該比它已經做過的做得更好一些。

這種總是要把工作做得更好更快的動力，幾乎解決了工廠的所有問題，因為一個部門是建立在它的生產效率上的。

生產效率和生產成本是不同的兩方面。領班和監工如果為他們部門的費用而記上一本帳，那麼他們只是在浪費時間。因為有一些費用——比如薪資、營業費、原料的價格等，這是他們無能為力的事情，所以他們沒必要費腦筋在這上面花時間。

他們所能夠掌握的是他們部門的生產效率。一個部門的生產效率是用他們生產的零件總數除以從事生產的所有人數。每個領班每天都要記錄他的部門生產效率，並且總是隨身帶著這些數字。

我們所發現的好方法中有相當大的一部分，直接來自於這種提高生產效率的簡單經驗和方法。領班不必成為一個成本會計——即使他是一個成本會計，也不會是個好領班——他負責的是這個部門的機器和工人，當他們最好地完成工作時，領班就盡到了責任。

他的生產效率就是他的指導成果，對於他來說，沒有理由為其他的事情而分散精力。這種效率系統可以迫使領班忘掉個人的喜好或厭惡——即忘掉除去手上工作以外的其他一切事情。如果他在工作中寧願選擇他所喜歡的人，而不是選擇把工作做得最好的人，那麼他部門的生產記錄很快就會顯示出來這一點。

挑選人才並不存在什麼困難。他們自己往往就把自己挑選出來了——雖然人們經常聽到缺乏提升機會的事情——因為一般的工人更感興趣的是有一份穩定的工作，而不是得到提升。

在那些為薪資而工作的人中，不會有多於五%的人會希望得到更多錢的同時，又希望接受隨著職位提升而來的更多責任和工作。大約只有二五%的人願意成為助理領班，大多數人之所以接受這個職位，是因為它的薪資比操作機器的薪資要高。

那些有機械才能的人往往希望能進製造工具的部門，因為他們在那裡得到的薪資要遠比一般生產部門的薪資高。

可以說，他們中大多數人並不想承擔更高職位的責任，而且絕大多數人都希望待著不動。他們需要被領導，想要別人把一切都為他們做好了，他們本身不需承擔什麼責任。因此，不管工廠裡有多少人，困難不是發現那些需要提升的人，而是發現誰願意被提升。

一種被普遍接受的觀點認為：所有的人都想得到提升，因此很多計畫都是依此而制定的。我只能說我們發現的事實並非如此——我們僱傭的美國人確實想得到提升，但他們並不總是想被提升到頂。至於那些被僱傭的外國人，一般來說，他們作為助理領班就已經滿足了。為什麼會這樣呢？我並不知道，只是在講述事實的真相而已。

正如我前面已經說過的，工廠裡擁有職位的人，對於每項工作該怎麼做，都有著開放的頭腦，如果說我們有什麼固定的理論和固定的規定，那就是沒有任何事情已經做得盡善盡美。整個工廠的管理總是向各種建議開放著。我們有一個非正式的建議徵集系統，每個工人都可以透過它，把他所想到的所有主意和別人交流，並為此採取行動。

每一件產品節省一分錢，加起來也許就會是一筆顯著的資金。以我們目前的生產量來說，一個零件節省一分錢就意味著一年節省一萬二千美元。如果每個零件都節省一分錢，那麼一年的總數可達上百萬美元。因此，計算節約的單位是一%分錢。

如果新提出的方法表明可以做到節約，而進行改革所需的費用可以在一段合理的時間內收回來——比如說三個月之內——這種好的改革當然是切實可行的。

改革並沒有只限定於提高產量或減低生產成本。很大一部分——也許是絕大部分的改革，都是關於怎樣使工作更簡單。在我們工廠，我們並不想有任何勞累的，甚至會把人累死的工作。這種工作現在已經極其少了。

一般來說，採用那些使工作變得更容易的方法，同時也就降低了生產成本。富有人情味的企業本身就是一個良好的企業。我們還會對一些相關單位進行調查，看是製造零件便宜還是購買零件更便宜。

給我們的建議從四處傳來。

一位來自波蘭的工人看來是外國人中最聰明的建議者。這位波蘭人不會說英語，他表示如果他機器上的工具從不同的角度安裝，就能更耐磨損——原先它只能用來切割數次。結果證明他是對的，這為我們節省了很多錢。

另一個波蘭人在一臺鑽床上裝了一個小小的固定裝置，使零件在鑽過之後就不用再進行處理了。這種方法被普遍採用後，結果也是節省了一大筆錢。

人們經常會想出一些自己的小裝置，因為當人們把注意力集中在一件事情之上，如果他們有一些這方面的頭腦時，就常常能夠進行一些改進。

一個人對其機器的清掃——雖然清掃機器並不是他工作中的一部分——也常常能夠表露出他的才華。

下面是一些人提出的一些建議：

其中一項建議指出，用高架傳送裝置把鑄件從鑄造廠運到機器工廠，這將為運輸部門節省大量人力。

曾經有十七個人——這還是在生產規模很小的時候——做清除齒輪的毛邊，這是一件又累又髒的事。有一個人簡單地畫了一臺特殊機器的草圖，他的想法不錯，後來機器製造出來了。現在四個人就能完成十七個人的工作量了。

透過把底盤上的一個零件的固定柄改成焊接柄，在當時遠比現在產量小的時候，一年就能節省五十萬美元。

用扁鐵片製造一種管子，而不是用通常的方式製造，結果又帶來了另一筆巨大的節約。

製造一種齒輪的舊方法需要四個人操作，而且有一二%的鋼材要變成碎片。我們把大部分碎片利用起來，並且我們最終會把它全部利用起來的——雖然製造齒輪必須切下碎片，但我們不能以此作為允許浪費的藉口。其中有一位工人設想出了一種很簡單的新方法生產這種齒輪，這種方法產生的碎片只有一%。

為了使表面堅硬，凸輪軸必須進行熱處理。但凸輪軸從熱處理爐出來的時候總是翹著的，一直到一九一八年，我們還專門僱傭了三十七個人專門弄直這些翹著的凸輪軸。我們的幾個人實驗了大約一年，最後製造出一種新型的爐子，使凸輪軸在裡面不會再翹了。在一九二一年，雖然生產量遠比一九一八年大，但整個這項工作我們只需要八個人。

另一項建議是去掉每一項工作對技術要求的壓力。以前那位工具淬火工是一位專家，他必須判斷加熱的溫度——這是一件無法事先考慮的工作，奇怪的是他能夠看得那麼準。熱處理對硬化鋼鐵是非常重要的——需要知道該用的確切溫度，這無法經由經驗來把握，它得進行測量。後來我們引用了一套自動化系統，火爐邊的人根本不會感到熱，也不必去看溫度計——記錄溫度的儀器，因為彩色電燈就能給他信號。

我們的機器中沒有一臺是隨便亂造的。在採取行動之前，機器的每個細節都被核查過了。我們有時候先製作木頭模型，或者在黑板上畫出和實際一樣大的零件。

我們並不被主觀所限制，也不會只靠碰運氣。我們還沒有製造過一臺不能做它設計時應該完成的工作的機器，大約所有實驗的九〇％都成功了。

所有這些成果都歸功於大家。我想如果人們不受阻礙並且每個人都知道自己是在進行服務，他們將會集中一切精力做好一切工作——即使是最微不足道的工作。

第七章
創建良好的環境

重複勞動——即對一件事情一做再做，並且總是採用同樣的方法——對有些人來說是一件可怕的事。對我來說，這也同樣是可怕的。我不可能整天做同一件事情，但對另一些人來說——也許我可以說對大多數人來說，重複勞動並不可怕。事實上，對有些人來說，思考是件非常可怕的事情。對於這些人來說，理想的工作是指那些不需要創造的工作——那些既需要頭腦又需要體力的工作幾乎沒有人願做，而我們需要的正是這些認為創造性工作太困難而喜歡這種工作的人。

普通的工人只想找一份工作，這份工作並不需要費多大勁——也就是說他想要一份不需要動腦筋的工作。那些被稱為有創造性頭腦的也和那些對單調勞動感到恐懼的人一樣，可以想像得出他們是如何地不安分，因此他們為那些整天做著同樣工作的人而哀嘆。

當你認真工作時，就會發現大部分工作都是在重複的。商人會有商人的一套常規，並非常精確地遵循著。銀行董事長的工作幾乎全是一樣的，銀行的基層官員和職員的工作也完全是老一套。確實，對大部分事情和大多數人來說，有必要建立一套固定的常規模式，以便大多數動作成為重複性的動作；否則，他們將無法完成自己的工作量，不能依靠自己的努力過日子。

任何一個有創造性頭腦的人，都沒有理由去做單調的事情。因為有創造性思維的人，到處都需要。對於有技能的人來說，絕不會沒有出路，也絕不會沒有施展才能的機會。

但我們得承認：並不是所有人都想成為有技能的人。即使有些人有這種想法，但也缺乏通過考驗的毅力。一個人不可能只靠空想而變成一個有技能的人。

已經有很多關於人的本性的理論，但人的本性到底是什麼，對此人們並沒有進行足夠的研究。有一種理論認為，創造性工作只有在需要想像的領域才會有。音樂、繪畫和別的藝術領域有一些創造性藝術家。我們似乎把創造性的功能局限在這樣一些產品上——這些產品可以掛在畫廊的牆上，可以在音樂廳表演，能在那些無所事事的人聚集的地方演出，他們吹毛求疵，卻又相互崇拜彼此的文明。但是，如果一個人想要實現創造性工作，他就應當去那些具有更高規則的領域，而不是那些與聲音、線條、顏色打交道的領域。他可以到那些與法律打交道的領域。

我們需要能夠協調產業關係的藝術家；我們需要能夠創立優秀工業生產方式的大師；我們需要那些能把政治、社會、產業和道德的大眾，塑造成有秩序的整體的人。

我們過去把創造性工作的範圍限制得太窄了，並且只把它用在過低的目標上。我們需要那些能為所有的人創造出正當、良好、美麗生活的人。

一個好的意圖加上思慮周密的工作設計，可以運用於實際，並能夠取得成功。幫助增加工人們的福利——當然不是讓他少做一點事，而是藉由幫助他做更多的工作來得到更多的福利。如果這個世界上的所有人都能把他們的注意力、興趣和精力用於為別人造福的話，那麼，這樣的計畫就具有實際的工作意義。這樣的計畫將經得起考驗——它們在人性和金錢兩方面都是最有收益的。

我們所需要的是堅定的信仰，即相信產業中的正義、公平和人性是可行的。如果沒有這些品質，我們最好不要從事工業。確實，如果我們不能堅持正義、公平、人性，那麼工業的末日便指日可待了——但我們可以做到這些，也正在朝這方面努力。

如果沒有機器的幫助，人們就無法獲得維持生活的收入，那麼因為使用機器很單調而拋棄機器，這會對他有利嗎？讓他去挨餓，還是讓他過起好生活更好？

一個人會因為挨餓而感到幸福嗎？如果他不努力使用機器，他生產出來的只會比他所能生產的更少些，因此獲得少於他應得到的那份幸福。

我還沒有發現重複性勞動對人有副作用。專家們告訴我，重複性勞動既毀壞肉體又毀壞靈魂，但我們調查的結果卻不是這樣的。例如，有一位工人整天不做別的，只是踏著踏板排放設備，他認為這種動作會使他變成單側病人，但醫院檢查顯示他並沒有得這種病。後來，他被調換做另一工作，這工作需要運動不同的肌肉，然而幾個星期之後，他便要求換回他原來的工作。

這看起來似乎很有道理：一天八小時做著同樣的動作，很容易使身體變形。但我們卻從未碰到這樣的事例。

只要有人要求調換工作，我們便滿足他們。我們希望能夠定時調換他們——只要工人們願意，這是完全可行的。他們不喜歡那些不是由自己提出的調換，由於有些操作是很單調的——因為它們是如此單調，以至於不可能有人願意長久地做著同樣的工作。

也許整個工廠中最單調的工作，就是用一個鋼鉤揀齒輪。把齒輪揀起後，在油桶裡搖一下，然後把它放進籃子裡，這個動作沒任何變化——齒輪總是在同樣的地方等著他，把每個齒輪都搖同樣多的次數，齒輪總是被放進同一個地方的籃子裡。這一工作不需要什麼力氣，也不需要動什麼腦筋，別的什麼也不做，只需要來回輕輕地搖著手，因為那鋼鉤非常輕。但做這項工作的人已經做了整整八年了，他把錢存下來並進行投資，到現在他已擁有四萬美元了——並且他固執地拒絕每一個讓他去做別項更好工作的提議。

精確的調查也沒有顯示，人的頭腦會因為工作過度而被扭曲或變麻木。不喜歡重複性勞動的人不會做這種重複性勞動的。每一個部門的工作根據其特性和技能，被分為甲、乙和丙三類，每一類都有十——三十不同的操作方法。一個剛剛從辦公室來的人可以先去丙組。當他熟悉之後，再讓他去乙組，然後再去甲組。甲組也能勝任之後，他可以做一些工具製造部或其他需要更高能力的工作。一個人能做到什麼成績，完全取決於他自己。如果他一直待在生產部門，那是因為他喜歡做這一行。

沒有一個申請工作的人會因為他的身體條件而被拒絕。這條政策是在一九一四年一月十二日生效的，當時最低薪資定為一天五美元，工人一天工作八小時。這條政策還進一步規定：沒有一個人會因為身體狀況而被解僱，當然，除非是傳染病。

我想，如果一個工業組織要履行它的全部職能，它應該是一個社會的縮影，應該對它的員工盡到自己的責任。例如我們就一直僱傭傷殘人員。我們認為，對於那些由於身體有障礙不能勞動的人，社會應當負有責任，應該採取慈善行動去幫助他們。

我認為一些人必須透過慈善組織來得到幫助——比如智力低下，但這種情況極少。

我們發現在工廠中有大量的不同工作，完全可以為每種人找到一份工作，而不影響正常生產。

盲人或手腳不全的人，在他的工作崗位上能和一個健全的人做同樣多的工作，並且得到同等的報酬。我們並不是覺得殘疾人更可取——但我們證明了他們也可以賺得全額的薪資。

如果因為是殘疾人，在僱傭他們時付給他們低薪資，並因此對他們的低產量也感到滿足，那就背離了我們的原則。那也許是在幫助殘疾人，但並不是幫助他們的最好方法——最好的方法是使他們和健全的人一樣生產出同樣多的產品。

我相信這個世界上真正需要慈善的機會很少——即那種贈送禮物的慈善之舉。當然，慈善機構和企業並不能組合起來。工廠的目的是為了生產，它只有以最大的生產效率進行生產，否則便沒有盡到為全社會服務的義務。

我們習慣於不做調查就輕易地認為生產完全依賴於設備。事實上，人才是做好每項工作的前提條件。為了看清真相，我把工廠中不同的工作根據所使用的機器和操作進行了分類：

把體力勞動分為輕鬆體力勞動、中等體力勞動和重體力勞動；再看它們是濕勞動還是乾勞動，如果是濕勞動，那是什麼種類的液體；再看它們是乾淨還是髒污的；是靠近烤爐還是靠近高溫爐；空氣的流通情況；是需要用一隻手，還是兩隻手都使用；員工是站著還是坐著工作；是安靜的工作環境還是吵鬧的工作環境；是不是需要精確度；光線是自然光還是人工燈光；每小時需要處理的零件數；所使用的材料的重量；工人所受到的各種限制。

在調查時，工廠有七千八百八十二項不同的工作。這些工作中，有九百四十九項被認為是重體力工作，需要具有健全、強壯身體的人；有三千三百三十八項需要普通身體狀況和體力的人；剩下的三千五百九十五項工作根本不需要什麼體力，即使最沒有力氣或者身體很弱的人都能做。事實上，大部分工作婦女或稍大一點的孩子都能做。

對最輕的工作進行再次分類，看其中多少項需要健全的身體。結果我們發現有六百七十項可以由沒有腿的人做，有二千三百六十項可由只有一條腿的人做，有兩項可以由沒有手臂的人做，有七百一十五項可以由只有一條手臂的人做，有十項能由盲人來做。

這樣，在七千八百八十二項工作中，有四千零三十四項——雖然其中的一部分工作需要力氣——並不需要具備完全的體能。也就是說，先進的產業能提供給殘疾人工作的機會比任何正常社會中的殘疾人數還要多一些。

如果一個企業——或者說，一家工廠的工作，都像我們這樣進行分析，那麼雖然比例很可能差別很大，但我相信如果這樣對工作進行分工後——使之分工到經濟效益最佳的程度，那麼有身體缺陷的人找到一份如常人一樣的工作並不困難，並且可以得到和常人一樣的薪資。

把殘疾人當作負擔，這是最大的經濟浪費。教他們一些細微的工作，比如編織籃子或其他無利可圖的手工勞動，並不是幫助他們創造自己的生活，而僅僅是不讓他們灰心喪氣。當一個人被某單位接受時，原則上是把他安排到適合他身體條件的工作崗位上去。如果他已經在工作，但看起來不能勝任這份工作，或者他不喜歡做他的工作時，便給他一張換工卡，讓他拿著這張換工卡到換工部門去。在身體檢查之後，他被安排到另一個更適合他，或者他更喜歡的工作崗位上。

那些體力低於常人的人，如果對他們安排恰當的話，和那些體力大於常人的人一樣會是個好工人。比如，一個盲人被安排到存貨部門，工作是計算運往各處的輸送帶和螺帽的數量，然而另外兩個身體健全的人已經在做這件工作了。兩天之後領班送了一個條子給換工部門，竟然把這兩個身體健全的人從這一崗位上撤下來，原因是這位盲人不但能夠完成他自己的工作，而且還能完成原先由兩個健全人做的工作。其實，這種援助工作可以進行得更深入一些。例如人們通常想當然地認為：一個人受傷後，便只有把他從工作崗位上撤下來，然後給一筆撫恤金。但受傷後總有一段康復期，特別是骨折後，這時候人不夠強壯，不能工作。

事實上，在那一段時間，人們總是急於想找工作，因為即使有最大金額的工傷補貼，也不可能有薪資那麼多。如果這樣做，那麼企業將如同背著一筆特別的稅費一樣，而這筆稅費將增加生產成本，使產品的銷售下降，並因此使某些人失去工作。這是企業主頭腦裡必須思考而無法迴避的問題。

我們對那些臥床不起的人做過試驗——即對那些能坐起的人，我們在床上鋪上黑油布或圍布，讓他們把螺帽鎖到小螺栓上。這項工作必須得用手來做，在磁石電機部有十五－二十人做這種工作。然而那些病人做得和工廠的人一樣好，因此他們也能得到全額薪資。

事實上，我相信他們的產量比通常工廠的產量還高二〇％。我們尊重他們的意願，沒有一個人是非做不可的。但他們全都想做，因為當時間從他們忙碌的工作中流逝時，他們不再難熬，而且他們的睡眠和飲食從此都變得更好，並且康復得更快。

我們對於聾啞員工並沒有給予特別的照顧，他們通常做著一份完完整整的工作。有結核病的工人——大約有一千人左右——大多數都在廢料收集部門工作。那些被認為有傳染病的病人，在一個隔離的地方一起工作，他們的大多數工作是在戶外進行的。

在進行最新一次員工分析時，有九千五百六十三名低於常人身體狀況的人。這些人當中，一百二十三名是手足傷殘，截去了胳膊、前臂或手，甚至有一個人是雙手俱無。有四個完全失明的人，二百零七人有一隻眼失明了，二百五十三人有一隻眼非常模糊幾乎失明。三十七個聾啞人，六十個癲癇病患者，四個雙腳俱失的人，二百三十四人失去了一條腿或一隻腳。其餘的人也都有些輕微的身體障礙。

各項工作要達到熟練操作，需要的時間如下：對於這些殘疾人來說，四三%的工作需要不到一天的培訓，三六%的工作需要一天到一個星期的培訓，六%的工作需要一個星期到兩個星期的培訓，一四%的工作需要一個月到一年的培訓，一%的工作需要一年到六年的培訓，最後還剩一項工作需要非常高的技術——如製造工具和模型。

整個工廠的紀律很嚴格，但並沒有什麼瑣細的規定，其公正性沒有受到任何質疑。只有部門經理才可以行使解僱權，以避免不公正的解僱，但這一權力很少行使。一九一九年是進行統計的最後一年。

在那一年，有三萬零五百五十五起工作變動。在這些工作變動中，有一萬零三百三十四起是由於曠工超過十天而沒有說明理由的，因此被開除了；因為拒絕分配的工作，或者不能說明原因而要求調換工作的，這樣走了三千七百零二人；因為拒絕去學校學習英語，這樣走的人有三十八個；還有一百零八人參軍走了；另有大約三千人轉到了別的工廠。

回家務農或做生意的人占了差不多相同的數量。八十二個婦女因為她們的丈夫在工作而被解僱——因為我們不僱傭其丈夫有工作的已婚婦女。在整個變動中，只有八十人是被立即解僱的，其中弄虛作假的有五十六人，根據教育部的規定而被解僱的有二十人，不稱職的有四人。

我們希望每個人都能做我們讓他做的事情。整個工廠處於高度的專門化中，一個部門的運轉依賴於另一個部門，我們不能有一刻時間允許工人各行其是。如果沒有嚴格的紀律，我們的一切都會混亂不堪。

我認為在企業中應該是這樣一幅情景：工人們盡可能多地工作，得到盡可能高的薪資。如果每個人都按自己的方式去工作，那麼總產量將會下降，因此個人的薪資也將會降低。

任何不喜歡我們工作方式的人，隨時都可以走，公司對每一個人的行為規範都是完全一樣、不偏不倚的，如果某部門走的人越少，對該部門的領導人當然是越有利的。

如果工人受到了不公正的待遇，他完全可以講出來——他有強大的外援。當然，不公正的發生有時是不可避免的，人們對他們的工作同伴也並不總是公平的。

人類的弱點總是會違背我們良好的願望。我已經在前面表述了公司的願望，雖然領班們不一定明白它，但我們將用盡一切手段來實現它。

在曠工問題上，必須進行最嚴厲的處理。工人不能想來就來，想走便走。當他有事時，可以向領班提出離開的請求，但如果他不打一聲招呼便走，那麼等他回來時，對其曠工的理由就要仔細地調查，並且有時候還要到醫院進行核實。如果他的理由是合理的，可以恢復他的工作；如果理由並不正當，便可能被解僱。

在僱傭工人時，我們需要瞭解的情況有姓名、住址、年齡，以及是已婚還是單身，有幾個需要撫養的人，是否曾為福特汽車公司工作過，視力情況和聽力情況。

對於他以前做過什麼，我們並沒有進行提問，但我們的調查表中有一欄被稱為「特長欄」，在來我們這裡之前做過其他手藝的人，可以寫上他曾做過什麼——用這種方法，當我們需要哪方面的專門人才時，就可以直接從中挑選出來。這也是那些工具製造者或製模工能夠很快地走向高職位的道路之一。例如我們公司曾經急需一名瑞士鐘錶修理員，結果從卡片中找到一個很適合的人——他當時正在開鑽床。

熱處理部也曾需要一個熟練砌火磚的工人，同樣也在一架鑽床邊找到了這樣一位——他現在已經是一位總檢查員了。在這裡並沒有多少人可以相互交流——工人都在做自己的工作，然後就是回家——工廠並不是很好的休息室。但我們盡力做到公正，同時也儘量阻止個人之間發生衝突。

整個工廠有許多的部門，幾乎就是一個小社會——每一個人都可以在其中找到自己的位置。

工人們有時也會打架，這通常是被當場解僱的原因。但我們發現這樣對打架者並無幫助——這只能讓他們不在我們的視線裡打架而已。所以領班想出了別出心裁的懲罰措施，這既能保證他的部門中沒有人被開除，同時又不需要花很長的時間來處理這類問題。

對一家高產量，同時又富有人情味的工廠來說，有一點是絕對必要的：即環境要乾淨，照明要好，通風要好。

我們的機器放置得很緊湊——工廠的每一平方英尺地面，都承受著同樣的費用。如果把機器放置的位置放寬六英寸，那麼消費者便要為產品付出額外的錢。

因此，我們測量出了每一工種的工人需要的確切空間。他們不能太擁擠——那將是浪費，但如果他和他的機器佔用了多於需要的空間，那同樣也是浪費。我們的機器比世界上任何一家工廠的機器都挨得緊，幾乎是一架機器堆在另一架機器的上面——但它們是科學地安放的，而不只是根據操作——並且還給了每個人和每臺機器所需要的空間。如果可能的話，沒有一平方英寸——當然更沒有一平方英尺——被浪費。我們工廠的建築並不是作為公園來使用的，所以如此緊密的安放就需要切實的安全保障和良好的通風條件。機器的安全保障是極其重要的事情。我們認為：必須保證任何機器的絕對安全，而不管它的工作效率如何高——我們沒有一種機器是處於不安全狀態的。但即使是這樣，還是有一些安全事故會發生。

每一次事故——不管是多麼微小——都得由一個技術高明的主要負責人員來察看，追究原因，並對機器進行研究，以確保同樣的事故不會再發生。

當我們建造那些老建築物的時候，並不像今天這樣如此瞭解通風問題。在我們後來修建的所有建築物中，支撐的柱子都修成中空的，污濁的空氣通過柱子空心排出去，同時新鮮的空氣也可以通過柱子的空心引進來。

所有地方常年都保持著恆定的溫度。在白天不需要燈光照明的地方，有七百人專門負責保持工廠衛生——他們擦洗窗戶，粉刷需要粉刷的地方，並且把容易被忽視的黑暗角落粉刷成白色。

如果沒有乾淨整潔的環境，人們就不能保持精神興奮。我們對清潔衛生的重視並不低於對生產方式的重視。

沒有任何理由讓工廠變得更加危險。如果一個人工作得太勞累或者工作時間太久，他就會陷入容易發生事故的精神狀態。要防止發生事故，就要避免這種精神狀態，這就需要一方面防止工作漫不經心，另一方面要使機器絕對安全。

根據專家的分類，事故的主要原因有如下幾種：

- 生產結構上的缺陷；
- 機器的缺陷；
- 狹小的空間；
- 缺乏安全措施；
- 不合適的衣著；
- 暗淡的光線；
- 污濁的空氣；
- 不乾淨的環境；
- 疏忽大意；
- 無知；
- 精神狀態不佳；

■缺乏合作精神。

生產結構上的缺陷問題、機器的缺陷問題、狹小的空間、不乾淨的環境、昏暗的燈光、污濁的空氣、不良的精神狀況、缺乏合作精神，所有這些問題都容易解決。

薪資可以解決九〇％的精神問題，機器裝置則解決了剩餘的問題。我們也可以防止衣服不合適、粗心和無知等原因，這些都簡單易行。

對於那些難解決的問題，我們投入了更有力的保障措施。在我們所有的新裝備上，每一臺機器都有專門的電動機。但在老式設備上，我們不得不用輸送帶，每一條輸送帶都裝有防護設施。在自動傳送裝置上面架設天橋，這樣工人們不用經過危險之處。

只要待在空中移送物品的地方，工人就必須戴上安全帽、護目鏡，並把機器用鐵網罩上，以減少事故的發生。

我們在高溫爐周圍設了一些欄桿。機器上沒有任何開口能絞住工人的衣服。所有的過道都保持暢通。牽引沖床的開關由一個大大的紅色布巾包著，只有在扭開這個包巾之後開關才能被打開——這就防止了機器被無意打開。

工人如果穿了不合適的衣服，就有可能被滑車勾住衣服帶子，或者長長的袖子，以及所有不適合佩戴的小飾品——這些領班都要注意到，他們能抓住大部分衣著不合適的違規者。

新機器在安裝之前經過了各種測試。實踐證明，我們沒有發生過嚴重的事故。

工業不應該是強迫人屈服的工具。

第八章

令人矚目的薪資改革

靠習慣來管理企業是不行的。也許有人會說：「我支付的薪資越來越高。」然而說這話的人卻不會輕易地說：「我沒有比其他人更好的、更便宜的東西要出售。」

沒有一個頭腦正常的企業主會認為，只買最便宜的材料就可以生產出最好的產品來。那麼，為什麼我們會聽到那麼多的關於「清理勞動力」和降低薪資能為國家帶來好處的論調呢？

實際上，降低薪資只能意味著降低購買力，並抑制國內市場。如果工業如此差勁，以致無法為人們提供一份好生活，那麼工業發展有什麼意義呢？

沒有比薪資更重要的問題了——我們國家的大多數人都是靠薪資生活。他們薪資的增長與生活品質的提高，決定著國家的繁榮。

在整個福特公司，我們現在執行一天六美元的最低薪資標準，以前是一天五美元的最低薪資。如果恢復到舊的市場薪資水準，這是很不講道德的事——同時這個公司也將是最差勁的企業。

首先我們來看看各種人際關係。在公司裡把一個員工稱作夥伴是不常見的事，然而，他應當是什麼身份呢？

當一個人發現管理一個企業超出了他個人的時間和精力時，他便叫來助手和他一起分擔。那麼，如果一個人發現一個企業的生產工作太多，已經超出了他的兩隻手所能完成的，那麼能否認那些來幫助他進行生產的人不是他的「夥伴」嗎？

所有企業中的人與人之間的關係，都是一種夥伴關係。在一個人叫別人來幫助他的那一刻——

即使這位助手是一個孩子——他也有了一位夥伴。這個人也許是這家企業的唯一擁有者，是操作企業運行的唯一領導者，但只有當他同時還是唯一的經理和唯一的生產者時，他才能說自己是完全獨立的。而一旦一個人要依靠別人來幫忙時，他便不再是獨立的了。

這就是一種夥伴關係——即老闆是他工人的夥伴，工人也是他老闆的夥伴。事實便是如此。一群人或另一群人都自認為是不可缺少的部分，這是沒有好處的。事實上兩者都是必不可少的，如果一方只能以犧牲另一方為代價，從而使自己變成獨一無二的，那麼最終也將失去自己的利益。

資本家或勞動者都認為自己才是獨立一體的，其實這都是非常愚蠢的想法。他們是夥伴關係。當他們互相對立，都想打倒對方時，他們只是在損害那個企業——在這個企業中，他們是夥伴關係，都從這個企業中獲得利益。

作為企業的領導者，雇主的目標應該是為工人提供比同行業中任何一家企業更高的薪資；工人的目標應該是幫助雇主，使這一切成為可能。

當然，在所有的工廠裡都有人認為，即使工人盡最大的努力，也只是會對雇主有利，而根本不會對工人有好處。有這樣的想法存在真是一件可悲的事情，但它確實存在，並且它的存在也有一定的合理性。

如果雇主希望他的工人盡最大的努力工作，而當工人瞭解到他們的最大努力並沒得到任何回報時，那麼他們自然會對工作沒有興趣。但是，如果他們看到勞動的果實就在他們的薪資袋裡，看到更努力的工作意味著更高水準的報酬，那麼他們就會認識到自己是公司的一部分——公司的成功要依靠他們，他們的成功同樣也要依靠公司。

「雇主應該支付什麼？」——或者說「員工應該得到什麼？」——這些都只是小問題。主要的問題應該是：「什麼是企業的立足點？」

當然，任何企業都不可能建立在支出多於收入的基礎上。當從一口井裡抽水的速度大於流入井裡的水的速度時，井裡就會沒水可抽。當井變乾之後，那些靠這口井喝水的人便只能忍受乾渴之苦。也許他們會把一口井裡的水抽乾之後，再到另一口井裡去抽水，那麼，把所有井裡的水都抽乾之後怎麼辦呢？這只是一個早晚的問題。

現在有一種普遍的要求，就是要求公正地支付報酬，但我們必須認識到報酬是有限的。企業本身設定了報酬的限度，你不可能從一家只賺十萬美元的企業中分配到十五萬美元的報酬。

企業的狀況限制著薪資。但又是什麼限制了企業呢？當一個企業盲目地依從錯誤的慣例時，它便限制了自己的發展。當人們不是說「這個雇主應該這樣去做」，而是說「這家企業應該這樣去做，以便能做好企業」，這時候，他們的企業便有前途和希望了。因為只有企業——而不是雇主——才能支付薪資。

除非有企業作為後盾，否則雇主不能支付薪資。但如果企業無法保障向工人支付更高的薪資，雇主也拒絕支付，那該怎麼辦呢？一家企業是很多人的生活來源，這作為一條法規，不能夠隨意破壞。損害企業是犯罪行為，因為很多人都把自己的勞動獻給了企業，他們把企業當作實現自己人生價值的地方，這是他們生活的來源。

用罷工或倒閉來扼殺企業是沒有用的。例如一個雇主總是忽視員工，並常問自己：「我最多給他們多少？」這種想法會使他一無所得。如果員工以牙還牙地問：「我能強迫他多給多少？」這也會使他一無所得。

最後，雙方都不得不回到企業的問題上，並問：「這家企業怎樣才能變得更穩定、更有效益，以便能為我們大家都提供一種穩定舒適的生活？」

但並不是所有的老闆或工人都會想得如此長遠，目光短淺的習慣是很難改變的。能為此做什麼呢？什麼也做不了。沒有任何規定或法律會使這種習慣產生變化。開明的思想會使之改變，但我們需要一段時間才能使開明的想法傳播出去。但傳播時必須同時考慮到老闆和工人兩者的利益，使他們為同樣的目標而工作，使企業能夠順利向前發展。

我們所說的高薪資是什麼意思呢？

高薪資是指薪資高於十個月前或十年前的薪資。我們並不是指支付比應該支付的薪資更高，今天的高薪資也許在十年後成了低薪資。

如果一個企業的經理想得到更多的分紅，那麼他就應該努力支付工人更高的薪資，而不是付給他自己高薪資。當然，如果可以支付高薪資但他卻不願意，那麼他就該受到指責。

但是依靠他獨自一人的努力是不可能支付得起高薪資的。高薪資無法自動支付，除非工人自己賺得。他們的勞動是生產要素之一，但不是唯一的生產要素——錯誤的管理方式會造成勞動和材料的浪費，使勞動的努力化為烏有。

勞動也可以把良好的管理化為烏有。但是在良好的管理和誠實的勞動結為夥伴關係時，工人便使得高薪資成為可能。工人投入了他的精力和技術，如果他誠實地、全身心地投入工作，那他的回報應該是高薪資。工人不僅賺得了高薪資，而且還是創造薪資的重要動力。

然而，還應該清楚一點：高薪資開始是從工廠創造的。如果沒有工廠的工作，將不可能有薪資袋裡的報酬。不會有一個不需要工作的企業。自然法則決定了這些。

無所事事對我們任何人都沒有好處。工作是我們的神聖天職，是我們的自尊，是拯救我們的力量。工作是人最大的幸福，而絕不是詛咒，社會正義只能來源於誠實勞動。那些多做出貢獻的人所獲得的也應該更多，因此，在薪資的支付中不應有任何慈善的考慮。

那種把自己的最大精力奉獻給公司的人，是公司裡能得到最多的人。如果他的貢獻不能被自己充分感受到，他是不可能做到這點的。

如果一個白天來上班的人，認為不管他做出怎麼樣的貢獻，都不能得到預想的回報來維持一份好的生活的話，這種人事實上並不處在工作狀態——他始終在焦慮和擔心，這一切反過來會影響他的工作。

但是，如果一個人感覺到，他每天的工作不僅能滿足他的最低生活需要，而且還能提供相當舒服的生活，能夠讓他為他的兒子和女兒提供受教育的機會，並為他的妻子帶來生活的樂趣，那麼，在他看來他的工作便是美好的，他會很願意盡最大努力來工作。

一個人不能從他每天的工作中獲得滿足感，那他便失去了工作的樂趣——即工作回報中最重要的部分。

因此，工作是一件重要的事情——一件非常重要的事情！它是我們這個世界存在的基礎，是我們自尊的基礎。

老闆應該承擔比工人更勞累的工作。一個認真履行自己職責的老闆，一定也是這個世界上最勤奮的工人。他不能說「我有幾千人在為我工作」，事實上，是幾千人在讓他為他們而工作——工人工作得越好，便使老闆越忙於處理他們生產的產品。

薪資和酬金都應當有一個固定的數目，這是必須的，以便有一個計算的基礎。薪資和酬金一般是以預先固定的數目進行的一種利潤分配——但經常發生這種事情，當一年將近結束時，發現還可以支付得更多一些，那時就應該支付工人更高的薪資。

我們共同在為企業工作，我們所有人都該分得利潤的一部分——或以優厚的薪資，或以酬金，或以額外的補貼等方式。這點現在正被普遍認同。

現在有一個要求——要求把企業中的人提高到與物同等重要的位置。這是必將要做的事情。問題在於是否可以採取更好的方式做到——用一種方式，一方面能保護現有的物的地位，另一方面提高人的重要性；如果採取一種不明智的方式，它將使我們過去多年追求的物質利益全部消失殆盡。

企業代表國家的發展水準，反映了我們的經濟狀況，決定我們在世界各民族中的地位。我們並不想損害它。我們所想的是使企業中人的因素得到重視，而這一點完全可以在沒有混亂、不損失任何物質的情況下就做到，並能增加我們每個人的福祉——這一切的祕訣就在於認識人的夥伴關係。除非每個人都能夠自給自足，不需要其他人的任何服務，否則我們絕不可能不需要夥伴。

這些就是薪資的基本內涵，它們是在夥伴關係中的利潤分配。

多少薪資才算是足夠了呢？從工作中得到多少生活費才是合情合理的呢？你曾想過薪資是什麼，或者應該是什麼嗎？

說薪資應該支付得起生活費用，這等於白說。生活費用主要取決於生產和運輸的效率，而生產和運輸的效率是管理人員和工人的效率之和。努力的工作、良好的管理，應該等於高薪資、低消費。

如果我們的經濟會改變各種影響結果的因素，那麼我們不可能得到一個固定的結果。如果我們想根據生活費來規定薪資，那麼我們就是模仿一條追著自己尾巴的狗。

並且又有誰能說明應該把生活費定在什麼樣的程度呢？讓我們放寬眼界，看看薪資對工人來說意味著什麼——它就應該是什麼。

薪資擔負著工人在工廠之外的全部費用。工人擔負著工廠內部必要的工作，每天的工作是最有價值的財富金礦。薪資肯定不應該少於工人在工廠外面的全部開支，它還應該考慮到年老後他再也不能勞動時的生活費用——那時候他也應該不需要再從事勞動。如果要做到這些，企業就應當調整生產、分配和獎勵計畫，避免企業利益落入那些對生產沒有提供過幫助的人口袋裡。

為了能夠創造一套薪資制度，使其既適用於那些善良仁慈的老闆，也適用於那些自私自利的老鬪，我們得在生活中找到一個基礎。

當一蒲式耳小麥值一美元時，與一蒲式耳小麥值二・五美元時，工人每天的勞動所付出的體力完全是一樣的。雞蛋可以是十二美分一打，或者九十美分一打，但一個人在一天的生產勞動中所付出的體力又有什麼不同呢？

如果生產只是和某人自己相關，那麼維持他的生活費用和他應該得到的利潤，將是一件較簡單的事情。但他並不只是一個人。

他首先是一個公民，要為國家創造福利；他還是一個有家室的人——也許他是孩子們的父親，必須靠他賺來的錢把孩子們培養成有用之才。我們必須考慮到所有這些事情。

怎麼計算一個家庭為每天的工作所付出的精力呢？你為工人的工作付給他薪資，但他的工作中又有多少是歸功於他的家庭呢？有多少是因為他是一個公民的身份呢？有多少是由於他身為人父的呢？

工人本人確實在工廠工作，他的妻子在家裡工作，但工廠必須為他們兩個人支付薪資。在什麼樣的薪資計算體系中，家庭可以在每日工作的薪資單上找到它的位置呢？

工人本人的生活費用能被認為是「消費」嗎？讓一家人分享到「利潤」是他的能力嗎？如果工人每天工作所得只以現金計算，是不是應該以滿足他和他的家人的需要為標準來衡量呢？

或者所有這些都嚴格地在費用項目下予以考慮，而利潤卻在所有這些成本之外計算呢？還有，除了養活他自己和他的家庭，讓他們有衣可穿，有房可住，接受教育以及給他們標準生活的各種享受之外，是不是還應該提供更多的錢用來積蓄呢？

所有這些都能從每天的工作中得到嗎？我認為答案是肯定的。否則的話，我們就是對孩子不公，他們的母親也會被迫去別處尋找工作。

這些問題都需要準確地觀察和計算。也許沒有一件與我們經濟生活有關的事情，能比弄清楚每天的工作要承擔什麼樣的負擔，更值得我們關注的了。

也許能夠精確地計算出來——但這會為每天的工作造成很大的妨礙——每天的工作會耗費一個人多少能量。但我們不可能精確地測量出需要為這人補充多少能量，以便他精力充沛地從事第二天的工作，同時也不可能測量出那些耗費的能量中有多少是他永遠也無法補充的。經濟學還沒能設想出補償工人體力的替代方法。可以透過老年退休金的方式建立一種補償基金，但養老金並不是每日勞動應得的利潤，而是用於照顧日常生活的費用以及工人所耗費的身體損失。

直到現在，曾支付過的最好薪資也不如它們所應該得的那麼高。企業還沒有足夠好的管理，它的目標也未充分地弄清楚，以使它能夠把它應該支付的薪資付給工人。這也正是我們工作的一部分。但是，廢除薪資制度，以合作共有的方式來取代它，對解決問題並沒有幫助。薪資制度是我們擁有的唯一可以進行按勞分配的制度。

如果廢除薪資制度，我們將會陷入普遍的不公平狀態之中。相反，如果我們能夠完善這一制度的話，那麼我們將能夠享有普遍的公平。

多年來的工作經驗使我對薪資有了一定的瞭解。我認為第一點是：除了別的需要考慮的方面之外，我們的銷售也是依賴於我們所支付薪資額的大小。

我們如果支付高薪資，這些錢也要被花掉，一旦商店的老闆、批發商、其他行業的生產廠商和工人更加富裕，那麼他們的富裕反過來又會刺激我們的銷售。因此，全國範圍的高薪資將會帶來全國範圍的繁榮。

當然，高薪資是由高生產效率帶來的，付出高薪資卻降低生產效率，那麼企業將走向死亡。有時候，支付薪資對我們來說是一件費勁的事。直到我們完全進入T型車生產後，我們才能算出薪資應該是多少，雖然在此之前，我們也有過一些利潤分配。

過去每年年終的時候，我們與工人分享我們所賺的一部分利潤。比如，早在一九〇九年，我們根據服務的年限，分配了八千美元。一年工齡的人得到他年薪資的五%，兩年工齡的人得到他年薪資的七．五%，三年工齡的人得到他年薪資的一〇%，但有人認為這種做法並不能反映錢和每日工作的直接關係。

一個人要在他的工作完成之後很久，才能得到他該得的一份，而那時候，它的到來幾乎就像一份禮物一樣。這樣讓薪資帶有慈善色彩總是一件不好的事。

後來，我們的薪資也未能科學地根據工作進行調整。做這種工作的人可能會得到一定金額的薪資，做那種工作的人會得到更高一些的薪資，而事實上也許這種工作所需要的技術或努力要大於那種工作，除非老闆和工人都事先知道所付的薪資數目，否則的話，就會在薪資差別中存在許多的不公平。因此，在一九一三年，我們開始對整個企業的上千種工作進行研究。然後，給予大筆的分配額，以便能夠滿意地確定每天的工作量，再把所需的技能考慮進去，由此確定了薪資等級表。這個表相當準確地反映了一件工作所需的技能和精力——做這份工作的人可以從中獲得多少薪資回報。

如果不進行科學研究的話，那麼老闆就不知道他為什麼要支付這麼多薪資，工人也不知道他為什麼拿這些薪資。把我們企業中的全部工作進行標準化計算後，薪資等級便確定下來了。

我們沒有設立計件薪資。有些工人是按日支付薪資，有些工人是按小時支付薪資——實際上在每一種情況下都有一個標準的生產量。當然，這個生產量標準很低，沒有一個人會達不到，否則的話，工人和我們都不會知道是不是賺得到薪資的錢。因此，在真正的薪資支付之前，必須有一個確定的工作量。一個守衛只要上班，他便應該得到薪資，工人則要根據他們的工作量得到薪資。

根據這些事實，我們在一九一四年一月，宣佈並實行了一項利潤分成計畫。根據這項計畫，任何一項工作在一定情況下的最低薪資是一天五美元。同時，我們縮短每天的工作時間為八小時——原先是九小時——每週工作時間為四十八小時。這完全是自願之舉，我們所有的薪資級別都是自願確定的。

社會公正性是制定一項舉措的依據。經過最後的分析，我們為了自己的心靈得到滿足而實施了這一舉措。因為你能使別人幸福，將是一種很愉快的感覺——你在某種程度上減輕了你同伴的負擔——你把可用於娛樂的錢拿出來給了大家。

善良的願望，是生命中最寶貴的財富。一個意志堅定的人可以贏得他所追求的任何東西，但是，除非在贏得的同時，他還有善良的願望，否則的話他並不能從中獲得什麼利益。

但是，在這一切之中並沒有摻雜任何的慈善因素。這一點並不會被大多數人理解，很多公司的老闆認為我們這麼做只是因為我們賺錢了，需要做廣告宣傳。

他們指責我們，因為我們使薪資標準動盪不安——我們違反了他們所立下盡可能少地給工人薪資的習慣。然而，這種標準和習慣完全沒有道理，它們也必須被除掉。將來有一天，它們會被清除的，否則，我們無法消滅貧窮。

我們進行改革，並不只是因為我們想支付更高的薪資，以及自認為我們能支付更高的薪資。我們支付這些薪資是想為企業奠定一個更長久的基礎。

我們並未破壞任何東西——我們是在為未來而建設，畢竟一家低薪資的企業總是不穩固的。也許再也沒有比這一次宣佈的舉措更能引起世界範圍影響的言論了，並且幾乎所有對它的評論都未能正確理解事實。但我們的工人都相信他們一天將獲得五美元，不管他們做的是什麼工作。

事實和一般的印象有一定的差別。這項計畫是想事先分配利潤，而不是等到利潤已經賺得之後——我們是想在賺得利潤之前便大略估計一下，在某種條件下，把它添加給那些在公司工作超過六個月的人的薪資上，它由三種類型的員工享有：

一種是已婚男人，與他們的家庭共同生活，並負擔他們的生活。

一種是超過二十一歲的單身男人，並且生活節儉。

一種是小於二十二歲的男人，和某些作為親戚、唯一負有撫養義務的婦女。

員工首先領取的是基本薪資——這份薪資高於一般市場薪資的一五%，然後他才有資格享有一定的福利，他的薪資加上福利，得到的是每天五美元的最低收入。

這種利潤分配是以小時為基礎來分配的，因此，那些每小時薪資最低的人，卻能得到最大比例的福利，它和薪資一起每兩星期發一次。

比如，一個每小時拿三十四美分薪資的人，每小時的福利為二十八・五美分，他每天總共能有五美元。一個每小時拿五十四美分薪資的人，每小時的福利為二十美分，那他每天就能有六美元的收入。

這是一種分享利潤計畫，但是是有條件的——員工和他的家庭需要比較清白單純的公民身份，並沒有任何父權主義！——事實上，現在還有相當大的父權主義存在，這就是為什麼要調整整個計畫和社會福利部門的理由之一。

最初所想的是人們應該有一種更好的生活，而最好的措施便是擁有過舒適生活的金錢。一個生活好的人必然會把他的工作做好，然後，我們也希望避免由於增加薪資而降低工作標準。

在戰爭時期，有時候一個人的薪資增長太快，只會增加他的貪欲，並因此降低他的能力。如果一開始的時候，我們只是把增加的錢放在薪資袋裡面，那麼工作標準很有可能會降低。

在新計畫的實施中，大約有一半的人薪資增加了一倍，這很可能會被認為是「輕易得來的錢」，這種想法會使工作垮掉。因此，過快地給工人增加薪資是很危險的——不管他以前是一天賺一美元還是一百美元。事實上，如果工人的薪資由每天一百美元一夜之間增加到每天三百美元，他更有可能比日薪資一美元增加到三美元的人做出傻事——因為那些有更多錢的人有更多的機會使自己變成傻瓜。

在第一項計畫中所堅持的工作標準並不瑣碎——雖然有時候是以瑣碎的方式進行管理。我們的社會部大約有五十個調查員，他們的判斷力都很高，但不可能五十個人都有著同等水準的判斷力，有時候也會出差錯——有一個人專門負責檢查出錯的事。

按計劃規定，一位已婚男子要得到福利，就得和他的家庭一起生活，並負擔他們的全部生活費。我們必須改變很多外國工人的不良習慣——把他們的家當作從中賺錢的地方，而不是生活的地方。不到十八歲的人，如果他撫養著另一位親人，他也可拿一份福利。簡樸生活的單身漢也能夠分享一份福利。

這項計畫在根本上是為工人造福的最好方法。在這項計畫開始生效時，六〇%的工人當時就符合發福利的條件。在六個月之後，七八%的工人也達到了條件。一年之後，八七%的人符合了。在一年半之後，只有一%的小部分人不能分享福利。

高薪資還會帶來其他結果。

在一九一四年，當第一項計畫生效時，我們有一萬四千名員工，為了保持一萬四千個的固定勞動力，一年需要僱傭五萬三千五百零八人，而這些工人大部分都是在企業的發展中招進來的。如果按過去勞動力的流動方式，我們目前的勞動力需要每年僱傭二十萬人左右——這幾乎是不可能的事情。即使一項簡單的工作只需要稍稍的努力就能掌握，但我們也不能在每天早晨，或每一週，或每一個月就換一批新人。

因為雖然一個人在兩三天之內就能合格地按時完成工作，但在他有一年的工作經驗之後，他能比一開始的時候做得更好，但是勞動力流動方面卻從未對我們帶來過麻煩。

很難計算出準確的數字，因為當我們不能全部開工的時候，就輪換一些人，以便把工作在最大的範圍內進行分配，因此要區分自願離去和非自願離去是很困難的。

現在，我們也沒記錄這些數字，因為我們現在很少考慮勞動力變動情況，不必費精力去做記錄。據我估計，每個月勞動力的流動情況為三％—六％。

我們後來也對這一套薪資制度做了修改，但我們沒有偏離這一原則——如果你期望一個人在工作中獻出他的時間和精力，那麼給他一份足夠的薪資，使他沒有經濟顧慮。這是值得的。

我們的利潤，在支付高薪資和福利之後——在我們改變這一套制度之前，每年的紅利為一千萬美元左右——表明支付優厚的薪資是經營企業回報的最大方式。

有些人反對這種根據家庭情況和個人行為習慣來分配紅利的支付薪資方法，認為那會導致父權主義，這在企業中不應存在。把福利與打探別人的私生活混在一起是過時的做法。

人們需要顧問，也需要幫助，而且經常需要一些特殊的幫助。所有這些都應該是正當的。但是管得太寬，過分干預別人的生活，將會使企業更僵化，會扼制企業的發展，而且不能做好外面的工作。

但這一切問題不必改變原則，我們只需改變一些支付的具體做法就可以了。

第九章

沒有永遠出色的企業

老闆在年復一年地經營著企業，工人也在年復一年地工作著。但有一條規律，即他們都是按星期來工作的，當他們以能夠接受的價格獲得訂單和工作時，他們便接受這份工作或訂單。

在所謂經濟繁榮時期，訂單和工作都很多；在所謂經濟疲軟時期，訂單和工作卻很稀少，因此企業或是大把賺錢，或是忍飢挨餓，也就是時好時壞。

雖然從未有過一段時期，在這個世界上的任何人都感到東西太多了——每個人都感到生活太舒服或太幸福了——但確實有這樣的時期，整個世界對貨物的極大需求和企業機器對工作的巨大渴求，而這兩者——需求和滿足這種需求的工具——被金錢的障礙隔開了。

生產和就業都是時好時壞的，不可能穩定地前進，我們只能是一步一步地向前跳——剛才還跑得很快，現在又有可能完全停下來。當大量的人們需要購買時，就出現了貨物短缺；當沒有人購買時，就出現了生產過剩。我認為我們總會短缺貨物，我不相信我們竟然會有過生產過剩。

在某個時期，我們生產了太多不適當的產品，但那並不是生產過剩——那只是沒有計劃的盲目生產。我們也同樣會有很多價格昂貴的庫存物品，這也不是生產過剩——這是由於錯誤的生產，或者錯誤的管理，或者錯誤的金融造成的。

難道企業的好壞是由命運主宰的嗎？難道我們必須把這作為一種無法逃避的結果來接受嗎？

我認為，企業的好與壞是我們自己的所作所為造成的。我們種植農作物、開採礦藏、生產物品的唯一理由是讓人們有糧食吃、有衣服穿、有房子住、有可使用的物品。除此之外，再不可能有別的理由了。然而，這一理由卻被迫退居次位，人們只認為我們所做的一切不是為了服務，而只是為了賺錢。

這是因為我們被捲入了一套金融體系。在這套體系中，錢不再是用於交換的方便媒介物，有時候它反而成了交換的障礙，而且更多的時候表現為障礙。只是由於我們管理得太差，所以才經常要面對所謂的壞運氣。如果我們的農作物大面積減產，可以想像國家將陷入飢餓狀態。我無法想像我們如何面對飢餓和貧窮，而這貧窮和飢餓主要是由不當的管理造成的，特別是由非常不合理的金融結構造成的錯誤管理。

當然，戰爭使整個國家動盪不安，使整個世界不得安寧。如果管理得當，就不會有戰爭。但是，也不能只由戰爭來承擔責任。戰爭顯示出了金融系統的大多數毛病，但更重要的是它表明了：只以金錢為基礎的企業是多麼不穩固。我不知道失敗的企業是錯誤的金融方式導致的結果，還是企業的錯誤動機造成了錯誤的金融方式。但我可以肯定，如同完全顛覆目前的金融體系是得不償失一樣，在服務的基礎上，重新塑造企業的金融體系是完全可取的。然後，一個比目前更好的金融體系就會形成，而目前的這一套會被拋棄，因為它已經沒有存在的理由了。

當然，整個過程應當是循序漸進的。在一開始時，使自己的事情穩固下來，這也許是任何人都可做到的。然而一個人單獨行動，不可能取得最佳的效果，但是如果他是作為一個先例的話，就會有很多跟隨者。這樣，經由較長的時間，我們就可以把停滯不前的企業和它不景氣的合作夥伴企業，歸入需要改革的企業中。

隨著重新組織的企業和金融體系的到來，完全有可能消除惡性循環的一面——即使不能消除週期性本身，也能從企業中除掉週期性的低潮。農業已開始了重組的進程，當工業和農業都在進行徹底重組時，它們將互相補充。它們是一致的，而不是對立的。

以我們的閥門廠為例，我們把它建在十八英里之外的農村，這樣我們的工人也同時是農民。由於使用機器耕種，農業生產只需要現在時間的一小部分。很多製造小零件的工廠，它們的廠址建在哪裡都沒有太大的區別。由於對水力的需要，它們完全可以建在農耕的鄉下。這樣，我們在很大的程度上有著許多農民工人，他們在最科學和健康的條件下，既不耽誤耕作，又可以在工廠工作。

這種安排很適合一些季節性工廠，也可以根據季節和裝備進行連續的生產。另外，還可以透過更巧妙的管理，消除生產的季節性。可見，對任何問題的研究都應當這樣。

週期性的蕭條是一個更嚴重的問題，因為它們是如此嚴重，以至於似乎難以控制。除非全部重新組合生產，否則不可能完全解決這一問題。但企業中的每個人應當為他自己做些事情，這些事情一方面可以造福於他所在的企業，另一方面也可以幫助別的企業。

福特公司在生產中並沒有表現出時好時壞的情況，不管條件如何變化，它一直很好——除了在一九一七年—一九一九年，工廠轉而生產軍用物資時。

一九一二年—一九一三年被認為是處於「停滯時期」，雖然現在有人稱其為「正常時期」，因為當時我們的銷售量增加了一倍。儘管一九一三年—一九一四年是停滯時期，我們仍把銷售量增加了三三%。一九二〇年—一九二一年，據說是歷史上最蕭條的一年，我們賣掉了一百二十五萬輛車，是一九一三年—一九一四年「正常時期」的五倍。

這其中並沒有什麼祕訣。它像我們企業裡其他一切一樣，都是貫徹應用一種原則的必然結果，這條原則可以被應用於任何企業之中。

我們現在毫無保留地支付每天六美元的最低薪資給工人。他們已經習慣了高薪資，工作中用不著監督，一旦工人能進行合格生產——這就看他自己的工作願望了——如果他做得不好，便馬上只能拿到最低薪資。我們把預先估計的利潤都提前加到了工人的薪資上，現在支付的薪資比戰後的繁榮時期更高。但我們向來是根據工作付給他們報酬的，工人工作的努力可以從這一事實看出：雖然一天的最低薪資是六美元，但大約有六〇%的工人的薪資高於最低薪資——六美元（不是平均值，而是最低值）。

首先讓我們來看看繁榮的基礎是什麼。

進步不是由一系列特技而達到的，每走一步都需要控制好。一個不思考的人是不可能進步的。再說繁榮。真正的繁榮時期是，絕大多數人都能得到他們該吃的和該穿的，並體會到「舒適」這個詞的真正含義。繁榮正是代表大多數人們的舒適程度——而不是生產廠商的金錢收入。企業主的職責就是為此而做出自己的貢獻。

企業主是社會的工具，他管理他的企業，是為了向社會提供物美價廉的產品，同時向那些與他企業相關的工人提供相應且越來越高的薪資，只有這樣做他才是在為社會服務。一個企業主或企業中的成員，以這種方式並且只有用這種方式，才能找到自己存在的價值。

我們並不太同意統計學家和經濟學家關於繁榮和蕭條週期性變化的理論。他們將產品價格高的時候稱為「繁榮時期」，但是一個真正的繁榮時期，是不能根據企業主對產品所定的價格來進行判斷的。我們也並不怎麼在意詞語的變換。如果商品的價格高於人們的收入，那麼它總會降到低於人們的收入。一般來說，產業是一個以生產為起點、以顧客為終點的過程。如果消費者不買或者買不起企業主想賣的東西，而企業主卻指責消費者，並說這不是企業的錯誤，這就如同把車套在馬的前面，使馬痛苦不堪，這簡直就是胡鬧！

生產者是為了消費者而存在，還是消費者為了生產者而存在呢？如果消費者不想買——或者說他買不起生產者所提供的商品，這是生產者的過錯，還是消費者的過錯，還是任何人都沒有過錯呢？如果任何人都沒有錯的話，那麼生產者也就沒有必要再去做他那一行了。但是什麼樣的企業曾以生產者為開始而以消費者為結束呢？那些使車輪運轉的錢是從何而來的呢？

從消費者那裡而來！這是當然的。一個生產者的成功，在於他有能力提供消費者所喜歡的商品。他可以用品質來吸引消費者，也可用價格來吸引消費者，消費者喜歡的是品質最好且價格最低的商品。任何人如果能以最低的價格向消費者提供最高品質的商品，那麼他肯定會成為產業的領導者，不管他生產的是什麼樣的東西，這是必然的。

那麼，怎樣才能成為好企業呢？就是用更佳的管理方式降低生產成本，把價格降低到購買力之下。降低薪資是對付這種蕭條的最容易、最草率方式，更不用說這是一種不人道的方式。它實際上是把企業經理的無能轉嫁到工人身上。

只要我們知道這點，那麼每一次蕭條時期的到來都是對企業家的挑戰，他應當更多地把精力用於企業之中——透過管理，而不是用降低薪資來克服困難。把削減薪資放在解決問題的第一步是在迴避問題。

如果一開始便抓住了真正的問題所在，就不需要降低薪資了，這是我的經驗之談。

一個迫切的實際問題是：有些人將在調整的過程中受到損失。但是除了那些有利益可損失的人之外，沒有人能損失什麼。但「承擔損失」這一詞語相當容易引起誤會，其實我們並沒有遭受什麼損失，它只是暫時放棄一些過去獲得的利潤，以便將來能獲得更多的利潤。

不久之前，我和一位五金商人在一個小鎮交談，他說：

「我準備為我的存貨承受一萬美元的損失。但是，當然，它並不是真的會損失那麼多。我們五金商人也有過繁榮時期，雖然我的大部分存貨都是以高價買進的，但我已經賣完幾次貨並從中獲利了。此外，我說將要損失的一萬美元並不是我曾有過的錢，它們是以某種方式投機而賺得的錢，並不是購買商品的美元，因此，我的損失雖然巨大，但實際上並不大。與此同時，我能夠使我們鎮的人們蓋起自己的房子，而不會因為五金商品的價格受到影響。」

他是一個明智的商人。他寧願少賺一些錢，也要讓他的企業繼續發展下去，而不是為高價出售囤積貨物，阻礙其他生產的進步。

像他這樣的人，是一個鎮上的財富。他有聰明的頭腦，能夠調整存貨，而不是降低送貨工人的薪資。降低薪資也就是降低了產品的購買力。

他並沒有坐在那裡，繼續保持他的價格，等待著時機好轉。他認識到了那些似乎被大多數人忘掉的事情——企業主的一部分職能便是不時地損失一些錢，我們必須承擔一些損失。

最終我們的銷售量和其他貨物的銷售量一樣跌了下來，但我們還有大量的庫存，以那些庫存的材料和零件的成本價估算，我們的車必須高於所定的價格——但這個基於成本考慮的價格比人們能夠或想要出的價格高。我們決定承受一切，降價處理了一千七百萬輛車的庫存，因為我們寧願承受更大的損失，而不願讓工廠停業，因此根本沒有選擇的餘地。

這是一個從事工商業的人的必然選擇。他可以承受損失，並繼續向前從事他的工商業活動，他也可以停業不幹，但將無所事事。那種停業帶來的損失，一般來說要大於前者的實際損失，因為在這段無事可做的日子裡，恐懼心理將磨滅人的積極性，而且如果停業太久，就不會有足夠的精力再次開業。

消極等待企業情況的改善是毫無意義的。如果一位企業家要行使他的職能，他必須把價格降到人們願意購買的程度。不管情況如何，人們需要生活必需品，只要有這種需求存在，價格能滿足消費者，就會有人買。降低品質或節省原料，這只會引起工人們的不滿，只能透過提高生產效率來解決問題。並且，當所有的企業都陷入蕭條時，企業界的人士應該把這看成是對自己的挑戰。把注意力集中在價格上，而不是在服務上，這種企業家肯定不能成為真正的企業家。

這是用另一種方式說明，銷售應該建立在真正價值的基礎上。真正的價值就是一件產品中凝聚人的勞動力，但是這一簡單的公式並不具有「企業味」。

我們有很多這樣的企業，它們使大多數的勞動產品，成為那些精明投機者的囊中之物。這種投機者能人為地製造食品或其他某種商品的短缺，並因此刺激社會對這些商品的需求。對此我們會產生錯誤的興奮，然後是對錯誤的麻木不仁。

經濟規律經常遭到無心地違背。你可以認為是經濟環境使人類產生了這樣的規律，或者你也可以認為是人類使經濟環境呈現為這樣的規律。我們會看到很多關於經濟體制決定人類存在的理論，他們會因為看到了存在於人類身上的普遍錯誤而指責我們的工業體系。我們還會聽到其他的人說：是人類自己造成了現在的狀況。

如果說我們的經濟、工業、社會體制是錯誤的話，那它只是人類自身弱點的反映。我們工業體制的缺陷是人類自身缺陷的反映。企業家們多多少少地承認：目前工業方式上的錯誤，至少部分是他們自身錯誤的系統化和擴大化。如果把這個問題擺在與他不相關之處時，是完全能夠看出來的。

毫無疑問，如果人性中的弱點越少，那麼就會有一個缺陷更少的社會制度。或者，人類天性比其目前更壞，將會由此形成一個更壞的社會制度——也許一個更壞的制度不會像目前這個制度一樣持續那麼長久。

但是，沒有人認為人類在有意地建立一套錯誤的社會制度，統統認定一個社會制度的所有缺陷都是來自於人類自身的缺陷，這並不能推出人類有意地組織自己的缺陷，並把它們建成一個制度。我們應該把很大一部分原因歸於無知，再把一部分歸於幼稚。

看看我們現行的工業體制的初始時期，那時並沒有跡象表明它將怎樣成長，每一次新的進步都受到歡呼，沒有人想到過「資本」和「勞動」是敵對的，沒有任何人會想到他成功之中隱藏著危險，並且隨著體制的發展，其中潛伏的每一處缺陷都將顯露出來。

一個人的事業發展到相當規模時，他的工人多得他都不知道他們叫什麼名字。但這一事實並不令人感到遺憾，它同樣受到了歡呼，而由此導致了一個非人的體制，在其中工作被當成某種非人之物——即只是這個體制的一部分。當然，這種非人性的過程不是被有意製造的，它只是慢慢生長起來。它在早期的體制中就潛伏著，但沒有人看見它，也沒有人預料到它。只有巨大的、史無前例的發展才能將它暴露出來。再看看產業的理念。產業的理念是什麼呢？

真正的產業理念不是為了賺錢，產業理念是一種服務性的觀念，重複著一個有用的觀念，滿足成千上萬人的需要。

為了生產而生產。把一個缺乏生氣的體制變成一件精緻的藝術品，把生產奠定在這樣的基礎之上，將為擴張和建立更多的工廠、生產更多的所需物品而提供機會——這才是真正的產業理念。

產業理念的對立面是想經由投機，而不是工作來獲取利潤。那些目光短淺的人看不到企業整體利益比任何個人的利益都大。商業是給予和獲取的過程，是生活和讓別人生活的手段，是多方力量和利益的合作物。

某個人相信商業是一條河，這條河的流動一到他身邊就應當停下來，那麼這個人只不過是一個自認為可以阻止商業的流通而使商業活躍的人。他以為他可以透過停止財富的生產來獲得財富。

服務的原則可以治好壞企業的病根，它將指引我們把服務原則和金融規律應用於實際。

第十章

將成本降到最低限度

沒有人會否認，不論是在什麼樣的發展狀況下，如果商品價格足夠低的話，總會有購買者，這是工業的基本事實之一。

有時候，我們可能會看到不管其價格多低，原料根本賣不動。在上一年我們便親眼見到過這樣的事情，但那是因為工廠主和銷售商們想在新的生產業務之前，處理掉他們的高價存貨。

雖然市場看上去死氣沉沉的，但事實上並沒有貨物會處於飽和狀態。而所謂「飽和狀態」的市場，只是那些產品價格高於購買力的市場。

產品價格過高，是企業發展不正常的標誌，因為它們總是由一些不正常的原因造成的。猶如一個健康的人會有正常的體溫一樣，一個健康的市場就有著正常的價格。高價一般都是由於產品短缺的謠言造成的。

雖然不是任何東西都會短缺，但只要幾種重要的商品發生短缺，或只要其中一種短缺，投機便開始了。或者貨物根本就沒有發生短缺，通貨膨脹將很快引起購買力的膨脹，並由此產生大量的投機機會。也可能有實際的短缺和通貨膨脹相結合的情況——如戰爭期間經常發生的。

但在任何價格過高的情況下，不論其真正的內在原因是什麼，人們之所以付出高價，都是因為他們認為將出現產品短缺。他們可能把麵包事先買好，以備今後漲價不至於吃虧，或者他們買下來是為了日後再賣掉，以從中牟利。

再如當有傳聞說糖將出現短缺時，某些一生中從未買過多於十磅糖的家庭婦女，便馬上想到要存一萬磅的糖。當她們這麼做的時候，投機者早已把糖買到他的倉庫裡存放起來。

可以說，幾乎我們所有的戰時物品短缺，都是由於投機或需要之前的大量購買而引起的。

不管一種物品被認為如何緊缺，也不管政府是否控制並把握每一盎司的物品，一個願意出高價格的人總是能得到他想買的東西。沒有一個人能確切地知道任何一種商品的全國庫存量有多少，即使最準確的數字也只不過是猜測而已，那麼，估計全世界某種商品的存貨便更難了。

我們也許可以知道在某一天或某一個月共生產了多少商品，但這並不能清楚表明第二天或下個月將生產多少，同樣，我們也不知道消費掉了多少商品。

如果花費了一大筆錢，我們也許在一段時間之後能夠準確地算出在一個時期內某種特定的商品被消費多少，但當這些數字被算出來的時候，除了用於歷史研究之外，它們將毫無意義。因為在接下來的一段時期，消費量也許會是原來的兩倍，但也許僅僅是原來的一半。

消費是隨著價格和品質而變化的。沒有人知道，也沒有人能夠算出未來的消費將達到什麼程度，因為每次價格的降低都會迎來一個新的購買力階層。每個人都知道這點，但很多人卻以自己的行動來表示不承認這一點。

當一個商店老闆以過高的價格購進一批貨之後，發現這些貨根本賣不動，於是他把價格一點點地降到這種貨能賣動的程度為止。如果他聰明的話，就不會斤斤計較價格，從而使顧客希望出現更低的價格；相反地，他會把價格大大降低，一下子把全部東西都賣出去。

每個人在銷售中都可能會受一些損失。一般人都希望在損失之後可以賺回更大的利潤，來彌補損失——然而這通常是一種幻覺——用以彌補損失的利潤應該在降價之前，通過降低交易費用而取得。

那些認為在繁榮時期的高利潤可以解決蕭條時期金融問題的人，都是十足的傻瓜。然而，還有一種理念——一種很強的理念——認為企業是由許許多多的盈利和損失構成的，好的企業便是盈利大於損失的企業，因此這些人認為一種物品的最好售價，就是它所能達到的最高售價。真的是這樣嗎？我發現事實並非如此。

我們發現購買原料時，如果買來後不能立即使用是很不合算的。因此，我們只買夠生產計畫所需的，加上對運輸過程所需時間的考慮，如果交通順暢，可以保證原料及時地運到的話，那就沒有任何必要保存貨物了。

汽車將把原料按計劃運到，並按計劃的順序和數量把它們從鐵路運到生產地。這樣做會省下一大筆錢，因為這會使資金周轉得非常快，減少了原料積壓擠佔的資金。

如果交通不方便的話，你就得準備大量材料的庫存。例如我們在一九二一年重新估價當時存貨時，這些存貨都是屬於高價，因為交通狀況非常糟糕。但我們很早以前就知道絕不為投機目的而購買，當價格升高之前，我們就事先購買；而當價格漲高後，要盡可能地少買。

沒有必要證明，如果你以每磅一〇美分買了某種物資，後來這種物資漲到每磅二〇美分，因此你比那些用二〇美分一磅的人占了明顯的便宜，但我們已經發現這種事先購買並不划算。

這實質上是進入了一場競猜遊戲，而不是在做生意。假如一個人以一〇美分的價格買了大批存貨，當別人以二〇美分的價格購買時，他便處於有利位置。後來他又以二〇美分的價格買了更多的存貨，因為這看起來似乎是一批很好的買賣，因為所有這一切都表明價格將會漲到三〇美分。由於他對原先的判斷很滿意，並從中賺到了錢，他當然毫不猶豫買下了新的貨物。可是一旦價格下降時，他又回到了起點。

多年來，我們仔細地計算過，那種超出需要的購買是不划算的——一次購買的所得將會被另一次購買的損失抵消掉，最終我們還要面對大量的麻煩，卻不可能有相應的利潤。因此在購買的時候，我們只是就所需的數量爭取到盡可能低的價格。

我們不會因為價格高而少買，也不能因為價格低而多買。應注意避免超出需要的購買，但是要做到這點並不容易。

投機最終只會扼殺企業家。因為如果給他幾次好的買賣，使他從中賺錢了，不久他便想從買賣中賺取更多的錢，而不是通過合法經營來賺錢，他這樣做毀掉的將是自己。躲避這種結局的唯一辦法是只買自己所需要的，既不多買也不少買，這種方式能消除企業的這些麻煩。

我們對這種購買經驗進行了詳細說明，因為它闡釋了我們的銷售政策。我們不是把注意力集中在競爭對手或自身要求上，我們的價格應當建立在大多數人想買或能買的價格的基礎上。

這種政策的效果如何，可以透過下列表格對比旅行車的價格和生產量做出最有力的說明。

旅行車的價格和生產量

年限	價格（美元）	產量（輛）
1909—1910	950	18,664
1910—1911	780	34,528
1911—1912	690	78,440
1912—1913	660	168,220
1913—1914	550	248,307
1914—1915	490	307,213
1915—1916	440	533,921
1916—1917	360	785,432
1917—1918	450	706,584
1918—1919	525	533,706

（以下兩年處於戰爭年代，整個工廠轉而生產軍用物資）

年限	價格（美元）	產量（輛）
1919—1920	525—440	996,660
1920—1921	440—355	1,250,000

考慮到通貨膨脹因素，一九二一年的高價就不算是真正的高。在寫作本書時，該車價格是四九七美元。這價格實際上比它看起來的價值要低，因為汽車的品質在穩步地提升。

我們對每一輛車都進行研究，以發現它是否還有需要進一步改進的地方。如果有人有更好的看法，我們都想知道——由於這一原因，每一種新出的車我們都要購置一輛。

通常，這種車用了一段時間之後，要進行道路檢測，然後我們會把它拆開來研究每一種零件是用什麼材料以及怎麼做成的。

在迪爾波恩也許存放著世界上的每一種車。當我們買一輛新車時，報紙上就有一些報導評論說亨利・福特不使用福特車。

上一年我們訂購了一輛大型蘭徹斯特車——它被認為是英國最好的汽車。它在我們長島的工廠裡放了幾個月，然後我決定把它開到底特律去。

我們有好幾個人，一起組成一個車隊，包括那輛蘭徹斯特，一輛帕卡德和兩輛福特車。

當我正巧開著蘭徹斯特經過紐約外面的一個小鎮時，記者們來了，他們問我為什麼不開福特車。

「哦，你們看，是這麼回事，」我回答道：「我現在正在度假，並不著急，也不在意什麼時候能回到家裡。這就是我為什麼不坐福特車的原因。」

要知道，我們還有許多的「福特故事」！

我們總是根據生產成本來採購，而不是市場價格，我們認為這樣做可以提高服務品質，否則，就有可能與客觀不符。

在生產中，我們進行自我施加壓力。有時候我們很隨意地確定價格，然後再盡全力實現它；但是如果採購時我們只是簡單地接受別人提出的價格，那我們就不會達到那樣的水準。

對於打算購買的任何東西，我們都奉行同樣的原則——根據生產成本確定價格，其結果是，各個部門無一例外都繁榮發展起來。

再舉一個具體的列子：

在澈底執行這一政策前，有一個工廠為我們製造某種款式的車體。這家工廠的生產規模不太大，因此利潤也很薄。我們經由計算得知，這些車體按照他要價的一半完全可以生產出來，於是我們要求他降低價格。

他第一次感到了降價的壓力，當然，他認為自己別無選擇，必須如此，儘管他的利潤顯示他不可能降價。

商業就是這麼奇怪：人們總是以過去所發生的一切來判斷將來的情況。過去只是過去，從過去人們可以學到一些有益的知識。

這家工廠最後勉強同意試一下能否以原價格的一半生產車體，接下來，它的老闆第一次明白了如何做生意——他必須提高大家的薪資，因為需要招聘一流的人才。在強大的壓力下，他終於發現可以在每個環節上降低生產成本。結果降低售價後，他比原來賺的錢還要多，他的員工也得到了高薪資。

經常聽到有人說，由於激烈競爭，應該削減員工的薪資。但是，降低員工薪資將使企業不可能在競爭中獲勝。

降低員工的薪資並不等於降低生產的成本——相反地，這樣做只會增加生產成本。製造低消耗產品的唯一途徑，就是向那些能夠為使用者提供高水準服務的員工提供較高薪資，並確保每個生產環節都能得到高水準服務。

像車體生產商這樣的例子我們還有很多，我認為我們的政策符合大眾的利益。

我們的宗旨是降低價格、擴大生產、提高產品品質。

你會注意到——降低價格被放在第一位。我們從不認為費用是固定的，因此，我們首先把價格降到我們認為可以大量銷售的水準，然後開始努力把價格做到這個價位。

我們並不擔心成本，新的價格將使得成本下降。人們更通常的做法是先計算成本再決定價格，雖然這種方法在小範圍內也許是科學的，但從廣泛的範圍來看並非如此。因為即使你知道那些成本又有什麼用呢？如果你生產的產品無法賣出去的話。更重要的是，雖然可以計算出成本是多少——當然，我們所有的成本也都仔細地計算過——但沒有人知道成本應該是多少。

確定成本應該是多少的方法之一，就是把價格定得很低，從而使得工廠裡的每一個人都必須達到最高效率——要知道，低價格會使得每個人都為利潤而努力。在這種被強迫的方式之下，我們發現了關於生產和銷售的祕訣——比通過其他悠閒式的研究方式知道的還要多。

支付高薪資也會有助於降低成本，因為工人們由於高薪而解除了後顧之憂，效率變得越來越高。一天八小時工作，支付五美元的薪資，這是我們制定減低成本最有效的措施，而每天薪資六美元使得成本比每天薪資五美元時更低。

這一切是怎麼回事呢？我們也不清楚。

我們總能從我們所定的價格中獲得利潤，就如同我們並不知道薪資應該定多高，價格應該定多低，但我們對這些事情卻不必特別傷腦筋。

比如曳引機，最先的售價為七百五十美元，然後是八百五十美元，然後是六百二十五美元，再後來我們降價三七％，到了三百九十五美元。

曳引機不是和汽車一起製造的，也沒有一家工廠大到足以生產這兩種產品。如果一個工廠想獲得真正的經濟效益，就必須專心地生產一種產品。

就大多數情況來說，有機器生產要比沒有機器生產更好。透過合理地安排產品的設計和生產程序，我們可以提供那種能大大地超過手工勞動的機器，這樣我們就為工人提供了重要的生產工具，這也意味著工人將有權享受更多的舒適。

把這條原則裝入頭腦裡，我們便有明確的目標來反對浪費。我們不會對工廠加入任何沒有用處的東西，也沒有建造精美的建築物來作為我們成功的紀念碑。投資的利息和保存這些建築物的費用，只能附加在已經生產產品的成本上——所以這些成功的紀念碑很容易變成墳墓。

當然，一座大的辦公樓也許是需要的，但對我來說，總覺得這樣行政的味道太濃了。我們從沒有發現需要精美的辦公大樓，我們願意以自己的產品品質做廣告，而不是以這些產品生產的地方做廣告宣傳。

為消費者帶來大量經濟利益的標準化生產，也為企業帶來了豐厚的利潤，以至於企業幾乎不知道如何處理這些錢。但它的努力必須是出於真誠、耐心、無畏的行動。撤掉半打的車型，不要做成標準化，這也許只是——並且通常是對企業的限制，因為如果一個人是以平常的利潤為基礎來銷售產品的話，那便是從消費者的手中盡可能多地賺錢，那麼消費者無疑將有更大的選擇。

因此，標準化應當是整個過程中的最後階段。我們從消費者開始，再返回來進行設計，最後投入生產。生產只是達到某種目的的手段。

在頭腦裡記住這一順序是非常重要的，然而，這一順序並不能完全被人理解。例如價格的問題就沒有被理解，那種認為價格應該不斷上漲的觀念仍存在；與此相反，一個擁有大量消費者的好企業，其發展將依賴於價格的下降。

這裡還有一點補充，即你的服務必須是你所能給予的最好服務。據說下面一種生產模式是好的：當偶爾改變設計時，舊的車型將變得過時，人們必須再次購買新的車型，這並不是生產者的錯誤，因為當舊車買不到修理用的零件時，或新型車提供銷售優惠時，消費者會扔掉已有的車，而購買新車。人們告訴我們說這是好企業的做法，也是更聰明的經營之道——經營的目的應該是讓人們經常性地購買，而那些試圖製造能永遠使用的東西之人是大傻瓜，因為一旦一個人買了這種東西之後，他就不會再買它了。

我們的經營宗旨與此完全相反。我們會盡可能地為消費者提供某種可以永久使用的東西，否則我們不能想像我們怎麼為消費者提供服務。

我們想製造一種能永久使用的機器。讓購買者的車變得過時或損壞，這並不是我們所樂見的。我們要儘量讓那些買過我們產品的人，用不著再買第二部。

我們從未進行過任何讓舊車型過時的改造。特別車型的零件不但可以與所有這一型號車的同類零件互換，並且能與我們生產所有車的同類零件互換。這可以使一輛十年前生產的車，通過購買現在生產的零件，而且只要花很少的錢便可以把它變成一輛現在生產的車。

正因為有這種目標，我們的成本總是在壓力下下降。並且由於我們有著穩定降價的宗旨，因此總是有壓力，有時候壓力還很大！

再舉一些我們節約的例子。

我們一年從清掃的垃圾中獲取的淨價值為六十萬美元，而且我們還經常做一些利用零頭碎片的實驗。

例如在一個鑄印操作中，六英寸的圓鐵片被切掉，這些以前都被扔進碎屑中，這種浪費顯然使工人們不安。他們想出辦法把它當成圓盤使用，發現這種鐵片的大小和形狀正好適合做散熱器罩，但是卻不夠厚，於是他們把鐵片的厚度增加一倍，結果發現這樣製作的罩子比用一塊鐵片製作出來的要更硬些。

我們一天就可得到十五萬只這樣的盤子，現在每天使用二萬只，其餘的也能找到用途。這樣通過廢物利用，而不是購買新的盤子，每只能節約十美元。

我們又對螺栓進行實驗，生產出一種特製的螺栓，所使用的材料是其他廠商所用材料的三三%，而且比那些螺栓更有力。僅此一項一年便可節約五十萬美元。

我們以前在底特律組裝汽車，雖然進行特殊的包裝，設法使一節車廂能裝上五、六輛，但每天仍需要上百節的車廂運輸，火車一直都在進進出出，有一次甚至用了一千節車廂。擁擠是不可避免的，而把機器裝入柳條箱，以免運輸過程中損壞則需要很大的開銷，更別說運費了。

現在，我們在底特律每天只組裝三、四百輛車——僅滿足當地的需要。我們現在把零件運到美國的每一個組裝站——實際上這種組裝站已分佈到全世界各個地方——在那裡把車組裝起來。因此，只要是一個分廠生產一種零件，比由底特律製造再運送過去便宜得多的話，那麼這家分廠就生產這種零件。

在英國曼徹斯特的工廠中，幾乎能生產整輛車。在愛爾蘭科克曳引機廠，也幾乎能生產整臺曳引機。這節省了一筆巨額開支，它表明當每一個零件都在最合適的地方製造時，對整個企業意味著什麼。

我們經常實驗汽車上所用的每一種材料。我們從自己的森林裡採伐所需的大部分木材。我們正在實驗生產人造革，因為我們每天大約要使用四千碼的人造革。這裡攢一分錢那裡攢一分錢，一年就能湊成一筆大數目。

當然，所有工廠中發展最大的是羅格河工廠。當這座工廠滿負荷運轉時，可以在很多方面大幅度降低我們的生產成本。

這個工廠座落在底特律郊外的河邊，占地面積六百六十五英畝——足以滿足未來的發展所需。那條河也比較寬闊，有一個深水潭，能容納任何一艘湖泊輪船。有一條短運河如再挖深些，將能直接通過水道與底特律河相連。

我們要使用大量的煤。這些煤從我們自己的煤礦，經過底特律、托里多和我們控制的愛爾頓鐵路，運到高地公園的工廠和羅格河工廠。其中一部分煤用於輪船，另一部分則用於我們在羅格河工廠的煉焦爐。

焦炭從焦炭爐裡通過機械傳送裝置送到高爐裡。低揮發性氣體被從高爐裡送往電廠的鍋爐中，這些氣體在鍋爐裡和鋸屑、刨木花一起燃燒。鋸屑和刨木花是從車體廠送來的——我們所有的車體都轉到這裡來製造了——此外那些焦爐煙氣，即煉焦時的灰塵，也被用作燃料了。這樣，蒸汽電站便完全是用廢物作燃料。

巨大的蒸汽渦輪機和發電機一起將動力轉化成電力，所有的牽引機和車體工廠的每一部馬達都是由這些電力來帶動的。隨著時間的推移，將有足夠的電力來帶動整個高地公園工廠的運轉，那時我們就會降低煤炭的費用。

焦炭爐的另一種副產品是煤氣。這些煤氣在高地公園工廠和羅格河工廠都用於熱處理，即用於搪瓷爐、汽車爐和諸如此類的地方，而以前我們得去買這些煤氣。

阿摩尼亞硫酸鹽可用於製作肥料；苯可以用作汽車燃料；焦炭的碎末不適合高爐使用，便賣給工人——以市場價低得多的價格送到他們的家裡。

大塊的焦炭用於高爐，不用任何手工操作，我們把熔化的鐵水直接從高爐引進大勺裡，這些大勺傳送到工廠，鐵水不用再加熱就可以直接注入鑄模中。

這樣，我們不僅根據我們自己的標準和在我們的控制下獲得統一的品質，還省去了再次融化鐵水的過程，簡化了整個生產程序。

我們並不知道所有這些被節約下來的錢有多少——我們不知道能節約多少，因為工廠運作的時間還不長，還不能推測其前途。

我們從很多方面進行節約——在運輸、發電、煤氣、鑄造成本上，還有從副產品和小碎塊焦炭上等等。到現在為止，在這方面的節約資金已超過四千萬美元了。

我們能在多大程度上挖掘財源，完全取決於環境。任何一個地方的人對未來的生產成本都只能進行猜測而已，聰明的是要看到未來將比過去有更大的發展——每一天都比前一天有新的發展。

但是生產怎麼樣呢？如果所有生活必需品都能如此便宜地大量生產，那麼商品不就會過剩嗎？會不會有這樣的時候到來：即人們不管價格如何，除了他們已經擁有的，就不再想買任何東西了？

如果在生產過程中所需要的人越來越少，那麼人們將做什麼呢——他們怎麼尋找工作，維持生活呢？

讓我先從第二點說起。我們提到許多生產機器和生產方法將代替人工勞動，然後有人問道：

「是的，從業主的角度來看，這是一個很好的主意。但是那些被搶走工作的可憐人們該怎麼辦呢？」

這一問題是完全合理的，但令人奇怪的是有人會問到它，因為我們什麼時候真正地被工業方法的改進奪走過工作？

送貨馬車夫由於火車的出現而失去了他們的工作嗎？難道我們應該取消鐵路而保留馬車夫的工作嗎？是趕馬車的人多呢，還是為鐵路工作的人多？難道我們會因為計程車搶走了出租馬車夫的生路而應該阻止計程車的使用嗎？計程車的數量和出租馬車最興盛時的數量相比怎麼樣？

機器生產鞋使得很多手工製鞋作坊被迫關閉了。當人工制鞋時，只有那些有錢人才會有一雙以上的鞋，大多數工人在夏天都是光著腳板走路的。現在幾乎沒有人只有一雙鞋了，而製鞋業成了一個大工業。

是的，當你能安排一個人做兩個人的工作時，你就是在為整個國家增加財富，將會有新的、更好的工作等著那個被替換下來的人。

如果整個工業一夜之間就改變了，那麼安置多餘的人將是一個問題，當然，這些變化是不會發生得那麼快的。

它們是漸漸發生的。根據我們的經驗，更好的生產方式搶走了一個人的舊工作後，立即便有一個新的地方在為他敞開大門。在我們工廠發生的事，也在任何別的工廠發生。

今天，煉鋼廠裡僱傭的工人數量超過了手工勞動時候的工人數量，這是肯定的——它過去如此，將來還會如此——如果有人看不到這點，那只是因為他看不到自己鼻子以外的東西罷了。

現在說說產品過剩的事。

我們又被問道：「什麼時候會達到生產過剩？什麼時候會出現汽車多於人們所需要的數量？」

我想這肯定是可能的，有一天所有的商品都如此便宜、如此大的數量，以至於生產過剩成了現實。但就我們所認識的來看，對於這樣的情況我們不會恐懼——而是帶著滿意的心態來看待。

再也沒有比一個所有人都能各取所需更好的世界了，我們擔心的是這樣的世界來得太慢了。對我們的產品來說，離這種情況還太遠了。我們現在還無法推測一個家庭需要多少輛車。

我們知道，隨著價格下降，那些原來僅有一輛汽車的農夫——要記住，在不久以前農業市場對汽車還是一無所知，那時候的銷售限度被聰明的統計學家們定為和這個國家的百萬富翁數目一樣少——現在經常使用兩輛，同時他還會買一輛卡車。也許，用一輛車運送那些住得分散的工人回家，還不如每個工人開自己的車回家更便宜。這種事正發生在銷售商們身上。

大眾總是會準確無誤地發現自己的消費需求，因為我們不再製造汽車和曳引機，而只製造機器零件，這些零件一組合便成了汽車和曳引機。現在設備所能生產的還達不到一千萬輛車，我們並不擔心將來的幾年會出現生產過剩，只要價格合適就可。

人們總是會拒絕購買那種價格便宜但品質不好的東西。如果我們要想經營好，就得降低價格，同時不影響產品品質。這樣，降低價格，迫使我們學會改進生產方式，以便浪費得更少些。

企業的很大一部分利潤要依靠管理者發現更好的管理方式。如果一個人把他的銷售價格降到了無利可圖或虧本的地步，那麼他只有被迫去發現怎樣用更好的生產方式來生產商品，以便用他的新方法來獲得利潤，而不是透過降低薪資或提高售價來獲得利潤。

從工人或從購買者身上獲取利潤，都不是一種好的經營管理方式。不能降低產品品質，不應減少工人薪資，不應增加消費者的負擔。把腦子用在更好的生產方法上，多動腦子、再動腦子，把事情做得比以前任何時候都好，採用這種方式，將會使企業的各方面都受益。

我相信，所有這一切總是可以做到的。

第十一章

資金和產品

工廠的首要目的是為了生產，如果一直牢牢記住這一點，那麼金融運作就成了第二位的了，它不過是記記帳而已。

我們的財務操作非常簡單，我們最初的宗旨是現金交易，手中確保有大筆流動資金，獲取各種降價的好處，同時在銀行獲取利息。我認為銀行主要是一個可以提供安全而方便地存錢的地方。

我們在參與競爭者競爭經營的那一刻，便喪失了自己的經營方式。我們在成為金融專家的那一刻，便損失了原有的產量。工廠的金庫應當是工廠而不是銀行。

我並不是說一個經營企業的人對金融一點都不知道，但他最好知道得少一點，而不要知道得太多，因為如果對金融太精通的話，他就會設法去借錢，而不是去賺錢——然而，為了歸還所借的錢，他就要借更多的錢，這樣他便不是一個企業家，而成了一個玩鈔票的人。

如果他真是一個玩鈔票的高手，也許可以把這一套戲法玩弄很久，但註定有一天會犯錯誤，那時他的一切就會全都崩潰了。因此產業不能和銀行業混在一起。

我認為有一種趨勢存在：即很多企業家和銀行業混在一起，也有許多的銀行家和實業攪和在一起。這種趨勢使實業和銀行業兩者的目標都變形了，並且使兩者都受到了損失。資金從實業中來，而不是從銀行中來。我發現工廠能滿足對金錢的每一種要求。例如有一次，某公司急切地需要資金，當工廠發起動員時，它徵集的款項比這個國家任何一家銀行願意借貸的款項都要多得多。

在大多數情況下，我們是用否定的態度來談金融問題。好幾年前，我們不得不站出來否定福特汽車公司歸標準石油公司所有，在那次否定聲明中，我們還附加了一個否定聲明——否認我們將與任何其他行業合併，或我們想通過郵寄方式出售汽車。

去年最盛行的謠傳說：我們要到華爾街去尋求貸款。我不想費力去否認這些謠言，要否認這一切，需要花太多的時間了，只是證明了我們不需要任何外面的錢。從那之後，我再也沒聽到去華爾街貸款的謠言了。我們並不反對借錢，也不反對銀行家。我們所反對的是試圖用借錢來代替生產工作，是那些把企業當作西瓜來分割的銀行家。

我認為應該把貨幣、借貸和金融放在它們恰當的位置上。為了做到這點，每個人必須首先確切地考慮清楚自己需要的是什麼錢，這些錢將來怎樣償還。

金錢只是一種經營工具，它是機器的一部分。如果問題出在企業內部，你可以借十萬臺車床當作十萬美元來使用。但是，這種事就是有再多的車床也解決不了問題，有再多的錢也是一樣。只有多開動腦筋思考，用聰明和勇氣才能解決問題。一個企業如果濫用它已經擁有的財產，它將同樣會繼續濫用它所能獲得的東西。問題的關鍵在於——徹底消除濫用。當做到了這點時，企業將會開始賺錢，就像一個康復的身體開始自己製造充足的血液一樣。

借款經常容易成為不陷入困境的藉口。借貸是懶惰和驕傲的催化劑。有些企業家太懶惰，不想知道一切，也不下到基層看究竟是怎麼回事。或者他們太驕傲了，不允許任何他們所宣導的事情出錯。但是，企業規則像重力規則一樣，那些違反規則的人將會感受到它們的厲害。

為擴大生產而借錢是一回事，為彌補錯誤的管理或浪費而借錢則是另外一回事。你不應該為後者去借錢，因為錢在這方面發揮不了什麼作用。浪費得靠節儉來糾正，管理不善得用腦子來改正。這兩者的糾正都與錢無關，而且，錢在某種情況下還是它們的敵人。

很多企業家都感謝自己的星相，因為星相向他顯示他最好的資本是自己的頭腦，而不是銀行的貸款。在某些情況下，借錢就像喝醉的人為了醒酒而再喝一杯一樣，並不能期望它幫到什麼忙，它只能增添困難。紮緊企業開支中鬆開的口子比借任何七％利息的貸款都更加合算。

企業的問題是最需要考慮的。與人們關係密切的企業最重要的事就是滿足人們的需要。如果你生產了他們所需要的東西，並以一種價格——對他們來說是幫助而不是一項重擔的價格——賣給他們，那麼你的事業便會永遠前進，而人們買你的東西就好像喝水一樣自然。

但是還應經常注意生產產品的過程。機器損耗了，需要及時維修；工人們可能會變得不服管理、懶惰或粗心——企業是由人和機器為了生產產品而組合在一起的，人和機器都需要經常維修和替換。有時候人更難「伺候」，他們更需要修補——而他們自己總是難以認識到這一點。

當一個企業中充斥著壞方法時；當一個企業由於對它的功能不注意而出現問題時；當管理人員舒舒服服地靠在他們的椅子上，以為他們制定的計畫能永遠地實施下去時；當企業成了一個悠閒生活的場所，而不是一個人必須努力工作的場所時——那麼，企業就要遇到麻煩了，在明朗的早晨你會發現：自己在做比以前任何時候都多的工作，但從中的收穫卻少得可憐。

當你發現缺錢時，可以借到錢，並且可以很容易地借來，似乎人們會把錢堆到你身邊，這是年輕的企業家所面臨的最初誘惑。如果你借了錢，那麼你就是在注射一種有害的興奮劑，在助長疾病。難道借錢的人會比借出錢的人更聰明嗎？一般來說情況不是這樣的，借貸往往是去抵押將要日漸減少的財產。當一個商人去借錢的時候，便是他不需要錢的時候——也就是說，他不需要用借來的錢來代替他應該自己去賺的錢。

如果一個企業狀況非常好，而需要擴大生產，這時候借錢相對來說要安全些。但是，如果一個企業是由於管理不善而需要用錢，那麼此時需要做的事情就是對企業進行分析，從企業內部消除問題所在，而不要用從外面借來的錢掩蓋問題。

我的金融策略是我銷售策略的結果，我相信薄利多銷要好於厚利少銷，這能夠使大量的人們購買，並且給被僱傭的大批工人優厚的薪資。它能夠讓你為生產而計畫，消除商業停滯時期，消除無所事事企業造成的浪費，並且產生了許多持續發展的合適企業。如果你仔細思考一下，就會發現絕大多數需要緊急資金的，都是那些缺乏持續發展長遠計畫的企業。降低價格被那些目光短淺的人們看成是降低企業的收入，和這種人打交道非常困難，因為他完全缺乏最起碼的企業知識。

例如，當我考慮把每一輛車的銷售價格降低八十美元時，有人問我，這樣對產量為五十萬輛汽車的公司來說意味著減少了四千萬美元的收入。當然，如果以新的價格只賣出五十萬輛車，收入是會減少四千萬美元——這是一道有趣的數學計算題，但它與企業沒有任何關聯，因為當你降低了一種物品的銷售價格時，銷售量才會持續增長，企業便會更加穩定。

如果一家企業不增長，那麼它註定只能是一個衰落的企業，而一家衰落的企業總是需要錢的。傳統企業遵守的信條是：應該總是把價格保持在人們願意購買的最高點。然而，真正的現代企業觀點與此完全相反。

銀行家和律師不會欣賞這一事實，他們會把死氣沉沉和穩定混為一談，自願降低價格是永遠超出他們理解能力的。這就是為什麼說讓普通銀行家和律師進入企業管理中，是一場災難。降低價格、增加銷售量、盤活資金帶來了不可估量的利潤，這些利潤又可用於其他更多更好的經營中。由於企業的資金周轉很快，以及大額的銷售量，使得我們的利潤一直就很高。

我們每一件產品的利潤很低，但整體利潤卻很大。利潤並不是一成不變的。降低價格之後，有一段時間利潤會少一些，但是隨後經濟規律便開始有作用了，利潤會再一次達到最高。

但是，這些利潤並沒有被當作紅利而分掉。我一貫堅持低分紅，公司現在的股東沒有不同的意見。我認為屬於公司的利潤應該多於屬於股東的。

在我看來，股東應該是那些為公司積極工作、認為公司是一個服務性機構而不是一架賺錢機器的人。如果獲得了大額利潤——可用來使公司賺取更大的利潤——那麼它們應該一部分作為再生產的資金，因為這適合於提供更好的服務，一部分可以轉讓給消費者。

有一年，我們的利潤遠比期望的要高得多，於是就自願地返還每一輛車的車主五十美元。我們覺得那是我們無意中向消費者多要了錢。我的這種價格策略和由此產生我的金融策略，在好幾年前對公司惹來了一樁官司——有人要求進行更多的分紅。

在證人席上，我對這一策略給予了有力的說明，這一說明現在仍然有力。它是如下這樣的：

「首先，我認為以合理的低價格銷售大量的汽車，要比以高價格銷售少量的汽車更好。

我堅信這點，是因為它能使大多數人買得起汽車，並享受到使用汽車帶來的快樂，因為它給了大量工人優厚的薪資。這些就是我人生的目標。

如果我不能在實現這些目標的同時，為我自己及其他與我相關的人賺取豐厚的利潤，我們就不能算是成功。事實上，我將是完全失敗的。

我信奉的這一宗旨，是很好的經營宗旨，因為它在實施當中很有效——因為每一年我們都能使越來越多的人買得起我們的汽車，並為越來越多的人提供工作。

與此同時，大量的銷售額使我們的利潤超出了我們所希望的，甚至超過了我們最初的夢想。

必須記住，你每一次降低汽車的售價而不降低汽車的品質，就會增加購車者的數量。那些願意以三百六十美元買一輛車的人不會掏四百四十美元買一輛車。

在四百四十美元的價格基礎上，我已有了五十萬購車者。在三百六十美元的價位上，我們一年的銷售量可以增加到八十萬輛——雖然每輛車的利潤減少了，但賣了更多的車，僱傭了更多勞動力，並且最終我們還會獲得我們應得的利潤。同時讓我在此說明，我認為我們不應該從我們的汽車上賺取過高的利潤。一個合理的利潤就是好的，但是不能太高。

所以，我的宗旨是只要生產成本許可，就應當儘快降低每輛車的價格，把好處讓給使用車的人和工作的人們——這也將為我們帶來令人吃驚的、巨大的好處。」

這一宗旨和人們一般的觀念並不相同，一般人認為一個企業的目標是讓股東獲取最大限度的金錢利益。因此，我不需要一般意義上的股東——因為他們無助於推進企業的服務能力。

我的野心是僱傭更多的工人，盡可能地把企業的利益分給更多的人。我想要幫助人們過上更好的生活，擁有更好的家庭，這就需要把大部分的利潤投回到生產中，因此我們沒有為不工作的股東留有空間。參與工作的股東應當更急於增加他的服務機會，而不是單純為了分得紅利。

不論在什麼時候，如果降低薪資和取消分紅之間出現了衝突，我都會取消分紅。不過這種時候是難得發生的，因為正如我已經說過的，降低薪資並不能帶來經濟利益。降低薪資只是糟糕財務策略的表現，因為它同時也削弱了購買力。如果人們相信領導者負責任，那麼領導者責任的一部分就是看那些被領導的人是否有足夠的機會，賺得自己的生活來源。

金融財務不能只限於公司的利潤或債務，它還包括公司透過薪資形式回報給社會的錢。這其中並無慈善之意——合理的薪資中沒有慈善因素。如果一家公司不能妥善管理，不能給一個工人提供更多工作的機會，並賺得一份好薪資，這家公司便不可能穩定。

薪資中含有神聖的意味——它代表著房子、家庭和家務。因此，當關係到薪資的時候，人們都非常小心。在成本單上，薪資只是數字而已，而在外面的世界裡，薪資卻意味著麵包箱、煤筐、嬰兒的搖籃和孩子們的教育——家庭的舒適和滿足。

同時，資本也有著同樣的一些神聖意味。它作為工具，使生產能夠進行。如果我們的企業連血本都賠光了，這對誰都沒好處。那些僱傭上千人的工廠如同家庭一樣神聖，工廠是所有家庭美好事物的保證。如果想要家庭幸福，我們必須要努力使工廠忙碌起來。

工廠創造利潤的意義在於它們一方面為那些依靠工廠的家庭提供了生活保障，另一方面為人們創造了更多的就業機會。如果利潤只是讓個人財富膨脹，這是一回事；如果它們是用來為企業提供更好的生存基礎、更好的工作條件、更優厚的薪資、更多的就業機會——那就是另一回事了。這樣被使用的資本就不能隨意挪動，它完全是用來為全體服務——雖然它可以具體地使用在某個方面。

利潤屬於三方面：它們屬於企業——使企業保持穩定發展和良好狀態；它們屬於那些產生利潤的人們；同時，它們也部分地屬於大眾。一個成功的企業是造福於以上三者的——計畫管理者、生產者和購買者。那些獲得超出正常標準利潤過多的人，是最先應該削減價格的。但是他們從來都不這樣做，相反地他們把所有多餘的費用都向下傳，直到最後由消費者來承擔全部費用。

除此之外，他們還對消費者要了更高的價格。他們的生意經就是：「只要能得到就好。」他們是投機分子、剝削者，是損害合法企業的不良分子。對於他們，不能抱任何指望。他們沒有視覺，因為他們除了自己的金錢數字之外，再也看不見任何東西了。

這些人最容易談論削減一〇%或二〇%的薪資，而不是削減一〇%或二〇%的利潤。但是一個真正的企業家，能夠綜觀整個社會各方面的利益，並希望為這一社會服務，能夠為穩定企業做出他的貢獻。

我們的宗旨一直是保持大量的流動資金——在最近幾年，這筆資金通常超過五千萬美元。這筆錢存在全國各地的銀行裡，我們並不需要借錢，但我們建立了良好的信用，因此，如果我們缺錢，也可透過銀行借款弄到一大筆錢。但保留現金儲備使得借貸毫無必要——當然，我對正當的借貸並不持有偏見。我只是不想拿企業的控制權去冒險，否則，我為之獻身的理念就會落入他人之手。

金融問題的一個相當重要內容就是克服季節性操作。金錢的流動應該是持續不斷的，為了使工作獲利，一個人必須穩定地工作。停產是巨大的浪費，它帶來的浪費有失業的工人、停滯的設備，以及由於停工造成的高價而使未來的銷售量受影響。這是我們必須面對的問題。

在冬天，購買者少於春天或夏天，我們不能為庫存而生產。在什麼地方用什麼方法能存放五十萬輛汽車？並且，即使能儲存的話，在旺銷季節它們又將怎麼被運走呢？即使能夠存放，那麼又由誰來出這麼一大筆存放汽車的錢呢？

對工人們來說，季節性工作也是件困難的事。好的機械師不會接受一份一年只有幾個月時間的工作。一年滿十二個月工作，可以保證招到有能力的工人，建立起永久性的生產組織，持續不斷地改進產品，同時工廠的員工透過不間斷的服務，對操作更加熟練。

如果每個人都想獲得最大利潤，那麼工廠一年十二個月都必須生產，銷售部門都必須要銷售，汽車商都必須購買。如果要讓購買者在「旺季」之外考慮買車，就需要發起一場宣傳運動，表明一輛全年運轉的車其價值要高於季節性運轉的車價值。在進行宣傳之後，還必須進行生產，經銷商也必須賣出產品，以期待營業額的上升。

我們是汽車行業中首先面對這個問題的企業，福特汽車的銷售其實是一個如何進行商品處理的問題。當每輛車都根據訂單生產，一個月五十輛車就是高產的時候，在生產之前進行預訂是很合理的，因此當時的生產廠商在製造之前總是等待訂單。

但是，我們很快便發現我們不能根據訂單來進行經營。工廠的產量——雖然這產量已相當不錯了——不能滿足三月—八月間所訂購的汽車需求量。因此，我們在幾年前便開始了宣傳運動，證明福特車並不只是夏天的奢侈品，而是全年的必需品。

與此同時，我們還告訴銷售商，即使他在冬天賣出的車不如夏天賣出的多，為夏天儲存一批貨也是很值得的，因為這樣他可以做到即時交貨。

結果，這兩方面的計畫都有作用了。在全國的絕大部分地區，冬天使用的車差不多和夏天使用的車一樣多。人們發現這些車可以在雪地、冰面和泥水中——也就是在任何地方行駛。

這樣一來，冬天的汽車銷售量便越來越大，銷售商們擺脫了季節性需求的困境，並且他們發現，為了應對將要到來的銷售需求，預先購買是有利可圖的，這樣，我們工廠就沒有了季節變化。

一直到近幾年，我們工廠一直都在連續生產——除了每年一度的清理和結算，以及在特別蕭條的時期，我們才中斷生產，但那也只是為了調整我們企業，使它更加適合市場狀況。

為了能夠連續生產，並且由此實現資金的連續周轉，我們必須對我們的操作進行仔細規劃。

生產計畫每個月由生產部門和銷售部門認真制定出來，目標是生產足夠數量的汽車，以滿足手中的訂單。以前，在我們組裝並運輸汽車時，這是最重要的，因為我們沒有地方存放那些已經組裝好了的汽車。而現在，我們只是運送零件而不是汽車了，我們僅僅組裝底特律地區所需要的汽車。這並沒有降低生產計畫的重要性，因為如果生產線和訂購數不能基本相當的話，那麼我們或者將堆滿賣不出去的零件，或者不能滿足訂單的需求。

當每天生產的零件可組裝四千輛汽車時，只要稍微過高估計訂單的數量，就有可能積壓上百萬美元的產品，這使得生產計畫成為一項要求極高的工作。

為了從每輛車的低利潤中獲得適當的總利潤，我們必須讓資金周轉得非常快。我們生產汽車是為了出售，而不是為了儲存。賣不出去的產品僅一個月佔用資金的利息數額就很大。

生產計畫一般是提前一年就準備好，這一年中每個月生產的數量也都必須計畫好。當然，要使原料和我們從外面買的零件與生產計畫相一致，這倒是一個很大的問題。

我們承受不起大量積壓的汽車；同樣，我們也承受不起積壓大量的原料，因此一切都得在該買的時候買，該賣的時候賣。我們只有很小的迴旋餘地。

好幾年前，鑽石工業公司遭到了火災。他們一直為我們製造散熱器的零件和黃銅鑄件，因此我們必須趕緊採取行動，否則要受到重大的損失。我們把我們所有部門的經理、造型設計師和製圖人員召集在一起，他們在一張草圖上工作了二天，最後設計了一款新樣式。

鑽石公司租了一家工廠，我們運用特快運輸送去一些機器，還為他們裝備了其他設備，在二十天之後他們的產品就送達我們手上了。我們手中的存貨足夠我們使用幾天，但那場火災使我們有十天或十五天不能把汽車運出去，還有事先準備的成品存貨，這也能使我們支撐二十天——因此我們的所有花費都屬正常。

我要再次申明，能夠獲取資金的地方是工廠，它從未使我們的願望不能實現。有一次，當我們急需用錢的時候，它非常有力地證明了從內部挖掘出的資金要比從外面借貸的資金更多。

第十二章

貧窮的根源

貧窮的原因來自很多方面，其中一些重要的方面都是能夠被人為控制的，就如同特權也是如此。我認為完全可能消除貧窮和特權這兩種現象——這不會有什麼問題，消除它們是值得去做的。因為這兩者都是違反自然法則的，但它們都存在著，而且是不合乎法則的。我們必須對好的結果抱有希望。

貧窮，我認為是指缺乏個人或家庭必需的食品、住房和衣物。在生活水準上有不同的等級，人們的智力和體力都不是完全相等的。任何以這樣的假設——即人是或應該是平等的——為前提的計畫都是違反自然法則的，也是行不通的。

我們不可能也不值得去把高的水準降低，這樣做只是會使貧窮普遍化而不是個別化。強迫效率高的生產者效率降低，並不能使效率低的生產者提高效率。

貧窮只能靠豐富的物質來消除。我們現在的科學已經夠發達了，作為發展的趨勢，我們總可以看到，有一天生產和分配都非常科學，以至於所有的人都能根據自己的能力和勤奮獲得屬於自己的那一份。

極端主義分子認為工業的發展將必然會壓迫工人。現代工業正在逐漸改善工人和社會的狀況，我們採取一些計畫和方法，最好的結果就是能夠隨著個人的創造性和天才的發揮而到來——即透過領導者的智慧。

政府在本質上是消極的，它不可能給予任何有建設性的、積極的幫助，只能給予消極的幫助——消除進步的障礙，使之不再成為社會的負擔。

貧窮的根本原因，我認為是生產和消費之間——包括工業和農業之間——權力的來源和運用之間的不良關係。因為缺乏調節而造成浪費是極其糟糕的事情。在明智的領導者採取措施之前，所有這些浪費的產生都是難免的。一旦領導者考慮更多的是錢而不是服務，浪費就會繼續下去。

浪費現象只能被有遠見的人去除，而不可能被沒遠見的人去除。目光短淺的人總是把錢放在第一位，看不到浪費的存在。他們認為服務是利他主義的，是不現實的事情。他們不能從一些細小的事情上看到大事——即看到一切事情之中最重要的事情，那就是以純粹的金錢為目的的機會主義者的生產是最沒有意義的。

服務可以建立在利他主義的基礎之上，但那種服務通常不是最好的服務。並不是所有的工業企業都不能夠公平地分配它們所創造的財富，只是因為浪費實在是太嚴重，以至於沒有給予每個參與的人應有的一份財富。事實上，產品的價格通常太高了，這就限制了消費的廣泛性。

讓我們再看一些浪費現象。比如動力方面的浪費，密西西比河谷沒有煤，但在它的中央卻奔騰著數百萬馬力的潛在動力——密西西比河水。

如果河岸邊的人們想要動力或能量，他們就買從幾百英里之外運來的煤，而這些煤便以遠遠高出它們的動力或能量價值的價格出售。如果他們買不起這些昂貴的煤，便出去砍樹，因此便失去了水力的最大維護者——森林。

直到現在，他們還沒有想到身邊的水能動力，除了最初的投資之外，這種動力不需任何花費，可以用它來取暖、照明、做飯，這座河谷可以為它所養育的大量兒女而奉獻。

消滅貧窮不是要靠個人節儉，而要靠更好的生產。「艱苦」和「節儉」的觀念似乎已經過時了。「艱苦」這個詞代表著恐懼，然而悲劇性的大量浪費現象，在某些環境下通常也是物質最豐富的環境，這總讓人留下深刻的印象，因此就導致了對奢侈的強烈反對——人們領悟了「節儉」作用。但這只是從大惡過渡到小惡，並不是從錯誤過渡到真理。

節儉是那種「一半生活」的人的法則。毫無疑問，它要比浪費好得多，但它並不如享用好。那些為他們的節儉而驕傲的人常把它當作一種美德。一個貧窮節儉的人在多年的歲月中積攢了一些小金屬片，便把它緊緊抓住不放——還有比這更可憐的嗎？如果能夠很快地獲得生活必需品不是更好嗎？

我們知道那些節儉的人們，甚至對自己呼吸空氣的數量都很吝嗇。他們捨不得給予別人任何東西，他們是緊緊收縮的——身體和靈魂都一樣，因此節儉也是一種浪費——它是對生活的精髓、生命的活力浪費。

有兩種浪費者——一種是肆意揮霍的人，他把自己的財富隨意拋棄；另一種便是守財奴型的人，他與其讓自己的錢爛掉也不使用。那些過分的節儉者很可能被歸入守財奴一類。

奢侈通常是過分地壓制花費的反面，而節儉也可能是奢侈的反面。

任何東西給我們就是為了使用的。只要我們不濫用，就是正當的，不是浪費。對我們生活中的東西所犯下最重的罪，就是濫用它們。「濫用」是一個有多種含義的詞，我們更喜歡說「浪費」，但浪費只是濫用中的一種，所有的浪費都是濫用。

強調節省是應該的，每個人都有一份積蓄是應當的，也是值得的。如果你可以有卻沒有留下一份積蓄，那也是浪費。但節省也可能做得過分，例如，我們可以教育孩子們把他們的錢積攢起來，不能不加考慮地亂花，但這並不是積極的方式，它並沒有引導孩子學會安全有用的花銷方式。

教育孩子如何投資和使用錢，要比教他們節約更好。那些不遺餘力地節省幾美元的人，如果把那幾美元用於投資也許會更好——首先投在自己身上，然後投到一些有用的事情上，最終他們將會省下更多錢。

年輕人應該先去投資，而不是去儲蓄，他們首先應該向自己投資，以增強自己的創造能力。在自己達到能力的最高峰後，那時將有足夠的財富，可以把收入的很大一部分存放起來。

如果你在阻止自己變得更富有生產能力，你就不是在節約，實際上是在失去自己最重要的資本——你在降低自我投資的價值。

「使用財富」的原則可以作為我們的指導。如果使用財富時是積極的、活躍的，是有生氣的，那麼這種使用便是活的，它增加了物品的價值。

如果不改變其他狀況，個人需要就可以得到滿足，這顯然是最好的。但是，薪資增長、價格增長、利潤增長，和其他方面的增長，人們都想把錢弄到自己這裡。這如同一夥人在趁火打劫，他們不考慮對別人會有什麼影響，這是不良的想法，認為只要能賺到錢，一切風暴都能扛過去。

工人們也認為只要能得到更多的薪資，風暴就可以過去。資本家也認為只要能得到更多的利潤，不管怎樣的風暴都能平安度過。

有一種信念認為金錢是萬能的。在一般的情況下，金錢是非常有用的，但金錢的價值不會大於它在生產中的作用。如果它被迷信地認為是真正財富的替代品，並因此而受到崇拜，那麼它的價值就完全失去了。

有一種觀點——即認為工業和農業之間存在著根本性的對立——一直存在。事實上，它們之間並沒有對立。如果認為因為城市太擁擠了，所以人們都應該返回農村——這完全是胡說。

假如所有人都這樣做，那麼農業很快就不再會是令人滿意的工作了。讓所有人都進入工業城鎮的說法，也同樣是沒有道理的。如果農業荒廢了，工業還有什麼用呢？

農業和工業之間應該是互惠互利的。工廠主能使農場主成為一個好農場主，提供他所需要的；農場主和其他購買者又可以向工廠主提供他所需要的，從而使他成為一個好工廠主。然後，以運輸為基礎，他們就會有一個建立在服務基礎上的穩定而良好關係。

如果我們生活在一個較小的社會中，那裡的生活節奏沒那麼快，那裡的農田和菜園裡的產品就沒有那麼多的中間商，那裡的貧窮和不安也會少很多。

讓我們看看所有的季節性工作，就以建築業為例。

建築工人在整個冬天裡幾乎都無事可做，只有等待著建築季節的到來，這是多麼大的浪費！一些熟練的工匠為了避免冬天的損失，被迫到工廠去找工作，即使在建築的季節，他們仍留在工廠裡，因為他們害怕一旦自己走了，等冬天再次到來時，可能就找不到工廠的工作了——這和前面一樣屬於技術浪費。這種體制造成的浪費多大！如果農民們在播種、耕作和收穫季節——它們畢竟只占一年時間的一小部分——能夠離開工廠，回到農場工作；如果建築工人在建築季節能離開工廠，重操舊業，他們都將會好得多，而整個世界也將會更加安穩！

假設每個春天和夏天我們全都去室外住，過三個月或四個月的戶外生活，我們便不會有如此多的「鬆散的時間」了。

農業有農閒季節，那時農民可以到工廠來，幫助生產他所需要的產品。工廠也有它自身的淡季，這時候就是工人到地裡去生產糧食的時候。這樣我們便可以讓閒散離開他們，恢復人類和自然之間的平穩和諧。

平衡生活的看法，使我們獲得的不是小利，它不僅對我們的品德修養有益，而且使我們的頭腦更開闊，判斷更準確。我們今天的絕大多數不安定，都是由我們的一些狹隘、偏頗看法引起的。

如果我們的工作更加多樣化，如果我們能看到生活的更多方面，如果我們能看到這一方面是多麼依賴於那一方面，我們將會更加善於平衡我們的生活。如果人在廣闊的天空下工作一段時間，會變得更好。

這並不是不可能的事情，一切美好、正當的事情都有可能實現。它只需要一點小小的技巧——即少注意一點貪婪的野心，多注意一點生活本身。

那些有錢人認為，一年之中的冬季或夏季能在休養勝地無所事事地遊玩三四個月，是一件美事。但是對於大多數美國人來說，即使他們能夠享受這樣的美事，也不會去浪費時間，他們更願意進行一些調節性的戶外工作。

幾乎可以肯定，我們周圍的大多數不安定情況都是由於不正確的生活方式造成的，很多長期不斷地做著同樣工作的人，享受不到健康的陽光和戶外的空氣。如果他們以扭曲的視角來看待事物，似乎不應該責備他們。這一點同樣適用於資本家和工人。

生活中會有什麼妨礙正常的生活方式呢？工業中會有什麼使得工業與那些為工業服務的人員不和諧呢？如果工業中的勞動者每年夏天都從工廠走出來，這將因妨礙生產而遭到反對，但是我們必須從更廣闊的視野來看待這個問題。

我們應該考慮到工業勞動者在三四個月的戶外勞動之後，會增加其能量；我們也要考慮到他們返回田野，會對生活產生很大影響。

正如我在前面所講的，我們正在把農業和工廠相結合起來，並且也取得了非常滿意的結果。在離底特律不遠的諾斯維爾，我們有一家生產閥門的小工廠，工廠的管理和生產相對來說都很簡單，因為它只生產一種產品。

我們用不著去找技術工，因為技能性的工作都是由機器完成的。住在鄉下的人們能夠一邊在工廠做工，一邊在農場耕作，因為機械化的耕種並不會很勞累。而且工廠的動力就來自於水利。

另一座更大的工廠正在菲萊特洛克修建，離底特律約有十五英里。我們在河上修了一座水壩，這座水壩同時也成了底特律、托里多和艾倫頓鐵路的一座橋樑，在那個地方這條鐵路正好也需要一座橋；同時，它還有一條公路——全都是在這一次施工中建成的。

我們想在這個工廠裡生產玻璃。把河流截斷後，可以儲蓄足夠深的水，這樣我們大多數原料就可以從水路運進來。它還可建一座水電站為我們提供能源動力。因為是在鄉村中，所以不可能有擁擠或其他由於人口過多而引起的各種事故。

這樣，人們有自己的耕地和農場，同時又可以在工廠工作。這可以延伸到工廠周圍十五英里——二十英里的範圍——因為現在工人們可以開汽車來上班。在那裡，我們將把農業生產和工業生產相互結合起來，並且完全沒有那些由於人口過於密集而造成的不便。

有一種觀點認為，工業型國家必須將它的工業集中起來，我認為這是沒有道理的，因為那只是工業發展的一個階段。

隨著我們對工業生產瞭解得越多，我們知道了用可替代品生產產品，那麼產品便可以在條件更好的地方進行生產——這些好的條件，無論是從員工的角度來看，還是從生產的角度看來，都是最好的。

人們無法在一條小溪邊建一座大型工廠，但可以在小溪邊建一座小型工廠。把這些小型工廠組合在一起，每一座小型工廠只生產一種零件，這樣生產出來的整個產品比在一座大型工廠裡生產的更便宜。

也有例外情況，比如鑄造業。對於這種情況，我們建立了羅格河工廠，把製造金屬和鑄造結合起來，這樣我們就利用了所有的無用動力——當然，這需要大量的投資，並且在一個地方要配有相當多的人力。但這種情況是一種例外，而不是帶有普遍性的，它並不足以影響到工業集中化的過程。工業將會逐漸分散化。如果一座城市被毀了，不可能重建一座和它一模一樣的城市，這展現了我們對這座城市的真正評價。如果不是有城市作對比，我們不會感到鄉下是如此宜人。

由於城市中的人擁擠在一起，人們互相瞭解更多一些。如果在鄉下，他們就不會如此。衛生、照明、社會組織——所有這些都是基於人們城市生活經驗的產物，但同時我們今天所面對的每一種社會疾病，都是來自城市，並以城市為中心向外傳播。

你會發現較小的地區的人們會隨季節的變化而和諧地生活，既沒有特別的貧窮，也沒有特別的富有——沒有任何人口眾多地區所有的動盪不安的暴力和瘟疫。

一座有著數百萬桀驁不馴、危險分子的城市裡，總有一些可怕的事情發生。而在三十英里之外，那些幸福而滿足的村民卻看著城市的狂言瘋語。

一座大城市裡的人們真是一群無助的可憐蟲，他們使用的每一件東西都是從外面運來的，一旦停止運輸，便停止了城市生活，只能依靠商店的貨架生活，然而貨架什麼也不能生產出來。

城市不能自給自足，不能替自己做衣服穿，也不能為自己取暖、蓋房子住。城市的工作和生活條件是如此地做作，有時人的本能會對這些不自然的東西起來造反。

況且，大城市的生活和經營的費用非常高，讓人幾乎無法承受。它收取的稅那麼重，以至於沒有剩下多少錢來提供生活了。政客們發現很容易借到錢，他們總是把錢借個精光。

在近十年內，美國每一座城市的管理費都大大地增加了，而這筆費用中相當大的一部分是用來償還借錢的利息。這筆錢有一些被用於生產磚頭、石頭和灰沙，有一些被用於城市生活的必需設施，比如供水工程和下水道工程，但是其費用遠遠超出了應有的數額。

那些用於修建這些工程的錢、為了維護人民安全和交通秩序的錢，遠比人們從社會生活中獲取的利益多得多。現代城市是在揮霍浪費，它遲早是要破產的，明天它將不能再這樣揮霍了。

提供大量廉價且便捷的動力——並不是突然之間，而是隨著它的被使用而慢慢到來——將比任何其他的事情更能使生活保持平衡，並有助於消除滋生貧窮的浪費。也許對一個地區來說，並不只有唯一的電源，在礦坑口建一個火力發電站，其電力是最經濟的。對另一個地區來說，水力發電也許是最好的。但是在每一個地區肯定有一個中心電站，它可以提供廉價的電力——它應該和鐵路或供水一樣是必需的。

我們能夠把每一種動力源都利用起來，供共同的利益使用，當然這要保證能籌到資金才行。

我想，我們應該重新界定我們關於資金的觀念。

一個企業所創造的資金，如果是用來增加工人們的機會和他們的舒適度及財富，或者用來為更多的人提供就業機會，或者是降低為大眾提供的服務費，那麼這種資金即使是由一個人掌握，也不會對人類構成威脅。它是工作的積餘，它的使用是為造福全體人的。資金的擁有人不會把它當作是個人的報酬。沒有人會把這樣的積餘看作是他自己的，因為它不是一個人單獨創造的，而是整個企業共同生產的產品，每個工人都是創造財富的一員。

沒有任何一種經營只與今天有關，只與參與其中的個別人有關。它必須是具有持續性的。合理的薪資應該支付給每個人，應該保證企業中每一位參與者都有一份舒適的生活——不管他的工作是什麼。

但是為了企業有能力幫助那些為它工作的工人，企業自身必須得保留一份盈餘。一個正直誠實的企業主，會把他盈餘的利潤用於這些方面——不管這筆盈餘放在哪裡，也不管是由誰掌握，重要的是如何使用它。

那些不能用來創造更好、更多工作機會的資金，與沙子一樣毫無用處。那些不能用於改善日常工作的條件、不能公平地給日常工作以相應報酬的資金，並沒有履行它的職能。

資金的最大用處不是創造更多的錢，而是能更加地改善人們的生活。我們這些從事商業的人，如果不能幫助解決這些社會問題，便沒有做好我們的主要工作，便沒有提供應盡的義務。

第十三章

我們的機會與生俱來

幾百年以來，人們總是在談論自己沒有成功的機會，都在議論如何把自己所擁有的東西分割成許多份，以便供更多的人享用。然而，每年都會有人提出一些新的思想，與此同時，也有很多機會相伴隨產生。

今天，許多被驗證為正確的新思想一旦付諸實踐，就能把我們生活的這個世界提升到一個全新的水準，並且可以透過為那些以出賣苦力為生的勞動者提供生計而消除困擾著人們的貧困。但是，在這些新思想孕育和發展的過程中，唯一的障礙就是那些陳舊而且迂腐的觀念。

這個世界總有些人自縛手腳，自蒙雙眼，而且他們還不住地問別人：「世界為什麼還是老樣子？」

在這裡，我隨便提出一個思想作為事例——其實這是其他某個人可能也有的思想，只是由我將其系統整理並付諸實踐罷了：

製造一輛簡單而且具有強大動力的小汽車，不僅使其價格低廉，而且還要給汽車製造工人比以前更高的薪資，這便是我當初的想法。一九〇八年十月一日，我們終於製造了第一部現代式的汽車；到一九二六年六月四日，我們製造出第一千萬輛汽車；而到一九二六年的今天，已經有一千三百萬輛汽車駛離我們的生產線。

這些聽起來或許很有趣，但也許並不重要。重要的是，我們的公司從一個工廠的幾個人，發展到今天僱傭二十萬員工，而且他們每天的收入都在六美元以上。我們的交易商和服務中心又僱傭了二十萬人。但是，請記住，我們所使用的東西並不是全都由我們自己直接生產。

粗算起來，我們所購買用來製造汽車的東西相當於所生產東西的兩倍，因此我可以毫不誇張地說，還有至少二十萬人在我們的工廠外面為我們工作，這樣，大概有六十萬員工直接或間接地為我們生產汽車。這也就是說，十八年前我的一個簡單的念頭至今得以實施後，就為近三百萬男女老幼提供了生計。

當然，這樣的估算還不包括那些從事汽車零件批發和維修汽車的人。這些人為數儘管不多，但也不應忽視，要知道汽車還處於發展的初期。

我對這些數字絲毫沒有誇張的成分。我並不是在談論具體的人或公司，而是所謂的思想。這些數位僅僅顯示出一個簡單的思想所能創造出的偉大成就。

我們都知道，人們需要食物、衣服、房子等等。如果大家聚集居住在一起，那麼還需要供應他們聚集所需要的物資，例如我們應該有一座比紐約還要大的城市。而實現所有這些所需要的時間應該比孩子長大的時間還要短，這顯然不是夢話。而那些認為沒有機會發展的人，我不知道他們所指的機會是什麼。

其實，機會到處都存在，我們每個人生來都有機會！

世界上有兩類人——一類是先驅者，另一類是追隨者。後者常常攻擊前者，因為他們認為，先驅者把所有機會都搶走了。然而，簡單的事實卻是：如果沒有那些先驅者首先鋪平道路，追隨者就會失去他們的方向。

為什麼這樣說呢？我們不妨想想自己的工作。

你的工作是你自己創造出來的呢，還是別人為你創造的？你是在為自己創造機會呢，還是別人創造出來的機會使你受益了？

我們也見過那些根本不想要任何機會的人大發其火——在他們看來，機會所創造的所有成果必須全部送給他們才行。但這樣的脾氣可不是我們美利堅民族所具有的，而正是從其他國家、其他民族進口過來的，雖然機會就在他們身邊，但是這些民族沒有發現機會的能力。

如果說在幾年前，每一個機會都有一千個人去爭取的話，那麼現在卻是每一個人都有一千個機會在等著他。世界發生的變化就是這麼大，不論你信還是不信。

但是，在過去工業的發展過程中，機會並不如現在這麼多，機會還很有限。人們只能看見一條出路，大家都想擠上這條路。其中一些人被擠出來並不奇怪，因為人比機會多，而這正是我們過去競爭之所以非常激烈和殘酷的原因。那時，人們選擇機會的餘地不大。

但是，隨著現代社會工業的不斷發展，更多的機會相繼湧現。設想一下，工業每向前發展一步，會開闢多少創造性的活動空間？很顯然，在日益激烈的社會競爭中，任何人要想抓住自己的發展機會，達到成功的彼岸，就必須為他人創造出更多的機會——多於自己開始時幾倍的機會。

不承認過去缺乏機會，就無法理解現代工業崛起的奧祕。有些行業發展很快，但有許多收入卻來自那些即將被淘汰的部門和產業。

但是有足夠的事實證明，過去在人們的需求壓力下不斷向前緩慢發展的工業領域中，總有一些人能夠高瞻遠矚，而另一些人卻目光短淺，後者當然會落在前者的後面，甚至被前者甩得遠遠的。

有時候，成功者所採取的方法並不道德，但是他們取得成功的本身並不是不道德——由於他們能夠洞察到人們的需求以及滿足這些需求的方法和手段，如果他們依賴不誠實或殘酷的方法做成了某件事的話，那麼，這件事本身絕對是應該受到指責的。

把成功歸因於不誠實是人們通常容易犯的錯誤。我們常常聽見有人說某人太誠實了，做不成大事，這樣說其實對那位失敗者是一種安慰，但誠實絕對不是失敗的原因。

不誠實的人有時確實能夠成功。但是，他們成功的前提條件是：只有當他們所提供的服務超過他們的不誠實本身時，他們才有可能成功。誠實的人有時候也確實會失敗，因為他們還缺乏與誠實相匹配的其他基本素質。說到不誠實者的成功時，他們成功的原因中應該將「不誠實」這一特徵排除，因為並不是「不誠實」才導致了他們的成功。

不相信機會的人，仍然會憑藉他人創造的機會為自己找到位置，自己無法直接取得成功的人只能是接受他人的領導。

我們今天前進的速度是不是太快了呢？不僅僅是在汽車製造業方面，而且包括我們生活的各個方面？

人們會聽到許多有關工人被繁重的勞動壓垮，每個微小的進步是以這樣或那樣的付出為代價，或者關於效率是如何毀滅人們生活中的一些美好東西等等之類的議論。

現在的生活確實失去了平衡——而生活也一貫如此。直到現在，大多數人還沒有閒暇時間可以供他們去利用；當然，他們也不知道如何利用這些閒暇時間。我們面臨的最大問題之一，就是在工作和放鬆之間找到某種平衡，在睡眠和吃飯之間找到平衡，甚至明白人類生老病死的原因究竟何在。

毫無疑問，我們現在所生活的時代比以前任何時代的前進步伐都要快，或者更準確地說：我們被生活推動得越走越快。例如，二十分鐘的汽車里程與四個小時的徒步奔波相比，哪個更容易，哪個更困難？旅行者會選擇哪一種交通方式更省力呢？哪一種方法更節省時間呢？

不久的將來，汽車一天所跑的里程可能會被在空中飛行一個小時所代替，那時候我們這些生產汽車的人將遭遇困境嗎？

這種所謂被拋棄的精神狀態是我們的現實生活呢，還是書本中描述的神話呢？人們在書本中往往能讀到現代工人因為工作而精疲力竭的描述，但你們聽到工人們親口這樣說了嗎？

我們不妨走進那些參加實際工作的人群，走進那些每天乘公共汽車上下班的普通工人中間，走進一天之內橫越美洲大陸的年輕經紀人中間，和他們交談，你就會發現人們的態度各不相同。但是有一點是相同的：他們不但不迴避生活現實，而且對未來充滿了熱切盼望。為了明天的美好生活，他們總是倍加珍惜今天的時光。這就是那些勤奮的工作者，這就是那些不願在圖書館裡苦思冥想，試圖用以前的舊模式去套住新世界的勞動者。

和公共汽車中通勤的工人們交談，他們可能會告訴你，僅僅幾年前他們還要到很晚才下班，而且回到家總是累得沒有空換衣服——他們只能穿著工作服吃飯，吃完飯直接上床睡覺；可是現在卻不同了，他們可以在工廠裡換下工作服裝，在太陽還沒有下山之前就回到家，早早地與家人一起吃過晚飯，並且有空和家人一起乘車外出兜風。

他們會告訴你，以往那種令人窒息的工作壓力已經沒有了。也許，人們在工作時比以前要更加認真，但是過去那種無休止的、令人疲憊不堪的無形壓力已經不復存在了。

如果再去問問那些帶動社會變革的領導者們，他們也會告訴你同樣的情況。他們精力充沛，而不是氣虛力竭。他們沿著前進的道路大踏步前進，他們會說：拉歷史的車輪後退比順應歷史發展潮流而行動更費力氣。

有這樣一個事實：那些感到頭痛的人正是那些竭力阻止世界向前發展，試圖用他們的舊思維去理解新世界的人們。發展對他們來說，這一切絕不可能。

「效率」一詞現在還被人們痛恨，這是因為人們不瞭解它的真正含義。追求效率只是用我們所知道的最好方法去做事，而不是用最壞的方法，這就好比用汽車裝載木材上山，而不是靠人力背上山。換句話說，就是讓工人們掌握一定的技術，為他們提供動力以便讓他們賺得越來越多，生活得越來越舒服。

我們福特公司一直在努力開發更多的動力資源。我們不僅去煤田，還去江河湖海，總是希望得到一些廉價而方便的資源，並將其轉化為電力，輸送到我們的工廠，以提高工人的產量，增加工人的薪資，降低我們的產品——汽車的價格，讓消費者得到真正的實惠。因此，你必須充分地利用動力、原料，及時間。

我們可以遠離家鄉去修建鐵路，開發礦山，砍伐木材，建造輪船。為了節省幾個小時的時間，我們不惜投入幾百萬美元——雖然我們所做都是分內之事，那就是製造汽車。

我們在製造汽車時所使用的動力又生產出另一種動力——將引擎的動力輸入汽車，讓汽車得以發動行走。價格二十美元的原料可以變成二十馬力的汽車動力。截止到一九二五年十二月一日，我們已經透過汽車和曳引機為這個世界貢獻了三億馬力的動力，這相當於尼加拉瀑布的九十七倍！全世界共消耗二千三百萬馬力，其中我們美國的消耗量就超過九百萬馬力，占三三％以上。

開發所有這些動力對國家經濟的深遠影響，我們迄今還不知道怎樣估算。但我相信，美國的繁榮，在很大程度上應該歸因於這些增加的動力；另外，把人們從繁重勞累的工作中解放出來，也有助於喚醒他們智慧的大腦。

交通的便利推動了社會的進步。我們用汽車改變了整個國家的面貌。我們並不是因為繁榮才有汽車，而是因為有了汽車我們才繁榮。

要知道：並不是所有人立刻都能擁有汽車。購買汽車應該循序漸進——我們根本沒有能力接受全部的訂單，以我們現有的用戶每六年更新一輛汽車的速度來計算，我們每年二百萬輛的汽車生產量只能滿足那些老用戶的需求，根本不用提為新客戶提供服務了。

這個問題我們暫且不提。

整體來看，不管農業收成如何，一個國家的全面繁榮與否和汽車的使用數量有更直接的關聯，二者應該相對稱。這是一個無法迴避的事實，因為你不能不考慮到對各方面的影響而只顧盲目地大規模開發動力資源。在汽車的眾多優點中，除了其本身的用途以外，汽車進入人們的生活後還使人們認識了開發動力的更多好處——它教會人們如何充分地利用動力來為他們的生活服務。

在汽車進入家庭以前，很多人一生都不曾去過離家鄉五十英里以外的地方。這樣的情況在美國已經一去不復返了，在世界上的許多地方也已經屬於歷史了。

當俄國人派代表來為他們的農莊購買曳引機時，我告訴他們：

「你們不要買曳引機。你們首先應該買汽車，好讓俄國人熟悉機器和動力，瞭解汽車為人們帶來的各種便利。汽車會促進國家的公路建設，然後便有可能將農戶生產的東西運往城市出售。」

於是他們聽從了我的建議，買回去數千輛汽車。結果幾年後，他們又買回去幾千輛曳引機。

現在，重要的不在於可以經過什麼計畫和使用價格低廉的動力，完美地製造出汽車或其他什麼物品，這一點我們早已經明白。我們也知道汽車的優點的確很重要，但尤其重要的是，透過發展汽車工業，我們發現了工業發展的一種嶄新動機，拋棄了一些空洞乏味的術語，例如「資本」、「勞動力」和「公眾」等等。

多年以來，我們對「追求利潤的動機」這句話已經非常熟悉。它的意思是那些被稱為「資本家」的人提供生產工具和機器，並且以盡可能低的薪資僱傭人力——也就是勞動力——然後製造出產品，接著把這些產品賣給那些被稱為「大眾」的人們。資本家以最高的價格出售產品，然後將利潤歸為己有。

聽起來，「大眾」如子虛烏有，大眾的錢也不知從何而來，但大家都認為大眾需要保護，以免受到那些唯利是圖的資本家的剝削。工人們也要受到應有的保護，於是就有人杜撰出了「生活薪資」這一概念。事實上，所有這些完全是對整個工業發展進程的曲解。

對於小型的企業，或許可以按照「資本——勞動——大眾」的錯誤模式來運轉，但是對於大公司絕不可能，小企業也不可能依靠壓榨工人而發展成為大公司。原因很簡單，購買產品的大眾並不是天外來客。

企業主、工廠員工和購買物品的大眾都是相同的主體，如果企業在經營過程中不能依照高薪資、低價格的原則運作，那麼，企業將無法生存，因為不那樣做，購買產品的顧客將因為受到限制而不會購買你的產品。

因此，企業的員工才是該企業本身最好的客戶。

我們福特公司的真正發展應該追溯到一九一四年。那一年，我們把員工的最低薪資標準從每天二美元提高到每天五美元，這樣，我們等於增加了我們自己的購買力。相應地，其他人——例如商店職員，他們也可以間接從中受益——他們的購買力也被我們相應帶動了。我們國家所出現的繁榮局面，正是透過高薪資、低價格以增加人們的購買力這一思路來實現的。

這是我們公司的基本動機，我們稱之為「薪資動機」。

但是，並不是你要求高薪資就付給你高薪資，如果公司在提高員工薪資的同時不努力降低產品的生產成本，那麼購買力就無法增加。

根本沒有什麼「生活薪資」，因為除非支付相當於員工工作量的薪資，否則員工就沒有辦法依靠薪資正常生活。也沒有所謂的「標準」薪資，只有上帝才知道多高的薪資才符合標準！我認為標準薪資的提法是以企業管理和發明創造已經到達盡頭為前提的。

其實，沒有什麼辦法比低工作量、高薪資更能損害工人利益的，因為那樣做等於提高了商品的價格，商品就賣不出去，公司也就沒有收入，最後只會使得工人根本沒有錢買得起商品。

當然，認為商品的利潤或者因為發明創造降低生產成本所帶來的利益都屬於工人的看法也不正確，這種觀點也是對工業生產進程的誤解。

利潤主要應歸於企業，工人只不過是企業的一部分而已。如果將全部利潤都給工人，那麼企業產品品質的提高，以及與之相關的許多工作都將無法做到，而且商品價格會上漲，人們的消費水準會下降，企業便逐漸瀕臨破產。因此，利潤應該用於降低生產成本，而且成本下降的最大實惠應給予消費者。事實上，這和提高員工的薪資是一樣的效果。

這些道理聽起來好像很複雜，但我們實際操作起來卻既簡單，又很見實效。

我們只有把企業發展成大企業，才能實現推動經濟發展、開發動力、降低消耗的目標，也才能最後實現「薪資動機」——當然，大企業並不一定是企業生產的集中化，相反我們要使企業分散化。

任何企業，只要全神貫注於提高對顧客的服務水準，只要以薪資動機為基礎，為員工利益著想，肯定能夠發展壯大。企業不可能停留在某一規模上停滯不前，它必須向前發展，否則就會後退。

當然，大量收購小規模的企業似乎也能建立一個大企業。但是，結果可能不是一個真正的大企業，而只是一個企業展覽館，這只能讓人們看到用錢可以買到很多稀奇古怪的東西。因此，依靠金錢買不來大企業，建立大企業只能借助服務的巨大力量。

美國人民的生活要依賴大企業。在我們國家，不論我們把企業分成多少塊，我們的企業必然是一個大規模企業。美國土地遼闊，她眾多的人口潛藏著巨大的商品需求與之相適應，也需要大規模的生產和供應來滿足這些需求。

在美國，任何一種小商品的生產都是一個規模很大的產業，例如自行車，現在的產量和需求量比當初自行車熱潮時還要大。企業必須不斷發展，否則市場供應就會不足，產品價格便會居高不下，最終顧客便不會購買你的產品。

我們不妨看一看二百年前麻塞諸塞州桑得伯利農場主們的生活。

當時，為了降低昂貴的生活費用，波士頓的商人和居民們曾經開會研究並採取了多項措施。當時各種商品的合理價格為：咖啡每磅二十美元，男鞋每雙二十美元（記錄中沒有提到女人的鞋價，可能女人沒有必要穿鞋），棉布價格很高，鹽價倒不算高。顯然，這些商品價格都比現在的要高。

到底是什麼原因導致上述商品的價格降低到了目前的水準呢？答案是企業——是商品供應的有效組織。

企業總是從小做起，逐步壯大，其間並無任何神祕可言。當交通困難時，人們也離不開鋤頭和鐮子，這些東西很容易買到。或許，這些東西並不是最好的工具，但它們是最容易得到的。這裡面卻隱含著一個最大的商業因素——就是選擇最接近需要者的地方供應商品。

過去，市場幾乎就是製造產品的場所，小城鎮中可以生產人們所需要的一切，所有行業都在郵電所的附近發展起來。例如鐵匠生產農業勞動所需的大部分鐵製工具，紡織工生產除了廚房用具以外人們生活所需的大部分紡織物。一個小城鎮可以說就是一個自給自足的社區。

當然，這並不是說所有這些服務（或物品）都是最好的或者是最便宜的。例如，任何一位雜貨店老闆都會告訴你「農場奶油」並沒有什麼特殊的意義，因為這得看農場主的老婆用什麼方法製造出奶油的，或者看她們的手藝如何，最好的奶油和最壞的奶油都是通過家庭工作坊的方式製造出來的，而現代的牛奶場卻可以製造出品質均衡的上乘奶油。

很顯然，隨著疆域的不斷擴大，各個社區的工藝便可以相互交流，尤其是隨著交通的發展，提供質優價廉的奶油供應商（或企業）便會得到更廣泛地區的客戶。

因此，許多較大型的企業最初大都設立在美國東部地區，因為那裡是全美國的人口中心，這裡的人口日益增加。工業在礦區發展最快，因為那裡能提供基本的工業生產原料——鐵礦砂和油料。當食物供應成為緊迫的問題之後，工業便常常分佈在糧食產區和人口密集區之間。

大企業的發展絕對不是盲目的，而是按照客觀需要有序進行的。工業的組織者們是有頭腦、有理性的人。也許某項發明或創新最初只來源於一個人或幾個人，但是，沒有眾多人的支持，任何發明和創新都不可能發展成為一個企業，或者形成一項新的產業。

現在，隨著我們國家的疆域不斷擴大，我們的企業也在不斷發展壯大，對此我們有較深的瞭解。如何發展企業是一門科學，同時它又離不開其他科學的支持。我們正處在一個從背負生活艱辛向享受生活樂趣轉變的過程。

第十四章

大企業的發展有沒有極限

對於工人們來說，如果他們買得起他們生產的所有產品——也就是說，如果「薪資動機」能夠完全得到貫徹實施的話——那麼，發展大企業就是勢在必行。

要讓工人們買他們所生產的產品，其實也不是都能做到，但是有一條必須得考慮到：這些產品的用途必須基本上符合工人們的需要。企業不能期望工人會購買一臺蒸汽機、一座摩天大樓或者一臺管風琴，因為這些東西對工人們來說，並沒有什麼實際的用處。事實上，他們所需要的是優質的食品、漂亮的服飾、寬敞的住房和包括他們自己在內全家人的歡樂幸福。

工人們無法經由任何政治計畫或依賴任何談判組織（例如工會）獲得這些東西，因為法律和談判都是與生產不相干的，它們製造不出這些東西——據我個人看來，工會組織並不被工人們廣泛認可。過去的幾年中，就有很多外國工會的領導人來見我，他們都毫無例外地與我大談政治問題，而外國工業界的領導人談起政治時，則總是憤憤不平。

從表面上看，這些企業領導人一直在尋求如何調解勞資雙方之間的分歧和衝突。當然，如果總是用「勞資」這個概念來思考問題，就永遠走不出圈子，但是，他們至少還是在探索如何透過生產來解決問題的出路。而那些勞工領袖們卻似乎更希望找到一個機會來發表談話，或者為自己求得一官半職。在現實中，人們一直被教導要提防那些大企業。人們對大企業的擔心，一方面是因為他們不瞭解大企業，另一方面是由於他們害怕大企業會經營壟斷。另外，他們還害怕金錢的影響力，在他們心目中，經常把大企業和金錢的影響力混為一談。由此可見，他們的思想已經落後於時代許多了。他們還停留在那個將一百萬美元當成是天文數字的年代，那時候人們都認為誰也不可能經由自己的誠實勞動賺到一百萬美元。

堅持這種觀念的人思想非常狹隘，否則他們應該明白，無論如何誠實勞動也要比不誠實勞動更容易賺到錢。所有這些偏見都可以歸結為一點——他們把企業尤其是大企業看做是和金錢有關的東西，而不是一個服務性的社會組織。

現在，我們需要記住——今天就是今天，今天既不是昨天，也不是明天。這個世界需要領袖人物。昨天的領袖是軍事性和政治性的。過去，不論組成什麼形式的政府都無關緊要，國家只要有領袖就能成功，否則就會走向失敗。但是軍事領袖和政治領袖都沒有創造性。對於企業而言，企業的成功只能建立在這樣一個基礎之上——即取代別人已經創造的物質並進行創新。

歷史已經翻開了嶄新的一頁。今天，軍事領袖或政治領袖根本做不到像工業界的領袖那樣去為人民服務。為什麼呢？各地的政治領袖們很可能仍然具有高素質，他們之所以顯得無能，是因為他們無法擺脫過去的思維定式——要求政治（或政治家們）去做只有實業（或企業家們）才能做到的一切。那些以改革為己任的人並不理解這個道理，他們認為政治是萬能的，能夠做到只有實業才能做到的事情，所以他們喜歡提出這樣或那樣的價格規則，依據是他們自己能夠創造國家的繁榮。

人們對法律所「規定」的繁榮抱有極高的期望，僅此而已。把工作僅僅當作謀生的手段，其實是對生活的污辱。思想家們認為，工作可以使人類在道德上、生理上和社會上拯救自己的靈魂。工作不僅僅能使我們生存下去，還能夠給予我們所想要的生活。但是，如果薪資和物價可以由法律來確定的話，那麼繁榮好像總是離不開高薪資和高物價（但實際上並非如此），而法律也就可以取代工作了。

現在大家應該明白，真正的繁榮離不開物價的降低，降低物價才是正常情況下促進經濟繁榮的唯一途徑，也只有這樣，才能夠避免經濟的非正常震盪。

我們不妨考慮這樣幾條基本原則：

首先，為什麼我們需要有繁榮呢？所謂繁榮，就是很順利地、不間斷地為人們提供正常的、多種多樣的需求，而且滿足這些需求的供應非常充足；其次，當繁榮到來時，我們的各種供給還要有所剩餘，以幫助那些資源尚未得到開發的偏遠地區人們。

既然如此，那我們為什麼沒有出現這種讓人神往的繁榮呢？即使在困難時期，我們也有形成繁榮的各種有利因素，可是問題就在於如果我們的管理體制沒有出問題的話，我們為什麼要承受不必要的困難時期，而無法享受應有的繁榮呢？

但是，必須有人來引導人們走向繁榮。群龍無首的人們只有面對絕望時，他們才會顯示出本來的力量。並不是所有的人天生都是聰明的，他們需要有人來教導。也不是所有人都明白，在工作中運用智慧就一定能避免辛苦，他們也需要有人來教他們。不是所有人都明白如何將手段和目標協調一致，也不是所有人都知道去珍惜勞動的成果，也不是所有人都知道節省人間最珍貴的商品——時間，因此他們都需要有人來教他們。

同樣，在工業領域也要有自己的領導人物——而且是高級統帥。在工業界，如果有了出色的領導，就必然會促使大企業或大公司的誕生。

一個公司會發展到多大規模？

一個公司的發展有沒有限制？如果有，那麼這個極限究竟是多少？應該規定它們必須要為大眾利益服務嗎？壟斷的危險是什麼？應該限制壟斷嗎？

如果我們來看看一個服務性的公司是如何誕生的，以上這些問題的答案就不言自明了。

首先，公司要以為顧客提供服務為目的，也就是說公司的成立必須在為顧客提供服務之後，而服務不能在公司成立之後再去做。因此，公司的設計至關重要。

要想做好這個世界的一切事情，都離不開設計，花在做正經事上面的時間永遠都不會白費。從長遠來看，正確的設計還會節省時間。

也許有人會問：「我們應該如何設計？」

我的答案是，也許你要設計的東西別人已經非常瞭解，你可以參考別人的方案設計出更好的方案；但是，更好的方法卻是按照自己內心所想的去判斷推理他人所想的。

要堅持立足現實，讓大眾願意和你做生意。大眾——也只有大眾才能為你帶來生意。

如果說我們現在的鋼鐵品質還不錯的話，那是因為在當初鋼鐵品質還不好時，大眾仍然去購買，這使得鋼鐵企業有機會和實力去提高鋼鐵生產技術。

如果說我們現在擁有的交通設施很舒適便捷的話，那是因為有人曾經為令人煩惱的交通設施付過錢，才使我們現在的交通系統發展得如此完善。

如果說我們今天的汽車很便捷耐用，而且性能可靠的話，那是因為當初汽車處於試驗階段時有人買過它們。

如果說我們現在有了各種各樣石油產品的話，那是因為人們曾經購買和使用過汽油，正是由於他們的信任和幫助，才使得石油生產和加工工業在全世界迅猛發展。可見，是大眾造就了企業，那麼，企業的責任就是為大眾提供服務，而那些在企業內部工作的人也是大眾的一部分。這樣，一個基本的公司方案便確定下來——企業發展後所得到的利益應該給誰？

假如某個行業透過提高生產效率和改善服務，使得客戶購買產品或服務價格下降，那麼，該行業發展所獲得的好處就等於給了它的顧客。如果生產某件商品的成本比以前少了一美元，那麼，這一美元就要在產品售價上展現出來。這樣，就會有越來越多的人買得起這種商品。客戶越多，企業就會發展得越大；企業生產成本降低的幅度越大，反過來也就越能促進企業的發展。

顯然，不管企業的生產效率如何，如果企業所獲得的效益不能與大眾共同分享的話，那麼，這個企業就得不到發展。

假如在生產過程中節省下來的一美元被劃入到企業利潤當中，客戶購買產品的價格仍然沒有變化，那麼，企業的產品銷售量也不會有任何實質的變化。假如企業在生產過程中節省的一美元用來作為工人薪資發給工人，企業的產品銷售量同樣也不會有任何變化。

但是，如果將這一美元與大眾共同分享，大眾很快就會得到很大的好處，企業隨即會受到良性刺激——產品價格下降，企業的業務量隨之上升，結果以前只能僱傭幾十個人的企業現在卻招聘了幾千人，工人的薪資因此大幅度提高，企業利潤也相應增加。

也就是說，只要企業生產的產品價格下降，產品的價值和工人的薪資就會相應上升，企業盈餘也會自動增加。

應該注意的是，企業絕對不能迫於工人工會的壓力，而把全部利潤劃歸工人薪資的帳下。對於一位擁有五口之家的工人來說，降低其全家生活必需品的費用，比只給他提高薪資而不降低生活必需品的價格會帶來更多的好處。增加工人薪資必須依靠增加企業業務量來實現，不降低面向大眾的商品價格，就不可能增加企業的業務量。

與其說勞動者是銷售者，不如說他們是購買者。整個汽車生產過程中，最重要的環節就是用戶購買，汽車生產企業要為購買者提供便利，這樣才可以創造工作機會，可以增加工人薪資，也可以創造擴大生產和服務所需要的盈餘資金。所有這些任務都是管理者應該負責的。

對於一個普通工人來說，他在任何管理體制下都可以工作。在生產工廠裡，工人們並不關心或很少關心他們的工作方法是否是最好的，也很少關心原料和他們的勞動能否得到最好的結果。他們習慣於做那些一成不變的日常工作。企業每天工作的重要性在於生產價值，而這是屬於管理者負責的事務。

假如某個企業確立了為大眾服務的政策並使企業得以發展和繁榮，但企業卻無法自給自足時——它必須從企業外部購買企業所需的一切，那麼企業的供應也會受到威脅。

供應原料的企業一旦因為管理不善而引起工人罷工，其他依賴這個企業供應原料的企業就不能得到應有的供給；交通管理政策的失誤常常會造成交通費用上漲，影響原料供應商以合理的價格向客戶銷售商品……凡此種種，企業管理者就會受到企業外部勞工活動和原料供應商的影響。保護企業客戶的利益是企業管理者必須承擔的義務。顧客需要買得起的商品，他們害怕商品的價格上漲到他們買不起的程度。

企業——也就是產品的生產者——必須立即決定他為客戶提供的服務是受自己難以控制的外力制約，還是由自己控制。如果他能正確做出決定，即服務的數量和品質由我們自己控制，那麼，他就會逐漸過渡到自己生產原料以及其他事項。後面我們將對此詳細論述。

控制原料供應以後，緊接著便是對服務的考驗。

我們使用的每一種原料都會產生出利潤，如原煤利潤、石灰石利潤、鐵礦石利潤、木材利潤、交通運輸利潤等。生產商應該把這些原料利潤和產品利潤加在一起，裝進自己的腰包嗎？

如果他是一個真正按照用戶至上原則行事的企業家，他就只會提取企業發展所必需的必要利潤，而會放棄各個環節的輔助性利潤，並將這些利潤返還給顧客。

企業家利用以前大眾給他的利潤促進了企業的發展，現在他的企業可以通過穩定的產品供應、穩定的成本消耗和較低的銷售價格來回報大眾。這樣，在一種商品中取得的多種利潤便相應減少。

檢驗一個企業服務品質的標準，就是看這個企業產品的利潤在多大程度上返還給了大眾。企業削減一種產品的利潤種類和利潤總額，很快會對社會大眾產生積極的影響。

這樣做對一個企業是一種危險呢，還是一種優勢？

如果這樣的企業能不斷地發展，這樣做當然是一種優勢。企業可以經由向大眾提供服務獲得發展，企業的規模大小標誌著它向大眾提供服務的能力。

另外，企業向大眾提供服務的能力也會受到企業管理水準和交通運輸狀況的制約。我們沒有感覺到在管理上有多麼費力氣，在很大程度上是因為我們的管理體制比較靈活。我們的企業在發展，各個部門在增加；與此同時，從最底層湧現出來的許多人才也能勝任公司的管理工作。

真正制約著企業規模的關鍵因素是交通運輸狀況。很顯然，在交通不便利的條件下，如果產品運得特別遠，企業就無法為顧客提供應有的服務——這樣就會限制企業的發展規模。從生產企業到用戶之間的運輸環節和距離太多太遠，這正是我們現在面臨的實際情況。

因此，如果把低銷售價格和高薪資同時視為危險的話，那麼，大規模的企業就是一種危險。另一個值得重視的問題，就是有些公司成立以後，沒有重視為顧客提供服務，而只片面注重銷售股票。

有些人認為大企業有危險僅僅是因為它的規模大，他們相信，企業利用本地資源自給自足的方法最合適。這種方法早在一百年前顯然是好的，那時候，鞋匠在自己居住的小鎮裡製造鞋子——他們做出來的鞋的確不錯；當地馬車製造者為整個小鎮製造馬車……

在籌建企業的過程中，我們千萬要記住，為每一項發明創造或革新領取薪資或利潤的人，正是那些最終購買這些新產品的消費者。如果沒有人去以消費補充生產消耗，那麼，任何新的工業產品包括曳引機、汽車、脫粒機、火車頭等都開發不出來。

那些過時的商業思想，包括乘人之危牟取錢財的做法，也不再為一直以來奉行此類商業法則的人所信奉和堅持。美國的商業思想要以經濟科學和社會倫理為基礎——也就是說，我們要堅持在遵守法律和習慣的前提下從事商業經營活動，因為再也沒有什麼活動能比商業活動對人們產生那麼大、那麼持久的影響了，但我們不一定要求對商業活動做出統一的規定。

不過，大眾總是不會忘記給商業活動設定一些規則的。對於我們這樣一個富有文明和智慧的民族來講，想要絕對控制或壟斷某種商品簡直是不可能的。可以想像：一個不願意對茶葉徵稅的民族，怎麼會容忍別人完全控制他們的生活必需品呢？一個解放奴隸的民族，怎麼可能再把他們自己變成奴隸呢？真正的控制權最終還是在大眾手裡。

不管大企業或是小企業，都是因市場的需求而做出相應的反應，而市場需求則是由企業所提供的服務帶動的。如果企業的服務一旦停止，市場需求便不復存在，如果需求沒有了，那麼又何來大企業呢？

即使把全世界的錢都加在一起，也都不能抑制美國人民的競爭精神。把一件事做好，有助於把另一件事做得更好。

企業只能是因大眾的需求而不斷發展。但是，不論什麼時候，企業的發展都難以超過市場需求，任何壟斷和控制都比不上大眾對服務的反應。企業唯一可能的壟斷就是「提高」，以最優質的服務為基礎。這種「壟斷」是企業的一種優勢，但是對大家來說都沒有好處，因為試圖壟斷某個產業的行為不過是變相地浪費資金，而不能促進整個行業的發展。

但是，大企業的增長會不會扼制個人的創造力呢？

在大企業中，年輕人還有沒有前途呢？

一個人是到別人的企業去工作好呢，還是自己創業好？

清楚下面兩方面的情況以後，再問這些問題就好理解了：一是現在開創私人企業的機會比以前多，二是到別人的企業工作和開創自己的企業各有利弊。

有些人總是在不斷地調換工作。在任何一個行業裡我們都能看到這樣的人——他們曾經創辦了自己的企業，後來又放棄了；也有另一種人——他們希望有一天辭去現在的工作，自己當真正的老闆。那些放棄自己的企業，到別的企業工作的人有各種各樣的理由——有些人覺得受不了那種創業的壓力，他們更適合聽從別人的調遣，但不習慣於去指揮和領導別人，甚至無法讓自己企業的服務跟上時代的發展或形勢的變化，所以他們最後選擇了在別人的指導下工作，這樣，既有穩定的收入，也有閒暇時間來培養自己的業餘愛好，或者隨便做點別的什麼事情。

這些人之所以選擇在別人的企業中工作，是因為他們看到在現代企業中，施展他們的才能有更廣闊、更有利的機會。因此他們終生夢寐以求的東西顯然就在他們的身邊，而且早已經由其他人為他們鋪設好了，他們只需投入到其中，就可以實現自己的目標了。

這就是現代企業對年輕人的吸引所在：他們起步的企業已經磨煉成熟，具備了走向更加成功的條件，因為它們已經積累了豐富的經驗。

如果說創業者在自己開創企業的過程當中，體會到一種競爭精神的話，那麼，在他人的企業中工作更能感受到合作的氣氛。現代化大企業的發展有賴於許多人的聰明才智和奉獻精神，這種合作的前提是人們在工作中都有共同利益，而不是什麼個人愛好或感情協議。

同時，在大企業中，得到提升的機會和競爭能力的提高比在小企業中更多、更大。因為在大企業需要更多的人去填補各種職位，因此機會更多，而且報酬也更多。

在美國，即使大企業的薪水也會比小企業的利潤還要高。那種認為企業會嫉妒員工進步的思想是過時的，因為只有在企業內部員工的聰明才智獲得充分發揮的前提下，企業本身才能得到發展。企業的生存離不開員工的智慧和活力，而這些潛能要靠企業來激發。與小企業相比，每個大企業都需要更多、更好的人才。這種對人才的需求越大，企業為人才所提供的機會也就越多。

我們現在的情況是，需要做的事情遠比我們現有員工所能做的還要多——所有這一切都是大企業所帶來的影響：

當員工比機會多時，總是會出現各種異常激烈、通常又不合乎人道的競爭。但是，如果認為這是現代企業的基本規律，則是沒有道理的。現在的社會環境已經發生了很大變化，我們知道，良性的、正常的競爭有助於企業的發展，因為在過去很多機會稀少的領域都出現了更多的發展機會。

那些以服務為宗旨的大企業會規範自己的企業行為，調整自己的企業規模。但是，如果企業在經營中只是一味地依賴金錢的影響，而不是將全部精力放在為使用者服務上面，那麼，問題馬上就會出來了。

第十五章

金錢不是企業唯一的目標

企業——也就是為我們提供各種物質生活必需品的機構——常常受到兩種思潮的威脅，這兩種思潮的代表者雖然相互對立，但實際上道理都一樣——他們一類是職業金融家，另一類是職業改革家。這兩者都會導致企業的失敗——這就是他們的共同之處。他們採用的方法不一樣，動機也不一樣。但是，如果對他們不加阻止的話，任一種人都將把企業帶入死路。

對金融家我們不能非難——他們的確非常瞭解資金管理的各種工作，也知道金錢在人們生活中的重要地位。對改革家我們也無可指責——他們知道他們所做的事情，也明白他們的理想對社會的影響及其所帶來的各種社會機遇。但是，職業金融家就不同了，他們從事金融活動的目的，只是為了從中賺取利益，而從不考慮人民的福利；職業改革家也是為了滿足自我而進行所謂的改革，他們也從不關心人民的福利。這兩類人才是對社會的真正威脅。德國就是毀於職業金融家之手；而俄國則被那些職業改革家毀掉了。你可以比較一下，這兩類人誰做得更好一些。

這兩類人要嘛透過政治家來控制歐洲，要嘛直接控制歐洲，他們應該對那裡的貧困負主要責任。國際聯盟及其附屬機構，包括國際法院，都在他們的控制之下，他們沒有給人們任何機會。他們強烈反對任何能為人們帶來福利的思想。

在國外，人們往往滿足於以協議或條約的形式做出讓步和達到目標，但是，世界各地的人們將學會摒棄職業政治家和職業金融家的說教，就像我們美國人民對國內這兩類人的態度一樣。

他們將依照真正的經濟原則來採取行動，他們不僅瞭解在企業和金錢的影響力之間並無任何關聯，而且知道以金錢的力量來影響企業的發展是那些金融家所使用的一貫手法。

由於我們通常用金錢來表示那些根本不是金錢的東西，所以在人們看來，那種觀點——即關於金錢是企業生存的血液，如果控制了金錢就能夠控制企業的觀點，乍看起來好像是有根有據，並沒有什麼不對的地方。

我們不妨來看一看福特公司。

因為會計制度和稅收的目的，企業常常會按照一定的模式，在很多方面以美元來顯示。這樣，福特公司就成了一個數目巨大的企業，而且這些數字常常會被印刷出來，於是絕大部分人就以此為依據，認為我們公司在某個地方藏著那一筆錢。

其實，絕對不是這樣的。我們公司有發電廠、車床、大冶爐、煤礦、鐵礦、軋機等等，還有一些用來加工原料、生產汽車和曳引機的機械設備。在通常情況下，所有這些設備的價值完全取決於企業的管理水準。誰能說得出一箱工具對於一個正在工作的木匠來說，到底該值多少錢呢？

大冶爐、壓印機、一個傳輸系統、一堆煤、電梯、卡車、高樓以及鐵、木料和砂石——這只不過是在某個地方發現的物質而已。但是這些東西從來不用物質來表示，而總是用美元表示出來，實際上它們並不等於美元——它們只是大冶爐、機器、卡車、電梯、高樓和其他的物質而已。

這些東西對企業很重要，比數目巨大的美元都重要，或者難以用金錢表達出來。

不妨這樣來說，如果你把一座建築物用美元裝滿，絕對不如在裡面裝滿機器和一些有技術的員工那樣有用，因為這些才具有生產能力。

在稅單上，所有這些生產設備都用美元表示出來，而且政府將以此為依據，向企業徵收一定數目的美元。不止一個企業依據這種用美元計算的資產而被迫交納高額稅款，直至最後破產。以上所說的只是這種以美元來思考問題所產生的惡劣影響之一。

我們必須學會將金融和企業區別開來。我們是一個擁有許多大企業的國家，但是，正如前所述，大企業控制不了任何東西，它們受到大眾需求的制約。令人奇怪的是，竟然沒有幾個人能將企業和金融截然區分開來。在過去此起彼伏的工人運動中，雇主總是被叫作資本家。但是，問題在於雇主並不是資本家，他們只是受資本家控制的人。在那時，大部分企業都是依靠借貸資金經營，從而使資本家對企業具有超乎尋常的控制權。企業家處在對立情緒中的勞工群體和貪婪的資本家兩者的夾縫中間，做任何事情都很困難：

有人想多獲得利息和股紅，有人想少工作多拿錢，這使得企業家根本沒有機會為社會大眾提供服務，而且，企業家總是要背負其他人加在資本家頭上的各種罪名。

但是，現在已經有所不同了。企業家不會像金融家那樣降低企業的服務水準，而且他們已經從金融的枷鎖中解放出來。當金融發揮正常功能、為企業服務的時候，那麼，金融活動便被認為是為人類提供服務的工具之一。

二十五年之前，我們聽到很多有關大企業的說法，其實那時候並沒有真正意義上的大企業，當時，我們所具有的只是對金錢的最原始壟斷。僅僅擁有金錢並不是企業，也創造不出大企業。金融巨頭們預料到了工業時代的到來，於是便大量投入資金，透過這種手段來達到控制企業的目的。一段時期，這個國家都受到他們的剝削。

職業金融家一般都不是好的企業家，投機分子創造不出價值，但是，在當時，金錢是萬能的，金錢可以控制一切思想，勢力猖獗。

我們不妨回憶一下二十五年前的情況：

現在稱得上大企業的企業在那時尚不存在，當時也不存在巨額資金——金錢現在並沒有控制大企業，我們也能看出，我們並不是在金錢的超級控制之下。

幾個世紀以來，一些用心不良的家族集團已經在很大程度上掌握了全世界，尤其是歐洲的黃金，他們經常利用金錢的魔力來決定歐洲地區的戰爭或和平。他們的能力並不在於他們手中的黃金，因為黃金本身並沒有什麼力量，他們的力量恰恰在於他們引導了人們對黃金的認識。

黃金本身無法役使人們，真正使人們淪為金錢奴隸的，是人們對黃金的痴迷和看法。金錢的影響力確實存在——但不是金錢對人的控制，而是職業金融家對金錢的控制，這種情況曾經被視為金錢對人的控制。但是現在隨著工業的發展，金錢正逐漸地回歸到它應有的位置，就像車輪上的軸，而不是車輪本身。

現在，沒有任何一個金融托拉斯控制美國的工人或創造者們——那些用他們的雙手和智慧為社會提供創造性服務的人們。我並不是說金錢和利潤對於企業無足輕重。

企業的運轉必須以一定的利潤為基礎，否則就會走向滅亡。但是，如果有人企圖將利潤作為企業經營的唯一目標，而不注重為社會大眾服務，那麼，企業肯定不能生存下去，因為它沒有繼續生存的源泉。

雖然企業以利潤為目標是明確而務實的，但這樣做事實上並不客觀，也不正確。因為就像我所解釋的，這樣只會把增加產品的銷售價格、降低工人薪水作為目標，結果就會導致市場的不斷萎縮，直到最後全部衰竭。這正是許多國外企業面臨困境的主要原因。

國外的大企業主要控制在職業金融家的手中，在管理企業當中，那些實際操作企業運轉的人並沒有什麼發言權。誰也不能期望工人去買他所生產的產品，改革家也借機捉弄工人們，說工人們的前途就是要爭取提高薪資、縮短工時，他們（改革家）想要的正是職業金融家們想要的——不費金錢就可以獲得的東西——這樣，金融家和改革家就在不知不覺中走上了同一條道路，共同加入對企業的圍剿。這正是國外大談對外出口貿易必要性的原因所在。因為他們沒有推行高薪資、低銷售價格政策，國內市場沒有得到開發，工人們只是幾種少數生活必需品的消費者。

但是，本來可以不這樣的。透過我們設立在世界各地的工廠，我們已經讓人們看到，情況本來可以不這樣的——正如下文所顯示的。

我相信，在美國國內福特公司工人所擁有的汽車數量，比全世界其他地方所擁有福特汽車的總和還要多。出現這種情況並非偶然，也不是因為美國具有異常豐富的自然資源。幾乎在世界上任何地方都能發電：大不列顛（英國）有充足的煤炭和水力資源；歐洲大陸的國家有的有煤炭資源，有的有水力資源，或者兩者兼而有之。如果將金融家建立的隔閡打破，這些國家也不缺乏原料。

但是，現在原料已經不再如以前那麼重要了，我們時刻都在研究如何更經濟地使用原料。今天，我們使用鋼鐵已經不再用「噸」來計算了，而是根據鋼鐵的力度，這是我們最重要的進步之一，而且我們學會了對原料進行循環利用。

歐洲國家認為企業沒有出口便不能運轉的原因是，職業金融家和職業改革家分別從上下兩個方向榨乾了人們的購買力，他們將本國人民榨乾以後，又想剝削其他國家人民，於是企業被迫轉向國外市場。

國家之間也可以有健康的貿易往來。競爭不應該是懷有惡意的——這樣的競爭只會導致戰爭。在建立國內市場以後（全世界各地都能做到這一點），出口貿易將會成為國家與國家之間相互補充的自然而健康的貿易往來。現在世界市場上的競爭，很大程度上是因為對國內人民的剝削造成的。

顯然，將金錢的影響力和企業混為一談，等於把兩件事說成一件事，或者將兩種互不相關的因素強行結合到一起。企業不可能既為社會大眾服務，同時又發揮金錢的影響力。事實上，與其說金錢的力量可以為企業服務，倒不如說它更容易導致企業的毀滅。有情況表明，上述情況正處於良性發展之中。

企業以它的資產作抵押所換來的資金是死的，當企業的經營必須受到「死的資金」的制約時，企業的主要目標就成為替資金所有者賺錢，而將對大眾的服務下降到了次要地位。如果企業產品的品質延遲了客戶還款，產品的品質就得打折扣；如果企業的全面服務影響到還款，這種服務就得取消。這種資金不是在為企業服務，相反地，它想讓企業為資金效勞。

對於企業中的資金來說，如果不管企業盈虧，都要從中分取紅利的話，那麼這樣的資金就不是活錢。它不是屬於忠誠為企業服務的一部分，它是企業的一種負擔，企業越早擺脫它越好。死錢不是一個工作夥伴，而是一種沉重的負荷。

活錢才是企業運轉的一部分，它和企業同生死、共命運，和企業共同承擔可能出現的損失。企業可以依賴它的每一分錢，這絕對不是企業的債務。

企業中的活錢在企業中的使用，總是和資金投入者的積極努力分不開的。死錢只是一個吸血鬼。「用戶至上」的原則早已經在美國深入人心，它將傳播到全世界，並將改變我們這個世界的面貌。人們從戰爭中首先應該吸取的教訓並不是戰爭本身，而是戰爭的破壞性，即戰後無法恢復到戰前狀態的那種破壞性。如果不能使他們理解戰爭確實是一場更加嚴重的災難，那麼他們就僅僅會把戰爭淡化為一次事故或一次錯誤。

舊的方法已經失靈，過去的智慧現在看來很愚蠢，以前的動機已經失效。如果說放棄錯誤的方法，轉而接受新生事物是一種進步的話，那麼，我們可以說世界確實已經進步了。

經驗證明，舊方法已經失去效用。世界的進步並不是因為我們越過了某個明確的界限，而是因為一種對待事物的態度。錯誤不會在瞬間全部消失，真正正確的東西才剛剛顯露。

有些人知道這樣一個道理：企業是金錢以外的東西，而金錢只是一種商品，並不是什麼力量。

任何企業，一旦開始利用金融活動籌集資金，就意味著它快不行了。有時候企業為了發展，從利潤中提取一部分作為擴張資金以外，還有必要透過其他途徑得到一些資金。當然，有時候企業也需要緊急資金的幫助，這與單純的為資金而融資不同——企業透過金融來賺錢，而不是經由服務來賺錢。

一般來說，企業的經營風險不是在它需要資金的時候來臨，而是它成功經營到了非融資不可的時候，這時企業必須為發行股票和債券奠定基礎。大眾容易上當受騙，容易被人佔便宜。

例如，加拿大福特公司的股票上市後，每股的市場價為四百八十五美元，可是一些剝削者卻將這種股票全部買進，然後他們再按照一：二的數字發行所謂的「銀行股」，每股銀行股的發行價為三十美元。也就是說，他們將每股四百八十五美元買進來的股票以每股一千美元賣出去。奇怪的是，大眾卻心甘情願地用兩美元的價格購買本來可以用一美元就能買到的東西，而且毫不知情。這個例子很好地說明了一個成功的企業是如何淪為金融工具的。

因此，當一個企業開始走向成功的時候，真正的考驗就在眼前。金錢的魔力總在暗示人們，不用去生產，只需靠發行股票就可以獲得利潤，向真正的價值裡灌水賺錢很容易。人們誤認為這就是企業，所以很容易受到誘惑。

其實，這根本就不是企業，而是一種慢性自殺。你可以找到一個以前曾依靠金錢維持下來，而且現在仍然在運轉的大企業——每個大企業都是先緩慢啟動，然後因為它滿足了人們的某種需求而得到發展；但是當它一旦發展到一定的程度以後，一些金融家便開始注意上它，打它的算盤了。當企業受到金融家關注的時候，它應該自主發展，而不能依賴金融的外在力量。

企業必須克服的另一個障礙就是債務。

現在，債務成了一種產業，誘導人們借債也是一種行業。如何充分發揮債務的優勢，幾乎成了一門哲學。很多人面對債務的壓力時，會振奮起來，這可能沒有錯。但若是這樣的話，他們就不是自由人了，也沒有自由的工作動機，只有還債這一動機存在——還債的工作動機其實是一種奴隸性的動機。當企業債臺高築時，企業的忠誠便被人為地割裂開來。那些職業金融家們想整垮一個企業或加強自己的資金安全係數時，總是會使出借債的方法。

企業借債後，就相當於要服侍兩個主人，一個是社會大眾，另一個是金融投機分子。這時候，企業不得不犧牲一方利潤去滿足另一方，那麼大眾就會受到傷害，因為背負債務後，企業無法自由選擇自己的忠誠對象。

一些企業現在已經通過內部資金積累擺脫了金融家的控制。如果企業將利潤拱手送給那些現在和將來都不參與經營的人，也就等於把企業置於一個錯誤的基石上。

現在，人們已經把這樣一些原則——企業必須全心全意為大眾服務；企業的利潤首先要作為服務工具歸企業使用，然後再分給那些為企業發展嘔心瀝血的人——視為商業教條的一部分內容。但是，企業和金融家們都沒有能力去強迫大眾買這或買那。金融家們對企業的所作所為帶來了遍地的災難，如果像有些危言聳聽者所說的——金融家威力無比，那麼，歐美大陸將到處都是衣衫襤褸的農民們。企業對使用者或大眾的服務可以進行控制，而且將來也能夠進行控制。

金錢無法控制小麥、煤炭和其他生活必需品，它生產不出這些東西來。現在世界上開掘的煤礦數量是實際需求量的兩倍。不久以前，小麥在市場上還像毒品一樣稀少，可是現在在美國，金錢既控制不了煤炭，也控制不了農場和農場主們。按照傳統的觀念和思維，金錢將會使煤炭成為稀缺物，但是我們現在卻用之不盡；金錢也會使小麥供不應求，但是，全世界現在糧食充足富餘。

可能你需要出去多次才能買到一輛汽車，但是買一噸煤就不用費這麼大的精力。根據人們的不同需求，煤炭的實際供給要大於汽車的實際供給。這不是金錢控制的問題，而是一個很好的商務邏輯和方法。

真正的商業規範是：人們一直在追求財富對自己的青睞，並且尋求為那些始終都有信譽的人服務——這就是大眾。如果企業的生產成本有所降低的話，就讓它流向大眾；如果企業的利潤有所增加的話，就讓大眾享受到產品的低價格銷售；如果產品的品質有所提高的話，就讓它精益求精，因為當產品還很粗劣時，大眾並沒有因為這一點而拒絕購買你的產品。

這是良好的商業規範，應該始終堅持下去。因為在商場中，沒有什麼能比提供良好服務更能與大眾建立良好關係的了。這種關係比金錢的影響更安全、更持久和更有力。

人們抵制金錢影響的最佳辦法，就是建立一個健全而充滿活力的、為社會大眾提供優質服務的商業系統。對那些欺詐經營的企業要多加曝光，但這並不是說商業欺詐行為越來越頻繁，而是因為它越來越不合乎時代潮流，越來越不受人們歡迎。

在美國歷史上，商業欺詐的萌生就像早期的不道德競爭一樣，是因為缺乏機會。任何時候欺詐行為都沒有存在的理由，但是在某一時期人們至少可以理解它。不過，現在欺詐行為卻是令人難以理解的，因為只有當機會稀缺的時候，才是欺詐盛行的時候，而現在欺詐已經過時，誠實的機會卻無限之多。

工業企業為人們提供服務和創造利潤並不矛盾，不像有些人所想像的那樣。在我們的現實生活中，適用合理的經濟原則不但不會減損財富，反而會增加財富。

如果我們都以「索取」作為自己奉行的原則，那麼全世界就要窮困得多，因為我們沒有遵守商業服務的規則。

在一般情況下，建築工人們總想建築房屋，麵包師們總想烤製麵包，製造商們總想製造產品，鐵路總想運輸貨物，工人們總想有班上，商人們總想銷售商品，家庭主婦們總惦記著要購買東西。那麼，為什麼這一切有時候會突然中斷呢？

就是因為當這一切都進行得很順利的時候，有人宣稱：

「現在是徹底改變觀念的時候了。人們開始想要我們所賣的東西，因此現在是提高價格的大好機會。他們如此強烈地想買，那就得多掏錢。」

這樣做是邪惡的，就像用錢去發動或資助戰爭一樣。但是，有時候是出於無知，有一部分企業不瞭解經濟繁榮的基本法則，這就使得那些與之相反的商業習俗趁機而起，致使人們認為商業中最聰明的辦法便是盡可能從別人那裡獲取。

幸運的是，現在許多人都知道貪婪地獲取無異於扼殺企業——分文必取、斤斤計較不是企業行為。當所有人都明白利潤應該是賺來的，而不是攫取來的時候，我們就不必再擔心金錢的影響或其他的什麼影響了。

那樣，我們就可以使繁榮長久，人人受益。

第十六章

金錢的用途

一位來福特公司參觀的外國企業家曾對我們說：

「我們必須預先確定利潤，否則我們就入不敷出。除非我們以產量和利潤為基礎，否則我們就會破產。那麼，你們是如何管理的？」

這個問題並不是開玩笑，這位企業家也是一本正經的。但是，他顛倒了馬和車的位置——在進行服務之前，他就開始考慮如何去賺取利潤了，其實利潤是不請自來的東西。

我們認為，利潤是良好工作成果的一種自然展現。金錢和煤炭、鋼鐵一樣，是一種不可或缺的商品。如果不是這樣去看待金錢的作用，那麼必然會遇到大麻煩，因為那樣的話，金錢就會成為凌駕於服務之上的東西。而在社會中，不提供服務的企業將沒有生存的空間。

將金錢和企業混為一談，主要是由於股票市場的操作所造成的，尤其是當人們將證券交易所股票價格的變化當成了企業狀況的晴雨表之後，就更容易令人們產生誤解。人們總是這樣作出結論：當企業的股票價格上漲時，企業經營狀況就很好；否則，當企業的股票價格下跌時，企業的經營狀況就不好。事實上，證券市場和企業的經營狀況並沒有多大關係，和企業的產品品質、產量、銷售也沒有什麼關係，和企業資本的增長基本上也沒有任何關係——它只不過從一個側面來反映企業的表現罷了。

企業的股票價格在證券市場上的波動和企業的利潤情況關係不大。在證券市場上，絕大部分股票交易都和企業的盈利情況沒有關係。除了少數比較敏感的投資者群體以外，利潤狀況怎麼樣並不會產生多大的影響，至少它不是證券市場上股票投資者的主要目標，其中一些十分活躍的股票甚至沒有紅利。證券市場上的逐利者們所追求的並不是企業生產的利潤，股票的價格主要取決於在證券市場上究竟有多少人想購買那個企業的股票。

如果企業的管理者企圖從證券市場中賺一筆，卻不注重服務的話，那麼，證券市場的情況就會大不相同了。這些棲息在證券市場上的公司壽命一般不長——成立快，倒閉也快，然而人們卻因此而認為證券市場和企業的命運息息相關。不過，即使沒有一點股票交易，美國的企業也不會受到任何影響。從另一方面來看，如果企業的股票明天全部被易手，企業本身的資本也不能增加一分錢。

就一個企業的基本利益而言，企業在證券市場的表現就像一場棒球比賽——它只是一個側面的表演，既和企業管理的基本原則無關，也不能提供企業基本需要的東西。它只有企業價值的偶然而猛烈的變化。如果排除掉極端投機的因素，那麼，股票的自然交易僅僅是一種簡單的金融活動。

我們認為，如果企業的影響不是由那些企業管理者來控制，那麼企業發展就會遇到困難，因為它常常會因此而成為賺錢的機器，而不是商品生產的機器。然而，一旦企業的主要職能是生產紅利而不是商品，那麼，它的重心將會發生偏轉，就會聽從股東而不是客戶的調整。這樣，企業生存和發展的基本目標也就被否定了。

那些不參加企業經營的股東常常成為導致人們生活成本增加的基本因素之一。但是，有些人並不同意這個觀點，他們認為股票發揮了一種促進企業運轉的作用。然而，這並不正確。

例如，當廣受歡迎的股票成為企業生產的負擔時，企業的利潤就只能屬於某些人，而不是屬於大眾。為了滿足某些股東的要求，有一種產品的價格曾經被無緣無故地增加了五十美元，還有一種產品的價格也由於同樣的原因而被提高了一百二十五美元。

產業並不是金錢——它是思想、勞動和管理的結合物，它所展現出來的價值不能用紅利來衡量，而是在於產品的品質和使用性能。品質絕不會因為金錢而被提高，但是提高品質顯然可以帶來更多的金錢。當企業的資金全部來自產品的客戶時，任何企業都會富裕起來。這筆財富不是從大眾那裡掠奪來的，也不是從企業那兒剝削來的。除此之外，透過任何其他方式增加的資金都會對企業產生制約作用。當然，股票投機買賣也不是沒有一點作用——例如有些本性本來還不錯的人，因為被股市掏光了血本，最後被迫去上班。買賣股票將很多人的注意力從正經的生意上吸引走了，糾正他們的方法就是利益。財富絕不會因為股票交易而有所增加，它至多只能是使財富發生轉移。股票交易並不能創造財富，它僅僅是一場遊戲的得分記錄。

曾經有人引用我的話，說股票市場對企業發展有益處，但是，這位記者在引用時省略了原因——「因為在股市遭受挫折而使得很多人重操舊業，做正經事。」

以前，人們誤以為企業只是企業主自己的事。現在，人們則改變了觀點——企業是在企業內部工作和領薪水的員工們的事。但是，這個觀點和認為企業是為了生產股票而生存的觀點一樣，都是錯誤的。

這方面，在我們工廠中學習的大學生們論文很能說明問題。

他們寫的內容十分有趣。這些大學生富有激情，聰明而好學；除了從本能上認為工人們敵視公司以外，他們不屬於任何黨派。除了幾個人以外，其餘的人都認為我們公司雇主和員工之間的關係良好、工作條件優越等等。但是，沒有一位大學生關心公司的產品。

如果在考察醫院時也依照這種方法，大學生們的考察報告將會描述醫生的辦公室如何舒適、護士的食宿多麼完備、實習生的時間安排如何恰到好處，而根本不會提及醫院對病人的服務情況如何。這些大學生判斷企業的標準在於企業內部員工所得到的利益。這就像以教師的收入來判斷學校的優劣、以醫生的既得利益來衡量醫院的好壞一樣。然而判斷學校的優劣只能以學生的學習成績作為標準，醫院的好壞也只能以它所治療的病人作為參照物——這是醫院的職能。

以前，企業的重點是為企業主們賺取利潤；現在，企業的重點又轉向了員工的福利方面。這些思想都有問題。

當然，工人的福利應當被重視，但是，如果企業的核心不是為大眾服務，那麼，任何其他的重點都是錯誤的。在企業完全推行為大眾服務的目標之前，薪資和利潤都不能得到合理的解決。

企業的首要責任，是為大眾的利益服務。

最後，企業存在的合理性也應當以對大眾有所裨益為基礎。如果大眾忽略了像薪資這麼重要的因素，那麼企業也不能為大眾提供良好的服務——因為這些因素是有機地結合在一起並共同作用的。企業既不是為了企業主的利潤而存在，也不是為了員工們的福利而存在。那些目光短淺的資本家和心胸狹窄的工會分子都對企業持相同的觀點——他們的不同之處僅僅在於誰是獲利者。

我們不妨簡單回顧一下：我們假設當初某件產品並不是為了使用的目的而被那些逐利者開發出

來的。那麼，當產品的開發達到了一定階段後，企業就需要擴大生產，這樣，那些有錢人就會看到賺錢的機會終於來了，於是他們建立工廠，購置設備，到處招聘。但是，他們真正的生產目的是獲取利潤，如果必須進行調整，那麼，受到損失的將會是商品，而不是利潤。他們會採取任何行動——降低薪資、偷工減料、減少數量、提高價格——只要能增加利潤即可以。

而工程師則有不同的追求。

對他們來說，目前的標準代表了今天的水準，他們希望明天將它進一步發展到新的水準——在這個問題上，工程科學是目光短淺的金融業的敵人。為了獲得豐厚的利潤，貨幣商們投資裝備了價格昂貴的高爐。這些高爐並不是為了造錢而被設計出來的——它們的用途在於製造「金屬」。工程師們可以開發出更好的新一代高爐，但是不是以新換舊，這還得由金融巨頭們來決定，他們決定的標準不在於能否降低人們的生活成本，提高生活品質，而是能否創造更大的利潤。

以新換舊當然離不開金錢的投入。最初，資金是由大眾提供的——解決大眾關心的每一個問題，都會帶來足夠的資金，以保證技術的不斷進步。企業的利潤與其被說成是對企業過去經營業績的獎賞，還不如說是一筆保證未來技術進步的資金。金融家們既然看不到問題的這一層面，他們就竭盡全力反對企業將資金投入技術進步當中，認為這是不必要的開支。而工程師則堅持將資金投入到技術革新中。

再看一看薪資問題。

薪資是購買力的源泉，商業活動的運轉有賴於人們具有購買的願望和購買的能力。另一方面，有一部分人鼓吹薪資應當包括產業進步所產生的所有好處，他們觀點的片面性和局限性應當引起我們的注意。

也有人主張，提高管理效益所帶來的好處也應該計入工人的薪資當中，例如生產增加、成本降低、產品附加價值提高等等。

我們可以以自己的公司為例子。

我們的進步大部分來自於內部——也就是說來自企業的內部管理，如工藝的簡化、勞動力的減少、成本的降低等，所有這些措施大幅度地降低了我們為客戶服務的成本。

對於這些因為成本降低而產生的利潤，我們有三種解決方案：

我們可以說：「我們要保存好全部利潤，因為這筆錢是依靠我們自己的能力賺得的。」

或者說：「我們將把成本降低所帶來的好處全部裝進工人的薪資袋中。」

再或者說：「由於為客戶提供服務的成本降低了，我們也將相應降低產品的價格，讓客戶得到實惠。」

在第一種觀點中，增加的利潤屬於那些靠動腦筋來增加利潤的人。

在第二種觀點中，增加的利潤應該屬於產品的直接生產者——工人。

在第三種觀點中，大眾有權利以盡可能低的價格購買他們所需要的服務。

哪一種選擇更加合理呢？

答案不言自明。

大眾應當享受這筆利潤。雇主不是大眾，企業的員工也不等於大眾。企業雇主和員工會享受到因為降低產品的價格而使企業規模擴大所產生的利益。正如以前所提到的，產業絕不能為了某一個階層而存在。當產業的目的是為某一個階層賺錢，而不是為全體大眾提供服務時，那麼，情況就變得複雜了——企業將會不斷地陷入困境當中——偽科學家們將其描述為「經濟週期」。

他們撰寫著作來論證他們的觀點，認為商業秩序只能運行那麼長的時間，每隔一段時間，商業就會陷入危機。這完全是一種金錢至上的觀念。我們不想看到商業衰退，也不需要任何失業。向西行進的先輩們每天前進幾英里，那時候，每小時十幾英里是從來都不曾聽說的行進速度，而現在，汽車一天可以行進六七百英里。問題在於，我們的行進速度這麼快，在駛進繁華的城市時稍微慢一點並沒有什麼大不了的，它也不意味著停滯不前。膽怯者們總喜歡尋找各種被稱之為「經濟衰退」的痕跡，好像是一群神經衰弱者在管理企業。

研究我們的經濟機器的最佳時機已經消失了，因為在到處呈現繁榮景象之際，絕大多數人都在忙著撈取實惠，他們沒有花時間去改進它。當這臺機器出現故障停下來時，我們才去正視它、研究它。等到一臺機器破舊到完全不能運轉，還不如在機器正常運轉時去加以維護。因此，最好的研究方法是在機器正常運轉之中。

然而，人們並不願意這樣做，即使一些經濟觀察家們也是因為要預測經濟不景氣而不得不觀察經濟運行情況。現在，觀察經濟不景氣已經成為一個行業，那些靠此吃飯的人可以提前躲避危機，不過，仍然沒有人願意在經濟健康運行時出錢從他們那裡購買靈丹妙藥。

如果我們認為經濟衰退是不可避免的，那麼，我們無疑正在喪失良機。選擇現代醫學是為了盡力使人類永遠保持健康，而人類的思維習慣則使我們希望社會經濟永遠處於繁榮狀態。解決困難的「妙方」就是降低產品的價格，增加工人的薪資。除了戰爭或其他自然災害以外，幾家大公司只要作出努力就可以消除人們對經濟衰退的恐懼。

當太陽高照，並且一切順利時，我們不願意去思考經濟問題，這肯定會對我們造成重大損失。順境當中的失誤正是未來困境的種子。然而，當一切順利時，沒有人願意聽別人說三道四、挑剔毛病。那樣的做法正是「得過且過」。

由於看不到經濟運行的自然規律而導致經濟衰退時，人們才會去議論。但是，事情既然已經發生，我們就只有忍受經濟恢復和調整所帶來的痛苦。

經濟運行的順境和逆境也形成了兩種與之相適應的思維模式：一種是經濟順境中的保守思想，另一種是經濟逆境中的激進思想。這二者之中沒有哪一理論能夠單獨保證經濟會持續向前發展。激進派認為保守派沒有推進經濟發展的手段，這似乎不無道理；而保守派則反駁，認為激進派也不能處理好他們批評的任何事情。

但是有一點任何一派都不能否認：責任總是由那些實際上在負責的人來擔，這些人也被劃入「保守分子」——他們的職責使得他們不能像激進分子那樣不負責任。在相當長的時期內，只要「保守派」和「激進派」不能達成一致，保守分子將會通過客觀政策繼續來掌管經濟機器的運行。

那麼，既然如此，會出現什麼結果呢？

很簡單——保守派最後會以人民委託者的身份出場。為了銀行和商家的利益，他們也會在一定程度上改進商業系統。他們已經顯示了為美國帶來比其國家更多的食品和房屋的能力。

很顯然，既然他們以委託人自居，那麼，他們就要為進一步提高全國人民的福利而做出貢獻——這實際上是一個社會工程師的角色。它的結果或許會造成個人財富的減少，但絕不會減少有效資本。最有害的就是這樣一種思想——政府可以維修經濟機器。

政府干預的結果就是徵稅，以用來安撫那些叫得最響的人。所謂的「進步計畫」就是「我們可以強迫國家為我們服務」。政府的種種福利援助計畫，實際上是一種「乞丐思維」的展現，它告訴人們：政府可以為某些人提供特權，只要你提出要求，它可以施捨給你任何東西。

這樣一來好像弱者更有力量，但其實並不是這樣。國家的計畫並不意味著「國家」本身去向他人施捨，而是號召全國人民去執行它的施捨計畫。

強者援助弱者並沒有錯，但是，這樣並不能證明弱者就是至高無上的。為弱者提供服務如果不能達到幫助弱者獨立自強的效果，那麼，這種服務就是錯誤的。

形成伸手討要的思維習慣是極其惡劣的。這也正是我們慈善行為的弊端之所在，它既削弱了那些捐助的人，也削弱了那些接受援助的人。慈善是對一切努力上進的毀滅。

培養某些人依賴政府的習慣，這本身就是錯誤的；同時，它也將使政府的財富不能投入到其他必要的方面。例如，當沙皇俄國被推翻時，它留下什麼了？什麼也沒有！所謂的太平盛世並沒有出現，相反地，倒是出現了混亂的局面，舊秩序中某些好的方面也不再存在了，新制度的創建者們這才發現他們手中並沒有可供支配的資源——甚至連麵包都不充足。

我們的各級立法機關成天被包圍在各種施捨方案中，這些方案本想形成一種機制——使全國各地沒有一個地方不得到實惠，其結果卻是使各階層之間、各利益集團之間的對立沒有休止。立法者起初在很大程度上認為，他們的職責就是像護士一樣為人民服務，而不是為自立自強清除障礙，鋪平道路。立法機構錯誤地堅持認為，這些活動會使他們深受人民群眾的歡迎，認為這樣做才真正代表了人民群眾的願望。立法組織也試圖用法規制度來修正不完美的經濟機器，可是政府的經濟理論十分荒謬，它頒佈的絕大多數法律都是為了限制人類的自私行為——這能促進經濟進步，但實際上任何法律也做不到這一點，相反，卻嚴重地束縛了經濟的發展。

再來看看稅收吧。

在全世界中規模最大的政府行為好像就是徵稅。似乎沒有幾個人瞭解高稅收和貧困之間的關係——高稅收導致生產的低效益，進而造成社會貧困。人們也沒有充分研究政府的真正職能應該是什麼。但是，有一點至關重要，政府的稅收不能危害到下一代的生活。

有關稅收的一個很重要理由就是階級意識。根據人們的收入情況進行徵稅是對的，但是將稅收的職能看成是階級宣傳的工具是錯誤的。實際上，稅收中並沒有階級的區別——全體人民都在納稅。擁有鉅資的人透過誠實勞動賺錢，並且如實地大量納稅，實際上是大眾在支付這筆錢。逃稅者所留下來的稅收負擔最終還得由大眾來負擔。

因此，正確的方法就是透過金錢的表面現象認清它的本質，這樣我們就可以克服稅收上的許多錯誤。

假如某個企業處於擴張態勢之中，稅收員來向它徵收個人所得稅：「請繳納新機器設備稅。」請問，在這種情況下，政府所獲得的稅收價值，難道會和一個企業擴張時所增加的就業機會和利用資源所帶來的效益一樣大嗎？

事實上，這樣做是在徵稅呢？還是在真正沒收社會商品呢？

讓我們設想一下，當徵收遺產稅不以金錢形式而以實際財產形式進行，會出現什麼情況呢？稅收人員會說：

「我們將運走一座高爐、兩臺升降機、十臺機器和二五%的煤炭作為遺產稅。」

這樣做是可以理解的——如果認為那些對社會造成危害的罪犯所擁有的財產也是有罪的，如果認為剝奪活人的財產是錯誤的，而剝奪死人的財產則是對的，或者堅持認為政府可以容忍罪惡的雇主在活著的時候擴張企業，而在他死後則必須剝奪他的企業，那麼，上述行為也是可以理解的。

然而，無論如何，抽走企業的部分財產作為遺產稅，比以金錢形式繳納遺產稅要好得多。遺產總是以貨幣數量的形式表現出來，但是，事實上並不存在貨幣。絕大多數人繼承的只是一個職位、一個需要管理的企業、一份要承擔的責任。

繼承親人的工作去管理或控制一個企業，這實際上是在接受一項任務，而這項任務完成的好壞直接關係到許多人的就業和許多家庭的生計。這種謬誤不同程度地存在於我們國家和其他國家，它影響和束縛了企業的發展——那就是把企業當作金錢、大企業就是一大筆錢的錯誤觀念。

第十七章

經營鐵路

在美國，沒有比鐵路更好的例子，能表明一個行業可以背離它的服務功能。我們的鐵路存在許多問題，很多的研究和討論都致力於解決這個問題，幾乎每一個人對鐵路行業都不滿意。大眾對它不滿意，因為客運票價和貨運價格都太高了；鐵路員工對它也不滿意，因為薪資太低而工作的時間太長；鐵路的所有者對它也感到不滿意，因為他投資出去的錢沒有取得應有的收益。

一般來說，一個管理良好的企業，與其相關的人都會感到滿意。如果大眾、企業員工、企業所有者都對企業的運行不滿意，那麼這個企業的運行方式肯定存在著非常嚴重的錯誤。

我並沒有想要擺出一副鐵路業權威的樣子。也許有鐵路業權威，但如果美國鐵路今天所提供的服務，是鐵路業經驗積累的成果，那麼我對這種經驗的作用不會有多深的尊敬。

我在此絲毫沒有懷疑鐵路現在的管理者——那些真正做事業的人——能把美國的鐵路管理得讓每一個人都滿意。我同樣也不懷疑，這些現在的管理者是被各種的環境條件所迫，造成無法管理的局面——這一點是大多數麻煩的根源。我認為那些懂得鐵路的人沒有被派去管理鐵路。

在前面關於金融的一章中，我已闡述過不加分別地借款的危險。那些試圖掩蓋管理錯誤的人，都會想著去借錢，而不是想辦法去糾正錯誤。

我們的鐵路管理者實際上就是在不斷地借錢，這樣一來，從最開始他們便不是自由的，鐵路的指揮棒不是由鐵路管理者們握著，而是由銀行家們握著。

當鐵路欠債很多的時候，管理者們更主要是從債券和有價證券中籌錢，而不是透過為大眾服務來賺錢。鐵路所賺的錢只有一小部分用於維修保養。

當鐵路良好的管理使收入增多，在股票有紅利的時候，分紅首先被內部的投機者使用。他們控制鐵路的財政政策，使股票價格上漲，然後把他們的股票賣掉。當鐵路收入下降，或被人為地抑制時，投機者再買回股票，然後隨著下一次的操縱，使股價上漲，再把股票賣掉。

在美國，沒有一條鐵路沒有經過一次或多次的破產。因為經濟利益建立在有價債券上，整個企業倒閉後，它們便被實行破產管理，那些容易受騙的債券持有人就成了被玩弄的對象，開始同樣老一套的「金字塔遊戲」。

銀行家的天然盟友是律師。在鐵路上玩的這種遊戲同樣需要法律專家和顧問，而律師像銀行家們一樣，對企業一無所知。他們往往認為企業如果在法律規定之內運行，就是恰當的管理方式。他們還設法運用法律來改變或解釋，使之符合自己的目的，他們是靠法律為生的人。

銀行家把管理權從企業管理者的手中奪走。他們派律師去監督鐵路是否違法，於是便產生了鐵路內部龐大的法律部門。鐵路不是按照企業管理者正常的感覺或根據具體條件去實施操作，而是根據法律顧問們的建議去操作。於是，規章制度在企業的每一個部門裡傳閱，然後又傳來了州和聯邦的機關規定。

現在，我們發現鐵路被捆在一大堆的法律法規之中，內部有律師和銀行家，外部又有各種政府規定，鐵路管理者沒有任何機會去自主管理——這就是鐵路遇到的最大麻煩，要知道企業是不能靠法律來管理的。

我們完全有機會擺脫銀行家和律師的約束，體會自由管理的感覺。這就是我們經營底特律、托里多和艾倫頓鐵路的感受。

我們買下了這條鐵路，因為它對我們羅格河工廠的一些改革措施造成阻礙。我們買下它時並不是要把它作為一項投資，或者作為我們的附屬產業，或者因為它的戰略位置重要，而是因為在我們買下它之後，這條鐵路才呈現出良好的狀況，人們才開始注意它。

而且，這還不是關鍵點。我們買下這條鐵路主要是因為它與我們的計畫發生衝突，其次我們才考慮對它做點什麼。唯一做的事就是把它作為一個生產公司管理起來，把我們工業中每一個部門同樣運用的原則灌輸到它裡面。除此之外，我們沒有做出任何特別的努力，那條鐵路也不能作為其他鐵路管理的示範。但是，它以最少的價格提供最大的服務，最終使得這條鐵路的收入遠遠超過了支出，而這對於這條鐵路的情況來說，就是不尋常的成績。

它代表著我們企業進行的改革——但要記住的是，這些改革就像簡單的日常工作一樣——是一種特別的改革，並不能普遍地應用到鐵路管理上。但我個人認為，我們的小鐵路線和那些大鐵路線相比並沒有多大的區別。

在工作中，我們發現，只要我們堅持的原則是正確的，無論它被應用到什麼地方都沒有多大的關係。例如我們把應用到高地公園大工廠的原則，應用到我們所建立的每一座工廠，都同樣地取得了效果——也就是說，無論是用五還是五百乘以我們所做的一切，都沒有任何差別，其結果的差別只是乘法表的事，而沒有其他的不同。

底特律、托里多和艾倫頓鐵路是二十多年前建立起來的，從那之後每隔幾年便要對它重組一次。最後一次重組是在一九一四年，因為戰爭的發生，聯邦政府對鐵路的全面接管中斷了重組。

這條鐵路共有三四三英里的鐵軌和五十二英里的支線，我們還擁有四十五英里的其他鐵路路線使用權。它從底特律一直向南，穿過俄亥俄河到艾倫頓，經過西維吉尼亞的煤礦區。

由於它穿過了很多大的鐵路幹線，因此從一般的商業眼光看來，購買它應該是很有利可圖的——它的確很有利可圖，但似乎只是對銀行家來說如此。

在一九一三年，這條鐵路每英里的淨收益是十萬美元。然而在它的下一次破產時，降低到了每英里四・七美元。我不知道這條鐵路總共有多少收益，只知道在一九一四年的重組中，評估後債券持有人被迫轉成近五百萬美元的金額——這也是我們為購買整條鐵路所付的錢。

我們為外面的抵押債券支付了六〇%的現金，雖然就在購買之前規定的價格只是三〇%—四〇%的現金。而且我們仍為每股普通股付了一美元，為每股優先股付了五美元——這看起來是一個公平的價格，因為債券從未有過利息，而股票要想分紅利那更是幾乎不可能的事。

鐵路擁有的全部車輛包括七十臺車頭，二十七節客車車廂，二千八百節貨車車廂。所有的車輛都處於非常糟糕的狀態，相當大的部分根本無法繼續使用了。所有的建築物都十分骯髒，未經粉刷，幾乎快要倒塌了。路基像一條生銹的帶子，而不像是一條真正的鐵路。

當時，修理廠的人員過剩而機器卻不夠用，實際上所有事情都在產生極大的浪費。然而，還有一個特別龐大的管理和執行部門，當然，也有一個法律部門，僅法律部門一個月的開支就近一萬八千美元。

我們在一九二一年二月接管鐵路後，便開始應用我們的產業原則。我們清除了原來設立在底特律的一個管理和執行辦公室，把所有的管理交給一個人來負責，為他在貨運辦公室配了一張大辦公桌。法律部門和執行部門一起被裁掉了，沒有必要讓那麼多愛打官司的人和鐵路運行糾纏在一起。

我們很快處理完了積壓的問題——有些問題已經出現好幾年而沒有解決。如果有法律問題出現，我們馬上就解決，並且根據事實來解決，因此法律諮詢的費用一個月很少有超過二百美元的時候，所有不需要的會計制度和其他制度也全部廢除了。

這樣一來，鐵路的在職人員從二千七百人減少到了一千六百五十人。根據我們的政策，除了法律規定需要設立的部門和辦公室之外，其他的部門和辦公室一律都取消。一般的鐵路組織內部大多是僵化的。一個問題要經過一層層地上報，沒有得到上級的命令，任何人都不會去做事情。

有一天早晨，我很早就到了鐵路上，發現一輛救援列車停在那裡，蒸汽車頭已經發動，乘務員也已登車，一切準備都已就緒，但它還在「等待命令」。

要打破這種依賴「命令」的習慣，還有些困難。一開始時，人們害怕承擔責任，但隨著改革計畫的推行，他們似乎越來越喜歡這種自行承擔責任的方式了。現在所有人都敢履行自己的職責。

一個人領取一天八小時工作的薪資，那麼他就要在這八小時中工作。如果他是一位工程師，跑完了四小時的一趟車，然後他可以在任何需要他的地方做另外四小時的工作。

如果一個人工作的時間超過了八小時，超時的部分不會給錢，但他可以把超過工作的時間算入第二天的工作時間中，或者把它累積下來，即使有一天他不來上班也可以領薪資。我們的八小時一天是一天工作八小時，而不是計算薪資的基礎。最低薪資是一天八美元。由於沒有額外人員，我們減去了一些辦公室人員、修理廠的人員和鐵路上的人員。

現在的一個工廠，二十個人比以前六十個人的工作量還多。

例如在不久之前，我們有一個鐵道班，在兩條平行的鐵路上作業，由一個領班和十五個工人組成。另一條鐵路是四十人一班，和他們同樣的鐵軌維修和鋪道碴工作。在五天之內，我們那一班比對方那一班多完成兩根電線桿之間的路線！

我們的鐵路被重新修復了。幾乎全部路軌都重鋪了路碴，還鋪了很多的新鐵軌，車頭和全部鐵路車輛都在我們自己的工廠裡進行了大維修，因而所花的費用很少。

以前購買的車輛裝備品質都很差，或者根本不適合使用，我們就購買品質更好的設備。經由防止浪費，而節省下了用於購買設備方面的錢。

員工們看來完全願意為節約而合作，他們不會扔掉任何可能有用的東西。我問其中的一個員工：「你能從一部引擎中得到什麼？」他用一大本經濟帳來回答我。

我們就這樣限制了亂花錢，使每一件事都以節約的原則進行。這也是我們一貫的原則。

火車必須運行，並且要準時運行。貨運所用的時間被降到了只有原來的三分之二。一節在側線上的車廂並不僅僅是一節車廂，顯然它是一個值得去問的大問題——我們必須知道它為什麼在那裡？以前貨車經過費城或紐約需要八天—九天，現在只需要三天半。整個鐵路都在提供服務。

這條鐵路為什麼會轉虧為盈？人們做出了各種各樣的解釋。人們告訴我，這完全是因為福特公司的貨運都改道了。如果我們真的把所有貨運都改到這條線路上，那麼怎麼解釋我們會把運行費用降得比以前低呢？

我們的確盡可能地把我們的貨物轉到這條鐵路上來運輸，但那僅僅是因為我們在這裡能得到最好的服務。在過去的幾年裡，我們都是透過這條鐵路來運送貨物的，因為它的位置對我們很方便。但當它運貨遲緩後，我們就不再使用它。我們不能承受五—六個星期的貨運時間，這佔用了太多的貨運資金，同時也打亂了我們的生產計畫。

為什麼鐵路不應該有一個時刻表呢？但它確實沒有時刻表，延遲運送便成了法律糾紛，需按法律程序解決，這不是企業經營的方式。我們認為一次延誤便是對我們的一次批評，並且是需要立即解決的事情——這就是企業經營。

鐵路業普遍都不景氣。如果以前底特律、托里多和艾倫頓鐵路是一般鐵路的標誌，那麼它們沒有不垮臺的理由。許多鐵路不是由實際管理的人員在管理，而是由銀行家的辦公室在操縱，整個操作的原則和外觀，都是為了金錢，而不是為了運輸。

這種垮臺只是由於他們對鐵路的注意力主要是放在股市上，而不是在為人們提供服務上。過時的觀念一直在這裡保留著，發展完全停止了。而那些真正有眼光的鐵路人員卻不能自由地發揮自己的才能去進行管理。

十億美元能解決這種問題嗎？不能！十億美元只會使問題變得更糟糕，它只能使目前的鐵路經營方式繼續下去，然而正是由於目前的鐵路經營方式，才會導致所有這些鐵路問題。

我們多年前犯的錯誤和做下的蠢事，現在正在報復我們。在美國鐵路運輸剛開始之時，就得教會他們如何使用，就像教他們如何使用電話一樣。同時，經營好新鐵路也可以使自己不必負債。

鐵路融資在我們的企業史上是從最糟糕時期開始的，因此很多實踐被作為先例確定下來，而且一直影響著鐵路的工作。最不好的就是錯誤地認為：鐵路所要做的首要事情之一，就是扼制其他的交通運輸方式。

在美國，有一個極好的運河系統，運河大動脈正處於發展的高峰。然而鐵路公司買下了運河公司，讓運河被淤泥和雜草填滿、堵塞，並不去管理它。現在整個東部各州和中西部的部分州都有運河水系的遺跡。

現在，它們正在盡可能快地被修復，並把它們聯結在一起——包括各種各樣的團體、公共和私人的水系——我們可以看到一個完整的水運體系將為全國各行各業提供服務。感謝他們的努力、毅力和信念，這一工程取得了很大的進展。

還有另一件事情，就是一個把運輸時間弄得盡可能長的系統。任何一位熟悉州際商業委員會的人，都知道這意味著什麼。

有一段時期，鐵路運輸不是旅行、生產和從事商務活動的人們的運輸工具。似乎只有企業是為鐵路的利潤而存在的。在這一段時期裡，把貨物從托運站運到貨物的目的站，採用最短的線路運輸時，往往不被認為是好的鐵路運輸。他們讓貨物在盡可能長的路線上行走，並且在路上盡可能地多待一些時間，以便為鐵路線提供更多利潤，而讓大眾承受由此而導致的時間和金錢的損失。這曾經被認為是理想的鐵路運輸模式，即使在今天它也沒有被完全廢除。

這種鐵路政策對我們經濟生活帶來的重大影響之一，便是使一些經營活動集中化。事實上經營集中化並不是必需的，集中化對人們也沒有利，但是它和其他事物一起，卻使鐵路的業務多了一倍。

舉兩種主要產品為例——肉和穀物。

如果你在地圖上標出食品加工廠的位置，再標出牲口來源的位置；然後那些牲口在被變成食物後，又由同樣的鐵路線運回它們來的地方，由此你便會明白運輸問題和肉價的問題了。

再看穀物，關心廣告的人都知道全國最大的麵粉加工磨坊在哪裡，或許也一定知道這些大磨坊並沒有處於美國的糧食種植地區。巨大數量的穀物由上千輛火車，運送很長的距離，然後把加工成的麵粉拉很長的距離，再回到糧食種植的州和地區。這一鐵路運輸帶來的經濟負擔，對穀物種植地區的人們來說，沒有任何好處，對其他人也沒有任何好處，而僅僅對壟斷的磨坊業和鐵路有好處。

鐵路用不著對全國的企業負責，它本身就可以成為一個大企業——它們可以持續這種沒有用處的拉來拉去。至於肉類和穀物，也許還有棉花，其運輸負擔完全可以減少一半以上，只要在運輸之前，把它轉化成能用的產品即可。

例如在賓夕法尼亞的煤礦區採煤，然後把開採出來的煤透過鐵路運到密西根或威斯康辛去篩選，然後再把它運回賓夕法尼亞使用；再如把活肉牛從德州運到芝加哥，在那裡宰殺，然後再把牛肉運回德州；再如把堪薩斯州的穀物運到明尼蘇達州去，在那裡把穀物加工成麵粉，然後再把麵粉拉回堪薩斯——這些愚蠢的做法對鐵路來說是好業務，但對企業來說就是極壞的業務了。

幾乎沒有人會把注意力放在運輸業的這種浪費現象上。但如果去掉鐵路這種無用的運輸，使問題得到解決，我們也許會發現我們國家的處境會好很多。

像煤炭這種商品，它們必須經由鐵路從產地運送到使用地。工業原料也是一樣，它們必須從存儲地運送到使用地。由於這些原料並不是經常位於同一個地方，因此就需要進行大量的運輸，把它們集中起來。把煤炭從這個地區運來，銅從那個地區運來，鐵從另外一個地方運來，木頭從另一個地方運來，把它們彙聚到一起才能進行工業加工。

但只要有可能，便應採取經營分散化的方針。我們不需要龐大的大磨坊，而是需要眾多的小磨坊分佈在所有的產糧地區。只要有可能，在出產原料的地方就應該把原料加工為成品。

也就是說，穀物應該在它出產的地區加工成麵粉；養豬的地區不應該只出產豬，還應有火腿、燻肉和其他豬肉加工品；棉花加工廠應該靠近棉花生產地而設立。

這並不是一種革命性的觀念，從某種意義上看它還是退步的觀念，但它沒有提出任何新的觀念。這只是非常傳統的觀點，也就是以前我們行事的方式，那時候我們還不會把什麼東西都裝在馬車上，到處轉運幾千英里，然後把運費加到消費者的頭上。

我們的社會本身應該是完整的，不必依靠鐵路運輸來協調。人們從自己的產品中滿足自己的需要，並把剩餘部分運出去。或者他們有設備能把他們生產的原料——像穀物和牲口——加工成成品，除此之外，他們還能夠做什麼呢？如果私人企業無法提供生產設備，那麼農民們合作起來就能夠做到。

今天的農民仍然遭遇著最大的不公，那就是農民雖然是最大的生產者，但他們被阻止成為最大的商人。因為他們不得不把他們的產品賣給那些商人，由這些人再把產品加工成商品進行出售。如果農民自己能夠把穀物變成麵粉，能夠把牲口變成牛排，能夠把豬變成火腿和燻肉，那麼他們不僅可以獲得產品的全部利潤，而且還會使他們周圍的人們不受鐵路限制，擁有更大的獨立性。

這樣一來，便減去了運輸系統加在他們身上的負擔，同時也可以幫助交通運輸系統改善狀況。這種事情不僅是合理合情、切實可行的，而且還是必需的。然而，鐵路還是可以在其他很多方面發揮作用。例如它可以在運輸更多原料上發揮作用，它對交通運輸狀況和人們的生活費用仍會產生一定的影響。

這是自然規律之一，即把財產從那些不能提供服務的企業中抽出去。

我們在底特律、托里多和艾倫頓鐵路上發現，只要遵循我們的原則，我們就能夠把運費降低，並且接受更多的運輸業務。我們還實行了一些降價措施，但州際商業委員會不允許我們降價。在這樣的情況下，是把鐵路當作一個企業來討論，還是當作一種服務來討論呢？

第十八章

友誼、戰爭以及其他問題

沒有人在洞察力和理解力方面能夠超過湯瑪斯•愛迪生。我第一次見他，是很多年以前，當時我在底特律愛迪生公司工作，也許是一八八七年或稍晚一點。

電力方面的專業人員在亞特蘭大市舉行一次會議，愛迪生作為電力科學的領導者，在會上作了一次演講。

我那時候正忙於開發汽油引擎，而大多數人以及我在電力公司的所有同事，都勸告我說把時間花在汽油引擎上純屬浪費，未來的動力將是電力。然而這些批評對我沒有任何影響，我仍在努力開展我的工作。

但由於我和愛迪生同在一起工作，這促使我想知道這位電力大師是不是也認為電力將成為未來唯一的動力。這將是一件有意思的事。因此，在愛迪生先生做完演講之後，我想辦法和他單獨在一起待了一會兒，並告訴他我正在做什麼。

他馬上便對我說的產生了興趣。事實上，他對每一種知識的探索都有興趣。然後，我問他內燃引擎會不會有前途。

他用一種特有的方式回答道：

「會有前途的。任何重量輕而又能產生大馬力，並能自給自足的引擎，都會有非常光明的前途。其實，沒有任何一種動力能做好所有的工作。我們現在還不知道電力能做哪些活，但我自己認為，它並不能做好一切。繼續做你的引擎。如果你把你想做的做出來，我看必定會有遠大前途。」

這就是愛迪生的觀點。

他作為電力工業的核心人物，而當時電力工業又正處於年輕而充滿激情的時代，雖然那些電力人員的眼睛看不到任何別的動力，只能看到電力，但他們的領導者卻能清晰地看到沒有一種動力能做好所有的工作。我想，這正是為什麼愛迪生能成為領導者的原因。

這是我第一次見愛迪生，很多年之後，我又見到他，這時我們的汽車已經製造出來並且投入了生產。他還記得我們的第一次見面。從那之後我們經常見面，他成了我最親密的朋友之一。我們倆一起對很多問題交換過意見。

他的知識非常廣博，並且對每一個充滿想像的問題都有興趣。他不受什麼限制，相信什麼事情都是可能的，同時他又總是腳踏實地，一步一步地向前進。

他認為「不可能」只是因為還沒有獲得足夠的知識。他認為隨著我們的知識的積累，我們將完成任何不可能的事情。這是一種非常理性的方式。

他反對不進行知識積累而盲目蠻幹。愛迪生真是世界上最偉大的科學家，他有建設和管理才能，不僅有設想，而且還能把它們轉變成現實。他還有著一個發明家身上所罕見的管理能力，經常被認為是有想像力的、好幻想的人。

雖然他不是一個商人，但由於特別需要，他可以使自己成為一個商人。愛迪生能做好任何一件需要用腦筋去做的事情。他能看穿事物——對於今天的人們來說，最為缺乏的就是看透事物的能力。

約翰・巴勒斯是我另一個令人尊敬的朋友，我們都非常喜歡鳥。我喜歡戶外的生活，喜歡在鄉間的小道上穿行，跨越一個個籬笆。

我們在農場有五百間養鳥的屋子，我們稱之為鳥的旅館。其中一座館，有七十六個房間。

冬天，我們用鐵絲把裝滿食物的籃子掛在樹上，還放上一個大水盆，水盆裡的水靠一個電熱器保持溫度，使其不至於結冰。

夏天和冬天，食物、飲水和住房都為鳥兒準備好了。在我們的孵化器裡孵出過雉雞和鵪鶉，然後把牠們轉到雛暖房裡進行餵養。

我們有各式各樣的鳥窩。麻雀是最麻煩的鳥，牠們的窩是不能晃動的，哪怕在風中也不能有晃動。鷦鷯卻喜歡搖晃的鳥窩，所以我們用有彈性的鋼絲做了很多鷦鷯籠子，這樣牠們便自然地在風中搖晃了。鷦鷯喜歡這種搖晃的感覺，這樣我們便能讓鷦鷯在安寧中入眠。

夏天，我們任由櫻桃留在樹上，草莓留在地上，供鳥兒們食用。我認為我們這裡是北部各州中鳥的數量和種類最多的地方。約翰・巴勒斯也說是這樣，因為有一天，他在我們那裡看到了一種他以前從來沒有見過的鳥。

大約十年前，我們從國外購買了大量的鳥，如蒼頭燕、金翅鳥、紅白鳥、黃嘴朱頂雀、紅腹灰雀、松鴉、赤胸朱頂雀、雲雀——大約有數百種。牠們在我們那裡待了一段時間後，就自己飛走了，我不知道牠們現在在哪裡。此後我再也不想進口鳥了，因為我始終認為鳥兒有權利待在牠們想待的地方。

鳥是人類最好的夥伴。因為牠們的美麗，我們需要牠們；此外，我們需要牠們，也有一些經濟方面的原因，因為牠們可以為我們啄食很多害蟲。我借用福特公司的名義對立法進行的唯一一次影響，就是為了鳥。我想這樣做能使候鳥保護合法化，《威克斯—麥克林鳥類法案》主張為我們的候鳥提供避難所。但是這一法案還在我們的國會閒擱著，而且很可能失效。這一法案的支持者無法在國會議員們中間喚起大多數人的興趣，而鳥兒是沒有選舉權的。

我們提出支持這一法案，請求我們的六千位經紀人都發電報給他們在國會的代表。事情開始變得很明朗，鳥兒也有選票，結果法案被通過了。

我們的企業從未用於任何政治目的，並且永遠不會有政治目的。但我們認為人們有權選擇自己所欣賞的法案。

我們再談約翰・巴勒斯。當然，我知道他是誰，而且幾乎讀過他寫的所有東西，但我從沒有想過要去見他。直到好些年前，他提出了反對現代文明的觀點。他說自己厭惡金錢，特別憎恨金錢賦予那些粗鄙的人權力，認為他們在毀壞美麗的鄉間。他由對金錢的憎恨，而滋生出對工業的厭惡。他不喜歡工廠和鐵路的噪音，甚至批評工業的進步，並且宣稱汽車將會扼殺人們對自然的欣賞。

我不同意他的觀點。我想他過於偏激的感情把他帶上了一條錯誤的道路，所以我送了他一輛汽車，並請求他親自試一試，讓他自己去感受汽車會不會幫助他更好地瞭解大自然。

他花了不少時間才學會自己駕駛，此後便完全改變了他的看法，他發現汽車能幫助他看到更多風景。他有了汽車之後，幾乎所有的追尋鳥兒的探索都是用汽車進行的。他終於認識到自己不再被局限於斯拉布賽德的數英里之內，整個鄉間都在向他敞開了。

那輛車增加了我們之間的友誼，這是一種非常好的友誼。他不是一個職業的自然主義者，也不是為了傷感的情緒而進行艱苦的研究。在戶外人很容易變得感情用事，因此追尋關於鳥的真理的人很難像追尋機器原理的人一樣不動感情。但約翰・巴勒斯卻做到了這點，他做的觀察都是非常的準確，而且他很不欣賞那些對自然生活觀察不準確的人。

約翰・巴勒斯愛自然，是因為他愛自然本身，而不是因為自然是他作為職業作家的寫作素材。他在寫作之前就愛上了自然。

在他的晚年，巴勒斯轉向哲學研究。他的研究更多的是關於自然的哲學，是一個一直居住在自然安寧氛圍中的人，所進行悠長而靜穆的思索。

他不是異端分子，也不是泛神論者。他並沒有在自然和人的本性之間做什麼區分，也沒有在人性和神性之間做任何區分。

約翰・巴勒斯過著健康的生活。他很幸運，他的家就是他出生的農場。在漫長的歲月裡，他的周圍都是使人頭腦安寧的環境；他熱愛樹林，並且讓那些滿腦子塵土的城市人也熱愛樹林，他展現給人們他自己所看到的一切。

他賺的錢僅夠他的生活。他本來可以賺到很多錢，但那不是他的目標。像美國其他的自然主義者一樣，他的工作可以說是觀察鳥窩和山間小道。當然，這份工作是拿不到錢的。

當瞭解到汽車的真相後，巴勒斯改變了對工業的看法。也許我在這方面產生了一些作用，使他瞭解到全世界不能僅靠尋找鳥巢來生活。

在他生命中的某一段時期，他反對所有的現代進步，特別是與燃煤和交通噪音相關的工業。也許這是因為他對文學的喜好而產生的。

華茲華斯也討厭鐵路，梭羅說他靠步行可以看到更多的自然，也許是由於諸如此類的原因，使約翰・巴勒斯有一段時間反對工業發展，但這只是一段時間而已。

他終於明白過來，他說幸虧人們有不同的興趣，就像他的興趣在自然上，別人也有自己的興趣，這是世界的幸事。自從有了觀察記載以來，鳥巢的營造方式並沒有發生什麼變化，但這並不能成為人類不選擇現代的住房而仍在洞穴居住的理由。這就是約翰・巴勒斯說服自己的理由。

他是一個自然的熱愛者，但他並不是自然的僕人。隨著時間的流逝，他終於能夠看到現代工具的價值，並稱讚這些工具，這真是一件很令人感興趣的事情，但更有意思的是，他做出這些改變是在他年過七旬之後。

約翰・巴勒斯絕不會因年齡大而不能改變自己的觀點。一直到生命的盡頭，他仍在不斷地成長。那些由於年老而不能改變觀點的人雖生猶死，而葬禮只不過是一個形式而已。

在巴勒斯的談論中，有一個人談得較多——這個人就是愛默生。巴勒斯不僅從一個作家的角度瞭解愛默生，而且他在精神上也瞭解他。

他教我如何去認識愛默生。他是如此傾心於愛默生，有一度他曾像愛默生那樣進行思考，甚至用愛默生的表達方式進行表達。但後來他終於找到了屬於自己的路——這對他來說是一條更好的路。

我對約翰・巴勒斯的死沒有悲哀可言。當稻穀在溫和的陽光下變成成熟的金黃色，收穫者便忙著把它捆成束，此時的穀粒沒有任何悲哀可言，因為它已熟透了，已圓滿地走過了自己的一生。約翰・巴勒斯就是如此。

對於他，這僅是完全的成熟和收穫，沒有腐爛可言。巴勒斯幾乎一直工作到生命的最後時刻。他的願望得到了實現，他們把他安葬在他喜愛的風景之地，那是在他的八十四歲生日之時。那些風景將保持著原來的面貌。

約翰・巴勒斯、愛迪生、我和哈維・汎世通一起結伴漫遊旅行過幾次。我們坐著有篷的汽車，晚上睡在帳篷裡。一次我們去阿迪龍達克，再經過阿勒漢斯，並向南方一直走去。旅途非常有意思——只是他們在開始時引起別人太多的注意了。

今天，我比以前更加反對戰爭，並且我相信，全世界人民都知道戰爭絕不會解決任何問題——即使政客們不知道。正是由於戰爭，才使得世界的良好秩序成為今天的這個樣子，成了一個鬆散、混亂的大雜燴。當然，有人從戰爭中發了大財；另一些人由於戰爭變窮了。那些發財的人並不是參戰的人，或者那些在戰爭後方幫忙的人。

沒有愛國主義者會從戰爭中撈錢，真正的愛國主義者不可能從戰爭中撈錢——從其他人的生命傷亡中撈取個人錢財。假如戰士能因戰鬥而賺錢，母親因為把自己的兒子交給死亡而賺錢，那麼公民才有可能從那些為保衛祖國而獻出生命的人身上賺錢。

如果戰爭還將繼續，正直的商人們會越來越明白戰爭不是獲得高額、快速利潤的合法手段。戰爭每天都在使人們喪失信心。在多數人不認可戰爭和反對戰爭謀利者的情況下，總有一天對戰爭的貪婪會停止。

企業將會站在和平的一邊，因為和平才是企業最好的財富。在戰爭期間，發明創造的天才也會非常稀少。

如果對上一次戰爭發生之前和戰爭之後的情況進行一次公正的調查，將會毫無疑問地發現，這個世界上有一群人掌握著巨大的權力，他們待在不為人知的幕後，表面上並不尋求公職或任何權力，他們不屬於某個國家，而是屬於整個國際社會。他們利用每一個政府和每一個廣泛分佈的企業組織，利用每一個公共機構，利用每一個民族心理的敏感點，尋找機會把整個世界拋進恐慌之中，這樣他們便能從中攫取更大的權力。

那些賭徒玩的一個老花招便是當桌上有很多錢的時候，大喊一聲：「警察！」在眾人隨之而來的恐慌中，他們便拿起錢，帶著跑掉。

在現實世界中也有一股勢力在大叫：「戰爭！」在各國陷入混亂，人們為安全與和平做出無限的犧牲時，這股勢力便帶著從中撈取的好處跑了。

我們頭腦裡應該記住一點，那就是雖然我們贏得了軍事競賽，但並未完全成功地贏得對戰爭販子的勝利。我們不應該忘記戰爭完全是人為製造出來的惡魔，並且是根據明確的技術而製造出來的。

為戰爭而開展的行動，與為其他任何目的而開展的行動一樣。首先，他們把人們召集起來，透過一些聰明的故事，使人們對那些他們希望與之交戰的國家產生疑心，並讓整個國家產生疑心；同樣讓另一個國家也產生疑心。而他們所需要的就是一些有點聰明卻沒有良知的機構，和一個其利益與戰爭受益者的利益聯在一起的新聞機構。

隨後，「公開行動」很快便會出現。一旦兩個國家之間的仇恨發展到一定程度，那麼採取公開行動是一件毫不費勁的事了。

在每個國家，都有人高興看到世界戰爭爆發，而看到它結束卻會難過。上百位的美國富豪發家於南北戰爭；上千位的新富豪發家於世界大戰。沒有人能否認，對那種喜歡從戰爭中發橫財的人來說，戰爭是一件有利可圖的事。戰爭是金錢的來源，同樣還出產鮮血。

如果我們真正考慮是什麼使得一個國家變得偉大，那我們就不會那麼容易被戰爭吸引。

外貿數額不會使一個國家變得真正偉大；創造私人財富和創造一個獨裁政體一樣，不會使國家變得偉大；僅僅把農業人口轉變成城市工業人口，也不會使一個國家變得偉大。

一個國家只有利用人們的智慧開發它的資源，提高人們的技能，使財富得到廣泛而公平地分配時，才會變得偉大。

對外貿易總是充滿幻覺的。我們希望每一個國家都能盡最大可能地自力更生，依靠自己，不要讓他們依賴於我們所生產的東西。他們應該學會自己生產，建立起基礎穩固的文明。

當每一個國家都學會生產其能夠生產的東西時，我們將回到彼此服務的基礎上，循著那些互通有無的原則，因此不可能會有競爭。

溫帶地區絕不可能去和熱帶地區競爭熱帶的特產。這就好比我們的國家在茶葉生產方面絕不可能成為東方國家的競爭者，也不可能在橡膠的生產上成為南方國家的競爭者。

對外貿易相當大的一部分是建立在外國經濟落後的基礎上。那種自私的想法就會任其保持這種落後的狀況，而人道主義則會願意幫助落後國家變得自立。

比如墨西哥，我們聽到很多關於「墨西哥的發展」的談論。「剝削」是「發展」的一個代替詞。當墨西哥豐富的自然資源的開發利用是為了增加外國資本家的個人財富時，那麼它不是在發展，而是在被搶劫。這種做法永遠不可能發展墨西哥，除非讓墨西哥人自己發展起來。

那些外國剝削者在談到墨西哥的發展時，考慮到了多少墨西哥人民的發展呢？在那些撈錢者看來，墨西哥人民只不過是他們賺錢的燃料，因而對外貿易則是他們的墮落原因。

那些目光短淺的人往往害怕這樣的勸告。他們會問：「我們的對外貿易應該是什麼樣的呢？」

當非洲本地人種植他們自己的棉花時，當俄國本地人製造他們自己的農場設備時，當中國人開始供給他們自己的需要時，可以肯定，這就是有不同的情況。任何有頭腦的人都不會認為整個世界能夠長期由少數幾個國家來供應全世界的需要。我們必須這樣來想——當文明成為普遍的時候，世界將是什麼樣子？當所有的人都能自給自足時，世界又會成為什麼樣子？

當一個國家瘋狂發展對外貿易時，它通常是依賴其他國家為它提供原料，把其本國的人口變成工業人口，創造一個富人階層，而把它自己的國內問題忽視了。

長久以來，在美國，我們就有足夠的事情要做，以此來發展我們的國家，把我們從對外貿易中解脫出來。其實，在我們尋求對外貿易的時候，我們有足夠的農業產品可以養活我們，也有足夠的錢把工作做好。

如果日本、法國或任何其他國家沒有向我們送來訂單，美國人便無所事事地站著，然而與此同時還有著一百年也做不完的工作在等著我們去做，如果想發展我們自己的國家，有比這更愚蠢的嗎？

商業起源於服務。例如人們總是把他們多餘的東西給那些沒有的人，種植玉米的國家把玉米運到那些不能種植玉米的國家；那些生產木材的地方把木材運到不長樹的平原去；出產水果的國家把他們的水果帶到天寒地凍的北方國家；草原國家把肉類帶到沒有草原的國家。這些全都是服務。

當世界上所有的人都能自立時，那麼商業將重新回到這一服務的基礎上來。商業將再一次成為服務，而不會有競爭，因為競爭的基礎消失了。

不同的人們發展不同的技能，這些技能是獨有的特長，彼此之間將不會有競爭。從一開始，人類便表現出各自不同的天才：這個人善於政府行政，那個人善於開發殖民地，另一個人則善於航海，還有的善於音樂和藝術、農業、商業，諸如此類，等等。

林肯說過，如果一個國家一半是自由人，一半為奴隸，將是無法生存下去的。如果人類一半為剝削者，另一半為被剝削者，也不可能永遠存在下去。只有我們成為賣者或買者，生產者或消費者，不是為利潤而是為服務而生產，保持平衡，否則我們的社會將處於混亂的狀況。

法國能夠為世界提供一些其他國家無法提供的東西。義大利也有這樣的產品提供。俄國、南美國家、日本、英國、美國都有這樣的產品提供。如果我們能儘快回到各種自然特長的基礎上，拋棄這一套混亂的體制，我們就能儘早保證國家的自尊和國際和平。

任何試圖掌控世界貿易的想法都會促使戰爭爆發，它不能促進任何繁榮。終有一天，銀行家們也會認識到這一點。

我從不會為世界大戰找任何冠冕堂皇的理由。戰爭似乎是在非常複雜的情況中自然產生的，而這種複雜的情況主要是由那些自以為能從戰爭中撈取好處的人創造出來的。

在一九一六年，別人向我提供情報，說有一些國家想要恢復和平，呈現歡迎和平的表象。正是因為希望這些是真實的，我才資助向斯德哥爾摩進發的行動——即「和平號輪船」的行動。

對那次行動的失敗，我並不感到遺憾。雖然它失敗了，但對我來說，它是值得一試的。我們往往從失敗中學到的東西要比從成功中學到的更多。

我從那一次行動中所學到的東西是值得的。我不知道當時向我傳遞這一和平的消息是真還是假，但我並不在意。我相信每一個人都會認為，如果在一九一六年結束戰爭，世界將會比今天發展得更好。

對於勝利者來說，他們在獲勝中浪費了自己的時間和精力，而失敗者也在抵抗中耗盡了自己。參戰方沒有人能得到什麼好處，那場戰爭中只有榮譽或恥辱。我希望在美國參戰的時候，將是一場結束戰爭的戰爭。

但我現在知道，戰爭是不能結束戰爭的，就像一場特大火災不可能消除別的火災危險一樣。當美國參戰時，每一個公民的職責就是盡最大努力承擔其責任。我認為那些反對戰爭的人的職責，就是把反戰堅持到實際停戰為止。

我反對戰爭，不是基於和平主義的立場或不抵抗原則。也許目前的文明狀況就是如此，因為一些國際問題無法透過討論得到解決，於是不能不經由戰爭來解決。但事實上戰爭永遠不會解決任何問題，參戰者只是在自己的頭腦中認為可以透過戰爭解決問題。

一旦美國參戰，福特公司的一切都將聽命於政府的指令。直到停戰時為止，我們一直拒絕接受任何交戰國的訂單。而這完全是違背我們公司的根本原則的，在緊急情況下干擾了我們的生產常規。

幫助戰爭中與我們國家沒任何關係的一方，都是與人性本能相衝突的。一旦美國參加了戰爭，我們這些原則就不再適用了。從一九一七年四月—一九一八年十一月，我們的工廠實際上在專門為政府工作。

當然，作為常規性生產，我們也生產汽車、零件、特種運輸卡車和救護車。但是，我們也做了很多創新的事情，比如我們製造了二・五噸和六噸的卡車，還生產了大量的自由式引擎、航空引擎、一・五五毫米和四・七毫米的彈藥箱。

我們生產了監聽設備、鋼盔（這些都是在高地公園工廠和費城的工廠生產的）和鷹式艦艇。我們在裝甲鋼板、差動裝置和船體甲板方面也做了大量的實驗。

為了製造鷹式艦艇，我們在羅格河的旁邊建立了一座特別的工廠。這種艦艇是專門為攻擊潛水艇而設計的，有二百零四英尺長，由鋼材製造。我們進行這些生產的先決條件之一，是不能與任何其他軍用物資的生產相衝突，並且要保證儘快交貨。

艦艇的設計是由海軍部隊承擔的。

在一九一七年十二月二十二日，我向海軍部隊提出製造這種艦艇的想法，直到一九一八年一月十五日討論才結束，最終海軍部隊答應與福特公司簽訂合約。七月十一日，第一艘鷹式艦艇就下水了。

我們製造它的艦殼和引擎。除了引擎之外，整個結構沒有鍛接式軋製的縫紋，艦殼是用整塊鋼板做成的，它們是在室內完成製造的。

這些艦艇不是由專門工程師製造，只是把我們的生產原則應用到一件新產品上而製造出來的。隨著停戰，我們馬上就拋棄了戰爭，又回到了和平時期的生產中來。

一個能幹的人必定是一個能做事的人，而他的辦事能力依賴於他所擁有的工具。他的工具依賴於他開始所擁有的和隨後為之而做的一切。

一個受過教育的人，並不是指能記住一些歷史事情的人——他應該是一個能做好事情的人。一個不能思考的人並不是一個真正受過教育的人，不管他獲得了多少個學位。思考是最困難的事——也許這就是為什麼只有很少思想家的原因吧。

我們需要避免兩種極端的態度。一種是對教育抱輕蔑態度；另一種是抱勢利的態度，以為在一個教育系統內向上爬是去除無知和平庸的有效方式。事實上，你不可能從任何學校裡學到這個世界明年將會發生什麼事情，但你能學到這個世界去年發生了些什麼事情，以及這些事情的失敗之處和成功之處。

如果教育是在警告年輕人避免人們已經嘗試過的失敗，這樣他可以節省時間，那麼這樣的教育毫無疑問是有益的。這種標示著過去的失敗和過錯的教育，毫無疑問是非常有用的。

只是擁有一大堆教授的理論，並不是教育。投機是非常有意思的，有時候也能賺錢，但它不是教育。今天要想成為一個精通科學的人，只要知道一百個還未曾證明的理論就可以，而不知道這些理論是什麼就是「沒受過教育」或「無知」。如果由猜測而得的知識是學問，那麼一個人只要胡思亂想便可以成為博學之士了。根據同樣的邏輯推理，他可以把世界的其他所有人都貶為「無知」，因為別人不知道他胡思亂想的是什麼。

教育能給一個人最好的東西，就是讓他擁有自己的力量，讓他掌握上天賦予他的工具，教會他怎樣去思考。大學能提供的最好服務就是提供了精神體操的訓練場所，在大學裡學生們的精神肌肉得到發展，有能力去做他們能做的事。

然而，要說精神體操只有在大學才有是不對的，每個教育工作者都知道，一個人的真正教育始於他離開學校之後。真正的教育是從生活這一門課程中得到的。

知識有很多種，你想學的知識要根據你處於什麼樣的人群中，或當時的流行是什麼，哪一種知識最受尊重來決定。知識也有流行與不流行之分，就像任何其他東西一樣。

當我們年輕的時候，知識曾經只限於《聖經》，有一些人對《聖經》非常精通，他們受人敬仰和尊重，這方面的知識那時候非常被看重。現在人們不確定，對《聖經》有深入瞭解是否還會為一個人贏得博學的名聲。

在我看來，知識是過去某人知道的東西，流傳下來使所有那些願意學習的人都能掌握它。如果一個人具有正常人的資質，他就有足夠的能力運用我們通常稱為「文字」的工具閱讀或寫作，那麼在人類所有的知識中沒有他學不會的，當然前提是他想學。

為什麼沒有人學會人類所認識到的一切知識？因為從來沒有人認為值得去學那麼多。人們發現只要學到了他們自己所要的知識就可以得到滿足，而不是把別人發現的知識全都在自己大腦裡堆積起來。你可以整個一生都在收集知識，但即使帶著你所收集的全部知識，你也未必能趕上你的時代。你可以往你的腦袋裡塞上各個時代發生的「事件」，但當你塞過之後你的頭腦不過是一個超載的事件盒。關鍵在於頭腦裡的大量知識並不意味著活躍的精神活動。一個人可能非常博學，但卻毫無用處；與此同時，一個人可以沒什麼學問，但卻非常有用。

教育的目的不在於把一個人的頭腦填滿事件，而在於教會他怎樣用他的大腦去思考。經常出現這樣的事：當一個人不受知識束縛時，他倒能思考得更好。

人們很容易這樣認為：人類還不知道的知識沒有人能瞭解。並不是每個人都知道，人類過去的知識不能阻礙人類未來的認識。當你把人類的進步和人類目前還不知道的東西進行比較時，你就會發現人類知道的並不多，還有很多的祕密等著人類去發現。

阻礙進步的一個好方法就是把人們的頭腦填滿過去的所有知識，因為這會使他感到頭腦太滿了，再也沒有更多的東西要學了。收集知識是一個人能做的最無用工作。

你如何來幫助世界和整治世界呢？這是一道教育測驗題。如果一個人能實現自己的目的，他才算一個真正的人。如果他能幫助十個人，或一百個人，或一千個人實現他們的價值，他也可以算是一個真正的人。他也許對很多文字方面的事一無所知，但他仍然是一個有學識的人。

當一個人成為他自己的主人時，不論他是什麼，都獲得了他的學位，因為他已經進入了智慧之國。

那種我們稱之為「猶太問題研究」的工作，和被它的反對者稱為各種各樣「猶太運動」、「對猶太人的攻擊」、「反對閃族人運動」等等諸如此類的事情，不需要對關注這些事情的人解釋。它是一個強烈地影響著美國的問題的一部分，這問題的根源就是種族歧視，它更注重的是影響和理想，而不是人本身。

我們的言語必須由客觀的讀者來判斷，讀者的智慧會把我們的詞語和他所能觀察的生活放在一起。如果我們的詞語和他的觀察是一致的，那就行了。

在證明我們的觀點是毫無根據的或信口開河的之前，便開始反駁我們，這是極其愚蠢的。首先應該考慮的事情是我們所說的是否包含了真理，而正是這一點我們的批評者有意迴避了。

我們的讀者很快便能看出，我們並不帶有任何偏見，唯一的偏向就是堅持我們建立文明的原則。在美國，有一些有影響的勢力正在使我們的文學、娛樂和社會行為變得越來越糟糕。商業正偏離它過去的軌道，到處都是世風日下。並不是如莎士比亞的戲劇人物所說的無情、殘忍和粗鄙，而是一種邪惡的東西已陰險地影響了每一個行業，已經到了向它發出挑戰的時候了。

這些影響可以追溯到種族主義的源頭上去，這一事實值得我們思考，而且也值得受到歧視的種族中擁有智慧的人們去思考。對他們來說，他們完全可以採取行動，不再對美國的熱情好客提出什麼抗議。但是我們還應該注意到，基督教社會也應該拋棄在經濟上或智力上保持的種族優越感。

我們並沒有謊稱自己關於美國猶太人的話是完全正確的，所說的只是目前對美國的印象。當這種印象改變了，關於這種印象的報導也會發生改變。至於現在，問題完全掌握在猶太人手裡。如果他們像自己所宣稱的那樣聰明，他們應當努力使猶太人美國化，而不是去努力把美國人猶太化。

從最廣義上來說，美利堅合眾國的守護神是基督教，而它的目的也是為了基督教。這其中並不帶宗教色彩，但它與一個基本原則有關——這個原則不同於其他的原則——這個原則就是支持符合道德的自由，在基督教人權和職責的基礎上建立社會關係準則。

至於對人產生偏見或仇恨，這既不是美國人，也不是基督徒所獨有的。我們反對的只是觀念問題，錯誤的觀念使人們的道德衰落。這些觀念從一個很清楚的源頭而來，而且是由很清楚的方法傳播，只要被揭露出來，它們就能被控制。我們只是運用了一般的方法，當人們學會認識在他們周圍具有影響力的源頭和本質時，就認識到了。讓美國人民能夠明白這並不是自然退化，而是富有預謀的人為毀滅，這會使我們感到痛苦。

我們進行這一工作並沒有個人的動機：當它到達一個階段，在那個階段我們相信美國人民能看清問題的要點，我們便把它留給人們去解決。我們的反對者說：我們開始這項工作是為了復仇，而我們放下這項工作是由於害怕。

時間將會證明我們的批評者只是在玩弄著迴避的把戲，因為他們不敢去觸及主要問題。

時間將會證明：對於猶太人來說，比起那些當著他們的面稱讚他們，而在背後卻批判他們的人，我們是他們最好的朋友。

第十九章

社會民主與工業

現在也許再也沒有什麼詞比「民主」這個詞用得更濫的了。那些大聲地叫喊著這個詞的人，我認為作為一種規律，其實是最不想要民主的人。

我總是深深地懷疑那些把民主掛在口頭上的人。我在想：他們是不是想建立某種專制，抑或是不是想讓別人去為他們做那些本來應該由他們自己去做的事情。

我擁護這樣一種民主，即根據每個人的能力給予他平等機會。

我以為：如果我們把更多的注意力放在為我們的夥伴提供服務上面的話，我們將不會在意政府的空洞形式，而是會在乎它所做的事情。心中想到了服務，我們就不會為了對工業或生活產生好的感覺而擔心，也將不會為民眾和各階層而操心，或者是為工廠的關閉和開工而操心。其實，這些事情和真正的生活並沒有任何關聯。我們應該深入實際，站在實際需要之中。

當人們清醒過來，發現並不是所有的人都具有人性這一現實時，肯定會感到震驚——那時，每個種族都不把其他種族看做有感情的人。

有人盡了很大的努力，想把它看成是一個階層的態度，但這實際上是一切「階層」的態度，這正如他們在「階層」的錯誤觀念上搖擺不定一樣。以前經常有一種宣傳，它努力想使人們相信，只有那些「富人」才沒有人的感情，於是窮人特別具有人類美德的觀點便傳播開了。

但是，「富人」和「窮人」都只是很少的一部分。你不能在這兩個名目下把整個社會進行完全分類，沒有足夠多的「富人」，也沒有足夠多的「窮人」能夠符合這種分類。

富人如果不改變他們的本性就會變窮，窮人不必改變本性也會變富。

所以問題並未因此而受到影響。

在「富人」和「窮人」之間，是一大批既不是富人也不是窮人的人。一個完全由百萬富翁們組成的社會，和我們目前的社會不會有任何區別。有些百萬富翁必須種植小麥，或烤麵包，或製造機器，或開火車——否則他們全都會餓死。

有的人必須工作。實際上我們沒有固定的階層，只有不願意工作的人群和願意工作的人群。人們從報紙和書籍上讀到的「階層」大部分是虛構的。

就拿一些資本家的報紙來說吧。

你會對一些關於勞動階層的觀點迷惑不解。我們那些曾經是並且仍然是勞工階層的人們，都知道那些觀點是不真實的。

再看一些勞動者們寫的文章，你會對他們所談論的「資本家」也會同樣感到迷惑不解。

然而，這兩者都有一方面是正確的——那個除了是資本家便一無是處、拿別人的勞動果實去賭博的人，他受到所有指責他的話確實是應該的。

他和那些騙走工人們薪資的齷齪賭徒完全是同一類人。

我們從資本家的報紙上讀到關於勞工階層的文章，極少由大公司的經理們寫成，而是由一群作者——寫一些他們認為能夠讓他們雇主高興的文章的人——寫的。他們寫了一些他們認為能夠取悅人的東西。

再檢查一下勞工的報紙，你會發現另一群很相似的作者，他們在試圖迎合那些他們以為只有勞動者才持有的偏見。

這兩類作者都只不過是宣傳家，並不傳播事實的宣傳是會自動揭穿的，並且也應該如此。

你不能向人們宣傳愛國主義，而你在搶劫他們時讓他們站著，一動也不動。

你不能向人們宣傳努力工作和大量生產的義務，而把這當成你謀取個人額外利潤的煙幕彈。工人也不能用什麼言詞來掩飾他並沒有去做每天該做的工作。

顯然，雇主階層掌握了一些事實，被僱傭的階層應該知道這些事實，以便能有一個正確的觀點。毫無疑問，被僱傭階層所認識的事實對雇主們來說也同樣重要。

然而，尤其令人懷疑的是，這兩方中的一方佔據了全部的真理，而這一點正是宣傳，即使它可能是一種完全成功的缺陷。持有一種觀點的階層打倒持有另一種觀點的階層是一件不值得的事。我們真正需要的是，把所有的觀點都擺在一起，在此基礎上進行建設。

例如，我們可以看看整個工會和罷工權的事。

這個國家唯一強硬的工會成員，是那群從工會領取薪資的人。他們中的一些人非常富有；一部分人對於我們有很深影響的大金融機構的事務很感興趣；另一些人則對他們所謂的社會主義是如此地極端，以至於到了布爾什維克主義和無政府主義的地步。

他們從工會領取的薪資使他們擺脫了對工作的需要，這樣他們就能夠把全部精力投入到顛覆性的宣傳上。

所有這些人都具有一定的聲望和權力，但是如果這些是通過自然過程來進行競爭的話，那麼他們是不可能得到的。

如果工會官員們自身也像它的眾多會員那樣堅強、誠實、高尚、聰明和質樸的話，那麼最近數年的整個工會運動就會呈現出一種完全不同的面貌。但是這些官員個人——除了一些著名的例外——他們絕大部分並沒有獻身於這個集中展現了工人們自然、優秀、堅強品德的聯盟，而是在利用這些人的弱點，特別是那部分新近到達美國的人的弱點。這些人還不知道什麼是美國主義，如果把他們交由當地的工會領導去監護的話，那麼他們將永遠不會知道這一點。

工人們都有著樸實的感受——除去那極少數被灌輸了「階級鬥爭」錯誤信條的人，以及那些認同進步就是在工業中煽動混亂的哲學的人之外。這種哲學觀點認為，當你一天得到十二美元時，千萬不要停止下來，鼓動起來要十四美元；當你得到了八小時的工作日時，別像傻瓜一樣心滿意足，而是去爭取，要求一天六小時的工作日——找出一些事來！總是要生出一些事情來！

工人們這種樸實的感覺使他們能夠認識到，隨著原則被接受，情況已經有所改變。但工會的領導者們卻從來都看不到這點，他們希望一切舊的狀況都保持原來的樣子，不公正、蠱惑、罷工、仇恨，使整個國家陷入癱瘓之中。否則的話，哪裡還會需要工會官員們呢？

每一次罷工都是他們一個新的證據。他們指出這點，並且說：「你們看！你們還需要我們！」

唯一真正的工人領袖，是那些領導工人去工作並獲取薪資的人，而不是那種領導工人去罷工、破壞並挨餓的人。在我們這個國家，將來最出色的工會是那些利益相關的人們的工會——他們的利益完全存在於他們所提供的服務的作用及效率。

變革將會來臨。

當「工會領導者們」的工會消失時，隨它而消失的還有那些除了迫不得已而從來沒為他的員工做過一件好事的瞎子老闆「聯合會」。

如果這種黑心的老闆是一種（社會）疾病的話，那麼這些自私自利的工會領袖就是抗生素。當工會領袖變成了（社會）疾病時，這些黑心老闆便成了抗生素。這二者都是不符合他們本來職責的人，在組織良好的社會中，這兩者都沒有生存之處，他們將會一起從我們的社會中消失。

現在，我們聽到那些黑心老闆在說：「現在是消滅勞工階層的時候了。我們要求他們怎麼做，他們就得怎麼做。」這種聲音將和鼓吹「階級鬥爭」的聲音一同走向沉寂。那些生產者們——從製圖版的人到鑄造工廠的人——團結在一個真正的聯合會中，從此以後，他們將自己處理他們自己的事務。

利用不滿情緒是當今世界一項有組織的活動。它的目的不是去解決什麼事情，也不是想做好什麼事情，而只是使這種不滿的情緒一直持續存在下去。而用來執行這種工作的手段正是一整套錯誤的理論和虛幻的謊言。

只要地球仍舊保持其原來的樣子，這些理論和謊言就永遠都不會實現。

我並不反對勞工組織，也不反對任何可以幫助社會進步的組織。它是被組織起來去限制生產——不論是由老闆組織的還是由工人組織的——這一點才是事情的關鍵所在。

工人們自己必須小心那些既對他自己有危險，也對國家的福利有危險的觀念。

有時候，有人認為一個工人工作得越少，他提供給其他工人的工作機會就越多。這其實是錯誤地認為遊手好閒是在創造工作，然而，無所事事絕不會創造工作機會，它只會產生負擔。勤勞工作的人從來都不會讓他的工人同伴失去工作，事實上，正是那些勤勞的工人和那些勤奮的經理進行合作，開創了更多的事業，因此也提供了更多的工作機會。

這實在是一件非常悲哀的事，這種思想會廣為流傳——那些有頭腦的人認為經由偷懶可以幫助其他的人。只要稍微思考一下，就會發現這種想法的不通之處。

那些能夠更安全地存在下去的國家，是它的工人們誠實地勞動、不對生產工具弄虛作假的國家。

我們不跟經濟規律玩那種或鬆或緊的遊戲，因為如果我們這麼做的話，將會受到它的嚴厲報復。

現在一份工作由九個人做，而以前由十個人做，這一事實並不等於第十個人就此而會失業，只不過他不再被僱傭做這份工作了，大眾（納稅人）並沒有為那份工作付出多於他們所應付的，以承擔他養家的責任——因為最終算來，是大眾在出錢。

一個對效率有充分清醒認識的公司，一個對大眾充分誠實、只向他們收取必要的成本費而再也不多要的公司，一般來說，它通常有很多工作機會去僱傭那第十個人。它是註定要發展的，而增長就意味著工作機會。

一個管理良好的企業，總是會尋求如何去降低大眾負擔的勞動成本。它肯定能比那些浪費時間，並使大眾為它的低效率管理付出代價的公司僱傭更多的工人，並且付給更高的薪資。因此，第十個人是不必要的耗費，最後的消費者必須為他付這筆錢。他在那份工作上是不必要的，但這並不意味著在這世界上的所有工作都不需要他，或者說在他所工作的特定工廠中不需要他。

大眾必須為所有的低劣管理付出代價。目前我們所面臨的困難大多數都是和怠工、作假、低劣和低效率相關聯，人們就是以此來回報他們所賺的錢的。

當一個人能做的事讓兩個人來拿薪資時，那麼大眾便付出了比他們應付多一倍的錢。這是事實，只是前幾年在美國，我們每個人所生產的產品還不如戰前許多年前生產的產品多。

一天的工作遠遠不止是在工廠工作完規定時間的「任務」，它還意味著提供與所拿薪資相當的服務。當這個公式被任何一種方式（例如一個人付出的比他所得到的更多，或者所得到的比他付出的更多）破壞時，嚴重的混亂不久就會暴露出來。

如果讓這種情況蔓延到全國的話，你就會看到一切都亂成一團。所有那些工業中的困難都起源於工廠的運作中破壞了這一基本公式。

管理者必須和勞動者共同承擔責任。管理者本身也一直很慵懶——他們發現，多僱傭五百人，和改進管理的方法以及使以前的一百個人從這項工作中解脫出來去做其他的工作相比，要更加容易些。大眾將會為此付錢，企業也會繁榮，管理也不必費力氣。辦公室的情況和工廠的情況沒有什麼不同。

於是，平衡的法則經常被經理們違背，就像被工人們違背一樣。實際上，僅靠要求是不能獲得任何重要成果的，這就是為什麼那些罷工總是失敗，即使它們看起來好像是成功了。

取得更高薪資或更短工作日，把負擔轉嫁給社會的一次罷工，並不是真正成功的。它只能是減少工業所能提供的工作機會——使得工業更加難以提供高水準的服務。

這並不意味著沒有任何罷工是合理的，它可以讓人們將注意力集中在一個惡魔身上。人們可以為正義而罷工——但是他們是否能因此得到正義則是另一個問題。

為了得到適當的工作環境和公平的薪資而罷工是正當的。令人悲哀的是，人們只有被迫採取罷工這種手段，才能得到他們本應該有權得到的東西。應該沒有人為了得到他本該得到的權利而被迫去罷工，他應該將它作為自然之事而自然、輕鬆地得到那一切。

通常，這些合理的罷工是雇主們的錯，因為有些雇主不稱職。

僱傭工人——使用他們的能力，按誠實的比例確定他們的薪資和生產量之間的關係，還有企業的發展——並不是小事一樁。

一個雇主可以是不稱其職的雇主，這就像一個操作車床的工人是個不稱職的工人一樣。合理的罷工是一個標誌，它標誌著老闆需要做一件他能夠做得了的工作。

不稱職的老闆所造成的麻煩，要比不稱職的工人引起的麻煩更大。你可以將不稱職的工人調換更多合適的工作，但是前者通常必須交由《賠償法》去處理。因此，如果老闆做好了他的工作的話，合理的罷工是絕不會出現的。

還有第二種罷工——有著隱藏意圖的罷工。

在這種罷工中，工人們被一些操縱者當成了工具來使用，他們希望能夠透過工人們來達到自己的目的。

舉一個例子：現在有一個大公司，它的成功是源自於高效率和高品質的產品滿足了大眾的需要，它有著公正的記錄。

對投機者來說，這樣的公司是具有很大誘惑力的。如果他們能控制它的話，他們就可以從投入其中的所有誠實勞動中大發一筆。他們能夠破壞掉企業優厚的薪資和利潤分配，並且從大眾身上、從產品當中、從工人那裡攫取最後一美元，並把這個公司降低到和其他企業一樣沒有紀律和效率。

這些罷工的動機或許是投機者個人的貪欲，或者是投機者想改變公司的經營方針——因為它的示範地位使其他的企業主感到難堪，那些企業主不願意做他們本應該做的事情。

這樣的公司無法從它的內部去損傷它，因為它的工人沒有起來罷工的理由。所以投機者便採取了另一種辦法——這個公司可能由許多外面的工廠為它提供材料，如果這些外面的企業能夠被鼓動起來的話，這個大公司就會癱瘓。

所以，這種罷工總是從外面的其他工廠煽動起來的。

每一種陰謀都在想著切斷這家公司的材料來源。如果外面的那些工廠和工人們明白地瞭解到這是一場什麼樣的遊戲的話，他們就會拒絕去參加了，但是，他們並不知道。

他們被那些別有用心的資本家當工具利用了，卻一點也不知道。

然而，有一點應該引起參加這種罷工的工人們懷疑——如果罷工不能自行解決的話，不論雙方如何去協商解決，那麼裡面必然有一個肯定的推論，即肯定有第三者在其中，他們想讓罷工繼續下去——這種被隱藏了的影響並不想在任何期限和條件內結束罷工。

如果這樣的罷工是罷工者獲勝的話，工人們的狀況會得到改善嗎？當公司被拋給外面的投機者手中之後，工人們難道會得到更好的待遇，或者會被給予更高的薪資嗎？

還有第三種罷工。

這種罷工是由那種企圖對勞動冠以惡名和對金錢的貪欲挑動起來的。

美國工人一直以有著正確的判斷力而稱譽於世。他不會降低自己，讓每一個大喊大叫的人牽著他的鼻子走，並去相信那人的許諾能從稀薄的空氣中創造出黃金時代。

他有自己的頭腦，並會使用這個頭腦。他總是能知道最基本的道理——沒有充分的理由，暴力並不會帶來什麼好結果的。美國的工人以自己的方式，在它的人民和世界人民當中贏得了一定的聲譽。大眾們傾向於尊敬地聽取他們的觀點和希望。

但是，似乎有一股很堅定的力量想把美國工人和布爾什維克結合在一起，做出一些人們從來都沒有聽說過的舉動，這將使大眾的情感由尊敬轉變為批判。

然而，僅僅是避免罷工並不能推動企業的發展。我們可以這麼對工人們說：

「你們是應該抱怨的，但是罷工並不是解決問題的方法。無論你們是勝利了還是失敗了，罷工都只會使情況變得更加糟糕。」

然後，工人們可能會承認這是真的，並自我控制不再罷工。

這又解決了什麼問題嗎？

沒有！

如果工人們將罷工當成一種取得好的結果的壞手段而加以摒棄時，這只能是意味著雇主必須緊張地工作，以改正錯誤，改善工人們的狀況。

不論是在美國還是在其他國家，福特公司與工人的關係，都是令人完全滿意的。我們與工會之間不存在對抗，我們既不參加雇主組織的活動，也不參加員工組織的活動。我們公司的薪資總是高於任何有理性的工會所要求的薪資，工作時間也低於他們所要求的時間。

對於我們的工人來說，成為工會會員沒有任何必要。有一些工人可能參加了工會，但是大部分工人並沒有這樣做。我們並不知道具體情況怎樣，也不想去知道，因為這不是我們所要關心的事情。

我們尊重工人們，同情他們的善良目的，批評他們的不良目的。我認為，反過來他們也會尊重我們，因為我們公司從來都沒有產生過任何從工人和管理人員中間謀取權利的意圖。

當然，激進的蠱惑者們不時地想製造一些麻煩事。但大多數人僅僅是把他們看成是人類當中的怪物，認為他們的興趣和那些四條腿的東西完全一樣，他們可以被歸入這一類。

我們在英國曼徹斯特的工廠中，與行業工會確實在公正地打交道。曼徹斯特的工人們絕大多數都是工會會員。一般來說，英國的工會對產量有嚴格的限定。我們接管了一個生產汽車車身的工廠，它是木匠工會的成員，工會的官員們立刻要求見我們的管理人員，並提出了一些要求答覆的問題。

由於我們只是和自己的員工打交道，從來不與外面那些代表打交道，所以我們的人員拒絕見工會的官員們。於是他們便叫木匠們出去罷工，而那些不願意罷工的木匠們則被開除出工會。然後，那些被開除的工人提出訴訟，向工會要求分到他們的那一份互助基金。我不知道最後法庭是如何判決的，但這就是英國行業工會的官員們企圖干涉我們經營的結果。

我們並沒有努力去討好那些和我們工作在一起的人。這絕對是一種給予和獲得的關係，在我們大幅度提升薪資期間，我們確實有一支相當強大的監督隊伍。我們調查過工人們的家庭生活，並努力去調查清楚他們拿自己的薪資去做什麼了。

在那時候，這也許是有必要的，給了我們很有價值的資訊。然而，這並不是一件需要長期做下去的工作，因此這種做法已經被廢除了。

我們並不相信那些取悅討好他人的手段，或者職業化的個人情感和人的因素。對於一天的工作來說，要做這種事情已經沒有時間了。人們所需要的不僅僅是一些有價值的同情。社會環境並不是用詞語就能夠改造好的，它是人與人之間日常關係的結果。最優秀的社會精神可以從一些行動中得到顯現，雖然這些行動需要耗費管理人員的一些精力，但它能為所有的人造福。這是唯一一條可以表達良好意願並能夠贏得尊重的道路。

宣傳，公告，講演——它們什麼都不是。重要的是，誠實地採取正確的行動。

對人來說，一個大企業真是太大了。它變得如此巨大，以至於將要取代人的本性了。

在一個大企業中，雇主就像員工一樣，淹沒在人群之中。他們共同創造了一個龐大的生產機構，輸送出供我們這個世界購買的商品，人們購買商品所付的錢，反過來又為企業的每一個人提供了一份生活。

在一個規模龐大的企業中，有一些神聖的東西——它為幾百幾千個家庭提供了生活。

當人們看到一個嬰兒降臨到這個世界上，當人們看到男孩女孩結伴去上學，當人們看到年輕的工人用他們自己工作所賺得的錢結婚、建立自己的家庭，當人們看到成千個家庭用自己所賺的錢購買生活用品時——當人們看到一個龐大的生產機構使所有這一切都得以成立時，那時，人們就會感到讓這個企業繼續發展是一項神聖的事業，它變得比個人更偉大、更重要。

雇主也不過是和員工一樣，有著人性的所有弱點。只有他工作稱職時，他才有資格擁有他的工作職位。如果他能領導企業向前邁進，如果他的工人們相信他能把工作做好，並且不會危及他們的安全，那麼他就是稱職的。否則他就像一個嬰兒一樣，不能勝任他的工作。

像所有其他人一樣，雇主完全憑他本人的能力來贏得對他的評價。也許他是個徒有虛名的人物——一個公告牌上的名字。但還有企業——企業比人的名字更為重要，企業能供給生活，而生活是可以感受到的一件事情。

企業是現實的。它在做事情，它是與生活息息相關的。證明企業合格的條件是，薪資能夠源源而來。在企業中，你不可能有太多的和諧。但是你完全有可能在挑選人員的時候，因挑選他們的和諧而與目標偏離得太遠。你可以有足夠多的和諧，以至於失去了足夠的衝勁——一定的競爭意味著努力和進步。

一個組織正是因為有了競爭，才能為一個目標而和諧地工作。但對於一個組織來說，每一個獨立的工作單位之間能夠和諧地工作則是另外一回事。有一些組織花了許多時間和精力來維持一種和諧的感情，以至於他們再也沒有多餘的精力去工作——而這正是那些組織為之成立的目標。對於這個目標來說，企業組織是位於第二位的。

唯一有價值的企業組織，是那些所有工作人員都為了同一個主要的目標而努力工作、共同前進的組織。忠誠地相信，並且誠懇地對一個共同的目標持有希望——這是最為重要的和諧原則。

我非常憐憫那些可憐的夥計。他們是如此柔軟、脆弱，以至於他們總是要將自己置於一個感情很好的環境中才能進行他們的工作。

確實也有這樣的人。除非他們能夠獲得足夠的精神和道德勇氣，以把他們從對感情的依賴中解脫出來，否則他們最終是要失敗的——不僅他們的事業是失敗的，而且他們的人生也是失敗的。這就好比他們的骨頭沒有足夠的硬度，以使他們依靠自己的腳站起來一樣。

在我們的企業組織中，對良好情緒有著過多的依賴。人們過於喜歡與那些他們喜歡的人在一起工作，這最終將會損害很多珍貴的品德。請千萬不要誤解我的意思。

當我使用「感情良好」這個詞時，我說的是那種習慣於以個人的喜好作為標準來評判一切人和事的情況。如果你不喜歡某個人，他有什麼錯誤之處嗎？或許是你有什麼地方不對。你的喜好有什麼事實依據嗎？似乎每一個感覺正常的人都知道，有一些人他不喜歡，但這些人實際上比他自己更加出色。

如果不把所有這一切局限於企業內部，而是放在更廣闊的空間來看，那就沒有必要去讓有錢人愛窮人，或者讓窮人愛有錢人。雇主並不需要去愛他的員工，員工也不需要去愛他的雇主。每一方都必須做的是：根據自己的職責，公正地對待另一方。

這才是真正的民主，而不是誰應該擁有磚頭、石灰、火爐和工廠。民主和「誰應該成為老闆」這樣的問題根本就沒有關係。

這個問題非常像「誰應該成為四重唱中的男高音」這個問題，很顯然，那個能唱高音的男人應該成為男高音。你可能會將卡羅索去掉——假設根據某種音樂民主理論，卡羅索可以列入音樂無產階級，難道這樣就能讓另一個男高音來代替他？或者卡羅索的音樂天賦依舊是他自己的？

第二十章

為什麼需要慈善業

為什麼在一個文明社會還會存在對慈善事業的需要呢？我所反對的並不是人們應有慈悲之心。上帝不允許我們對一個需要幫助的人冷漠無情。人類的同情心是一種非常優秀的品質，冷漠、自私是無法取代它的。人類任何偉大的進步，都離不開人類的同情心。正是為了幫助人類自身，才需要每一項重要的服務。問題在於，我們把這一偉大而美好的動力用在了那些渺小的事情上。如果同情心使我們給挨餓的人糧食來充飢，為什麼它不能使人類做得更好——使飢餓不再出現呢？我們的同情心如果能幫助人們擺脫困難，那麼我們也應該有足夠的同情心，能讓他們根本就不會陷入困難當中。給予別人是容易的，難的是如何使得給予不再被人們所需要。要使給予成為不需要之物，我們就要看到被給予者貧困的原因——當然，我們要毫不猶豫地把他從當前的困境中解救出來，但不能僅僅是暫時性的解救，這其中難以做到的是找到其貧困原因。大多數人能夠樂意幫助一個貧困的家庭，但是卻難得動腦筋把貧困徹底地消滅掉。

對職業性的慈善者或任何類型的商業化人道主義，我都不欣賞。自從人類的慈善行為被系統化、組織化、商業化和職業化的那一刻起，真正慈善的心靈便被消除了，它就成了一件冷漠而且令人不愉快的事情。真正的幫助是永遠不能被印製成卡片或做成廣告。大多數的孤兒在那些慈善者的家裡得到精心照顧，在收養機構卻不是這樣。住在家裡的老人要比在養老院的老人更多；由家庭成員給予借款而得到的幫助，要比通過社會貸款給予的幫助更多——這就是建立在人道主義基礎上的人類社會對自身的守護。

這是一個很沉重的問題——我們應該把慈善的商業化控制在多大程度上。專門的慈善機構不僅僅是冷漠，並且其弊端多於益處。它貶低了接受幫助者的人格，打擊了他們的自尊，它和傷感的理想主義是相連的。幾年前，有一種觀念很流行，即慈善服務是我們應該期望的，而且是為我們而做的事情，因而有數不清的人成了善意「社會服務」的接受者。我們當中的一大部分人被這種服務寵壞了，陷入了依賴的、孩子般無助的狀態。由此，也產生了為人們提供服務的一些常規職業，可稱讚的熱情服務得到了發展，但它並未為人類的自強貢獻任何東西，也沒有改變社會狀況——即產生對這些服務需求的狀況。其實，此種做法更糟的是，因為它不是訓練人們的自強和自足，反而增強了人們的憎恨情感，這些抵消並超過了慈善的好處。

人們經常抱怨說自己幫助過的人「忘恩負義」，其實沒有比這更自然的事情了。第一，我們所謂的慈善之舉並不是真正的慈善，沒有人完全是出於同情的；第二，沒有人會對被迫接受別人的恩惠而感到快樂。這樣的「社會服務」造成了一種緊張關係——施捨的接受者感到他在接受施捨時被藐視了，而施捨者在施捨的時候是不是也感到自己被蔑視了——這也是一個問題。況且慈善從不會使一樁事情澈底了結。慈善機構的目標如果不是使其成為不需要的話，它就不是在提供真正的服務。慈善行為只是在為其機構創造工作，它是那些不進行生產行業中的一項。

當那些幾乎無法謀生的人擺脫了不能進行生產的狀況，能夠重新投入生產時，慈善便成為不必要了。在前面的內容中，我已經講述過我們工廠的經驗，證明在進行細分工的企業中，有很多工作可以由那些缺手、斷足和失明的人來做。

科學的企業並不是怪物，不會把所有靠近它的人都吞掉。如果它是這樣的怪物，那麼它就沒有成為生活中應成為的角色。在企業的各個方面肯定會有工作，這些工作需要強壯的人去做。但也會有其他的工作，這樣的工作也很多，需要比中世紀工匠的技術水準更高的人去做。產業分工使得一個身強力壯的人或一個有技術的人都能發揮他的力氣或技能。在以前的手工工業中，一個技術人員要把他相當多的時間用於不需要任何技能的工作之中，那是一種資源的浪費。因為在那個時候，任何一件既需要技術勞動又需要非技術勞動的工作都是由一個人來完成，因此幾乎沒有工作留給那些由於太笨而學不會技術的人，或者那些沒有機會學手藝的人去做。

沒有機器的幫助，只靠手工勞動的話，只能獲得維持溫飽的生活，而不可能有剩餘。一般來說，一個人到老年後，就由他的孩子們來贍養，如果沒有孩子的話，他就應該得到大眾的贍養。事實上所有這些都是很不必要的，產業分工可以為任何人提供合適的工作機會。

在高度細化分工的企業裡，盲人能做的工作比普通人還多。在這樣的一些工作崗位上，那些被當作慈善救濟對象的盲人，完全能夠和那些生性靈巧、身體健全的人一樣過著美好生活。反過來說，讓一個身體健全的人去做一份可以由殘疾人做的工作，實在是一種浪費。如果讓盲人去編織籃子是一種浪費，那麼，讓囚犯去錘石頭或做其他瑣碎的工作，同樣都是浪費。

一座管理完善的監獄不僅能夠自給自足，而且每個坐牢的人還應該能夠養活他的家庭；即使他沒有家，也應該能累積一筆錢，當他出獄的時候能帶走這筆錢。我並不是在提倡囚犯進行勞動或者像奴隸一樣役使他們，這樣的想法是不恰當的。監獄方面的事，我們已經做得很過分了，從一開始就是錯誤的。我認為監獄應當納入整個生產計畫之中，它可以成為一個生產單位，為減輕大眾的負擔而工作，同時也可使囚犯受益。

我知道，現有的法律——由那些沒有頭腦的人通過的——限制監獄進行工業活動。這些法律大多數是聽從所謂的命令通過的，它們不是為了勞動者的利益。但是，增加社會的負擔畢竟不會對社會中的任何人有好處。如果我們的頭腦裡總記住服務的理念，那麼社會上的工作機會就會多於人們能做的工作。為服務而成立的產業完全可以免去對慈善家的需要。一個慈善家，不管他的動機是多麼高尚，都不是為了人們的自強而做的，我們必須要自強。一個社會對現有的東西表示不滿意和不滿足，這是個好社會。當然，我不是指那種瑣碎、經常、斤斤計較、沒完沒了的不滿，而是指一種廣闊而勇敢的不滿，它相信已做過的一些事情在以後能夠並且應該做得更好。

為服務而成立的產業——員工和上司一樣都必須服務——它能夠提供優厚的薪資，使得每個家庭都可以養活自己。一個把時間和金錢用來幫助弱者為自己做得更多的慈善家，比那種只會施捨而鼓勵懶散的慈善家要好得多。慈善像別的產業一樣應該也有生產能力，我相信它也能夠成為有生產能力的產業。我對一所中等職業學校和一所醫院進行了調查，想看看這些通常被認為慈善的機構，能不能靠自己站住腳跟，我發現它們完全能夠自給自足。

我並不贊同這種中等職業學校，即孩子們在那裡只是獲得一些零散的知識，並沒有學會怎樣運用這些知識。中等職業學校不應該是技術學院和普通學校的結合，它應該是使孩子們能進行生產的場所。如果他們做一些沒用的事情，如寫一篇文章然後又把它扔掉，他們不會對此感興趣，也不會獲得他們有權獲得的任何知識。

當然，在上學期間，孩子們是沒有生產能力的，學校應當——除非有贊助——設法資助學生。很多學生都需要資助，他們必須做能找到的任何工作，因為他們沒有機會去選擇。

當孩子們不經過訓練便進入生活時，他們只是為社會增加了不合格的勞動力數量而已。現代工業需要有一定的能力和技術，他們既不可以儘早離開學校，也不宜長期待在學校裡。為了能引起這些孩子們的興趣，對他們進行培訓，勞動培訓部門採用了更先進的學習制度，但即使這樣也是權宜之計，因為它只是迎合，而不是滿足孩子們正常的創造性本能。

為了滿足這些要求——既對孩子們進行各種教育，又要在生產線上進行工業培訓——亨利‧福特中等職業學校在一九一六年成立了。我們並沒有把慈善和它結合在一起，它是為了幫助那些為環境所迫，過早離開學校的孩子們而建立的。這樣一來，我們就可以為工廠輸送經過訓練的製造者。

從一開始，我們便設立了三條重要原則：

第一，孩子應當被作為孩子來看待，不能夠被當作未成年的工人。

第二，文化教育和工業培訓共同進行。

第三，孩子們對他的工作具有自豪感和責任感，認為訓練他去做的工作是有用的，他製造的是有工業價值的東西。

學校是私立的，招收十二歲—十八歲的孩子，它是以獎學金為基礎的。每個孩子在入學時一年給四百美元現金的獎學金，如果他的成績令人滿意，獎學金將逐漸增加到最高六百美元。

課堂和工廠工作的成績都有記錄，同時還要記錄孩子勤奮的表現，對他以後獎學金的調整是根據他的勤奮程度。除了獎學金外，每個月還給一小筆錢，但這筆錢必須存起來，作為結餘資金，必須存在銀行，直到他離開學校，或者經過學校允許後，在緊急情況時使用。學校管理的問題一個一個地解決了，同時我們也發現了一些實現目標的更好方式。在剛開始時，孩子們一天有三分之一的時間用於課堂學習，三分之二的時間用於工廠工作。但一天當中兩項任務的安排阻礙了孩子們的進步，現在孩子們是按週進行安排的——即一週用於課堂學習，兩週用於工廠學習。課程連續進行，各學習小組輪流進行他們的學習。能夠找到的最好老師就是工廠職員，教材便是福特工廠，它可以比絕大多數大學提供更多的實踐教學的機會。算術課的內容來自於具體的工廠問題。孩子們的頭腦不再會被那代表四英里的字母A和代表二英里的字母B而弄糊塗。實際的程序和狀況就展現在他眼前——教會他如何觀察。城市不再是地圖上的一個個黑點，世界不再只是寫在書上的文字。運往新加坡的產品和來自非洲和南美洲的原料，就展現在他們面前。世界成了活生生的、人們居住的星球，而不是擺在講臺上的彩色地球儀。在物理課和化學課上，工廠完全可以提供一個實驗室，理論在這裡轉化成了實際，教學內容就是實際經驗。假設要教學生水泵的工作原理，老師可以先講解零件和其各自的功能，然後回答學生的問題，最後讓他們一群人一起去機房看看那臺真實的大水泵。學校裡有固定的生產工廠，而且工廠的設備是最好的。

孩子們可以在任何一臺機器上操作，可以生產公司所需要的零件。因為我們對零件的需求是如此之多，這張需求單裡幾乎可以包括學校工廠所生產的一切。如果這些產品通過檢驗，將由福特公司予以購買，當然，不能通過檢驗的零件只能算學校的損失了。有些進步最快、操作水準最好的孩子，完全能做測定微螺旋的精細工作，他們在每一步操作時能明白其目的和相關的原理，並且可以修理他們所操作的機器，甚至還學會了在操作機器時保護自己。他們學習一些製模工作，在乾淨、明亮的教室裡，他們和老師一起學習和摸索，為他們成功的人生打下堅實的基礎。當他們畢業時，工廠將向他們提供優厚的工作待遇。在這裡，孩子們的學習能力和道德素質都得到了提高。對他們的監管不是權威壓制式的，而是像朋友一樣。每個孩子的家庭狀況都被瞭解得很清楚，他的性情也會得到注意。在這裡，沒有人試圖去嬌慣他，也沒有人試圖把他當成性格軟弱的人看待。

學校最初只有六個孩子，現在已有了二百人。由於學校建立了這樣一套實用的教學制度，還可以擴大到七百人。學校開始的時候出現過財政赤字，但我一直認為，任何有價值的東西都能夠支持下去，學校也是如此發展起來的，現在它已經完全能夠維持自己的運行了。

同時，我們也能夠讓這些孩子享受其少年時代。當然，這些孩子是在學習做工人，但他們卻沒有忘記自己仍是個孩子，這點是最重要的。他們一小時賺十九美分——十五美分——這比他們做任何其他適合孩子做的工作所賺的都多，而且他們待在學校比出去找工作更能幫助養家。

當他們畢業時，就已具備了良好的普通文化教育、初步的技術教育，完全可以成為一個相當有技能的工人，賺一份好的薪資。如果他們願意，這些薪資又能為他們繼續接受教育提供幫助。如果他們不想接受更多的教育，至少也有了賺得一份好薪資的技術。

我們沒有要求孩子們必須進工廠工作，但他們中的大多數卻願意進工廠，因為他們不知道去哪裡找到更好的工作。我們也一直在使我們的工作成為人們心目中的好工作，但絲毫沒有義務束縛孩子們必須去做，他們自己選擇自己的道路。這裡沒有慈善行動，學校必須自己承擔自己的一切。

福特醫院也是按照同樣的思想而創立的。但是由於戰爭的原因，我們把它交給了政府，成了第三十六綜合性軍醫院，可住一千五百位病人，但當時醫院的工作並沒有進展到確定的目標點。

一九一四年，它作為底特律綜合醫院，計畫用大眾的捐助來重新建設。和其他人一樣，我也捐助了，於是醫院的建設開始了。然而第一棟樓還沒有建成，所有的資金使用完了。

他們請求我再次捐助，但是我拒絕了，因為我認為管理者在動工之前，應該知道這棟樓要用多少錢才能建成。而現在這樣的開端就使人對醫院建成之後，將會管理成什麼樣沒有信心。但是，我提議把醫院全部接管過來，並提出把所有的捐贈都退回去。這事辦成後，我們終於向前推進自己的工作，直到一九一八年八月一日，整個醫院被轉交給了政府。但是在一九一九年十月，政府又把它交還給了我們，同年的十一月十日，第一位病人被接受住進了醫院。

福特醫院位於底特律的西大道，占地二十英畝，因此還有很大的擴張餘地。我們想建立一所全新的醫院，因此醫院的最初設計被澈底廢除了，我們準備建立一所在設計和管理方面都很獨特的醫院。為有錢人開設的醫院有很多，為窮人開設的醫院也有很多，但是沒有一所醫院是為那些能支付得起一定的醫療費、並且願意自己支付費用、以免有受別人救濟感覺的人而開設的。人們總是認為醫院不可能既是服務性的，又能自負盈虧——即醫院是由私人捐贈而維持，不然就是為了謀利而建立的。我們要建的這所醫院首先要自立，然後以最低的費用提供最好的服務，而不帶有絲毫的慈善色彩。我們建造的這棟新樓裡沒有病房，只有房間。所有的房間都是供個人私用的，並且每個房間都有浴室。這些房間二十四套一組，大小相同，傢俱相同，裝潢也相同，所有房間沒什麼區別，這就使人在醫院內沒有任何可挑選的，每一個人都和其他人一樣處於同等的地位。

這種管理方式下的醫院，是為病人而設立還是為醫生而設立，這一點根本無法肯定。對一個能幹的外科醫師或內科醫師用於慈善行動的時間，我不是沒有注意到，同時我也無法信服手術費應該根據病人的貧富狀況來規定，並且我非常認同所謂的「職業成規」是對人類的詛咒，而且也阻礙著醫療事業的發展，同時對疾病的診斷也沒有大的發展。我並不想建立這樣的一所醫院——即醫院的每一條規定不是為了保證病人按照他確實所患的病進行醫治，而是保證按照某個醫生認定他所患的病進行醫治。這使得要糾正一個錯誤的診斷將非常困難。為病人會診的醫生，除非他是一個非常通情達理的人，否則不會改變診斷或治療方案；並且即使診斷或治療方案被改變了，通常也不會讓病人知道。似乎自然地產生了這樣的觀念——病人，特別是在醫院裡的病人，成了醫生的財產。一個有良知的行醫者也許不會剝削病人，但一個沒有良知的行醫者確實是在剝削著許多的病人。在這種管理方式之下，很多醫生都把堅持他們診斷的正確性當作是與病人的康復一樣重要的東西。

我們設立醫院的目的就是要廢除所有這一切，把病人的利益放在第一位。它被稱為「封閉式」的醫院，因為醫院裡的所有醫生和護士都是按年聘用的，並且不能自行到外面去行醫。

包括實習醫生在內，醫院一共有二十一個外科醫生和內科醫生。這些人都是經過精心挑選出來的，他們的薪資至少達到一個行醫的成功人士所能賺得的數目。

當然，他們中沒有一個人能夠從醫治任何一位病人中，獲得病人的金錢利益。醫院規定，病人不能由外面來的醫生進行治療。但我們為家庭醫生留有一定的位置，我們並沒有取代家庭醫生，通常是接過他放下的嚴重病人，並且盡可能快地把治癒得差不多的病人交還給他去護理。

我們的制度是不希望病人在醫院住多餘的時間——我們不需要這麼做。我們與家庭醫生一起照顧病人，但當病人住在醫院期間，我們承擔全部的責任。我們只是對外面的醫生進行封閉，但我們並沒有封閉與家庭醫生的合作。我們對病人的管理很有意思。

來醫院看病的病人，首先由高級醫師檢查，然後再轉給三、四位或更多的醫師檢查。不管病人是因什麼病而來醫院，這種多重檢查都要進行，因為我們逐漸認識到：重要的是整個身體的健康，而不是身體中的某一種病症。每一個醫生都對病人進行一次澈底檢查，檢查過後都要寫下一份檢查結果，並交給主任醫師，做檢查的醫生沒有機會與別的醫生進行討論或諮詢。診斷意見最少有三份，有時候是六份或七份，這些絕對完整和獨立的診斷意見，將交到醫院院長的手裡，它們將成為這一病例的記錄。採取這種謹慎的措施，是為了在目前的醫療水準內，保證診斷的正確性。

目前，醫院能提供六百張病床。醫療費是根據固定的收費表來收取的，收費表包括住院費、膳食費、藥費、手術費、護理費，除此之外沒有其他額外的費用。在這裡沒有私人護士，如果病人需要更多的照顧，那麼由醫院再加派一位護士給他，但不用多付錢。事實上，這種情況很少發生，因為病人都是根據他們所需要護理的程度進行分組的。

根據情況的不同，有的護士一個人要護理二個病人，有的護士一個人護理五個病人，但是最多不能超過七個。在這種安排下，一個護士護理七個非病危的病人也是可以的。

在一般的醫院裡，護士們通常要來來回回走很多的路。如果她們浪費在走路上的時間多於護理病人的時間，那麼這所醫院的設計就要改一改，我們所設計的每一層樓都具有完整的功能。就像在工廠裡我們致力於消除浪費的操作一樣，我們同樣在醫院裡也盡力消除浪費的動作。

病人為住院、護理和藥物所需繳納的費用是四・五美元一天，隨著醫院規模的擴大，這一收費還會有所降低。進行大手術的手術費是一百二十五美元，小手術的收費則在固定的收費表中規定，所有收費標準都是統一的。醫院就像工廠一樣，要有一個成本計算系統，使收費將根據收支的平衡來進行調整。似乎沒有任何理由會使這些試驗不能成功。醫院的成功純屬管理和數學上的事。能夠使一座工廠提供服務的優秀管理方法，同樣也可以使一所醫院提供最大的服務，並且其收費處於很低的、每個人都能支付得起的範圍之內。在醫院和工廠之間唯一的財務差別，就是我們不指望醫院回報利潤，我們只希望它能承擔自身的費用支出。到現在為止，對這所醫院的投資大約是九百萬美元。如果我們能夠擺脫這些慈善事業，而把那些現在用於這些慈善事業的資金投入生產之中，使物資的生產更便宜、產量更高一些，那麼我們不但能夠從大眾身上卸下繁重的稅務，讓人們輕鬆一些，而且還能增加財富。我們把太多東西用於私人的利益上了，應該去做一些服務集體利益的事情。而在公共服務方面，我們還需要進行更多的建設性考慮。

在經濟事務中，我們需要進行一種「訓練」。對投機資本抱有過分的奢望，如同對不負責任的勞動抱有不合理的要求一樣，都是由於人們對生活中經濟基礎的無知而造成的。

沒有人能夠從生活中獲取比生活本身所能給予的更多東西，然而，幾乎每個人都自認為能夠獲得。投機資本想要得到比自身能有的更多，勞動報酬要比自身能得的更多，原料銷售商也想要得到更多，購買商品的大眾也想要得到更多。一個家庭中支出多於收入是無法支撐生活的，這一點孩子都知道，但是人們似乎從來都不知道超過自己收入的支出是不可能的。

在排除慈善的過程中，我們在頭腦中不僅要牢記現存的經濟事實，而且還要記住：如果缺乏對這些經濟事實的瞭解，就會導致恐懼。消除了恐懼心理，我們就可以自力更生，在自力更生的地方，慈善就不會存在。恐懼是由於過分地依賴於外部事物而產生的。有的是依賴於領班的善良，有的是依賴於某個工廠的繁榮，有的是依賴於市場的穩定——換句話來說，恐懼就是那些把自身的事業依賴於外界環境的人所產生的情緒。恐懼是身體凌駕於靈魂之上的結果。

失敗的心情純屬於精神上的展現，並且是造成恐懼的原因，這種心情總是在那些沒有遠見的人身上表現出來。他們總是做著某些這樣的事情——在做一件事情的時候，他們失敗了；在做另一件事情的時候，他們又面臨危機；在做別的事情的時候，他們又碰到了似乎無法克服的困難。然後他們就喊著「失敗了」便把整個事情都扔掉。

他們甚至沒有給自己一次機會去嘗試失敗，也沒有給自己一個機會去證明其是對或錯。他們只是被一些很一般的困難擊敗了，而這些困難在每一種工作中都可能會遇到。

被擊敗比失敗更厲害。他們所需要的不是智慧、金錢、才智或者「推動力」，而僅僅是毅力。這是一種粗糙、原始、簡單的力量。

人們在某些事情上的看法是完全錯誤的。例如人們總是看到別人成功，並且在某種程度上成功很輕鬆和容易。但這並不是事情的本來面貌，失敗才是容易的，成功卻是非常艱難。一個人可以輕輕鬆鬆地失敗，但只有他付出他所有的一切和所能做的一切時，他才有可能成功。正是因為這一點，才使得成功如此的艱難。

如果一個人活在對某個雇主的恩惠之中，而又擔心其會改變並感到恐懼，他就應該使自己從中擺脫出來，不依靠任何雇主而生活。他可以做自己的老闆，也許他會成為一個比較窮的老闆，但至少擺脫了那種恐懼的心理，而這一點就相當於一大筆錢和一個好的職位。

對於這種人來說，重要的是戰勝自我，超越自我，在日常生活中擺脫恐懼。

記住：在那些你喪失自由的地方，成為一個自由人；在你失敗的地方，贏得戰鬥。

這樣，你將會看清自己，如果你的外部環境中有許多不對之處，而且在你的自身內部也有不對的地方，你自身的一些不對之處會毀掉你外部環境中本來是好的方面。

人類仍然是地球上的萬物之靈。無論發生什麼，人還是人。企業明天也許會不景氣，但他還是自己，他經歷了環境的變化，就像經歷溫度的變化一樣，他仍然是自己，只要他讓這種自信重生，他就會在自身之內挖掘出新的礦藏。在他自身之外，沒有任何讓他安全之處；在他自身之外，也沒有任何財富。只有在自身內部消除恐懼，才能帶來安全和財富。

讓每個美國人在救濟面前都能像鋼鐵一樣堅強。我們應該憎恨嬌寵，因為它是麻醉藥。

讓我們遠離救濟，讓那些脆弱的人去接受救濟吧！

第二十一章

一切都是可能的

我們正處在變化之中，這種變化在我們的周圍緩慢地、幾乎不被覺察地，但卻以堅定的步伐到處發生。我們逐漸學會了將結果與原因相聯結。我們稱之為動盪的東西（在那些傳統機構內部似乎是不安），很大一部分實際上是某些東西將要獲得新生的表徵。大眾的觀念正在發生變化，實際上我們只需要換一種思維方法，就能把過去糟透了的制度變成未來很好的制度。

我們正在拋棄那些過去被人們稱讚為堅強的東西，實際上它是頭腦僵硬、鐵石心腸。同時我們也正在摒除像泡沫一樣的憂愁。第一種人對強硬和進步區分不開，第二種人則把心腸軟和進步混為一談。我們對現實有了更好的認知，並且開始知道在我們的世界已經出現了生活最需要的物品。一旦我們知道它們是什麼，我們就應該更好地利用它們。

無論是什麼錯誤——事實上我們知道這個世界有許多不對之處——我們都可以透過理清錯誤的定義而改正錯誤。我們正在相互觀察，看到一個人有什麼，另一個人缺什麼，我們個人從中所做的事務已經超越了個人的範圍。可以肯定的是，人的天性滲透到了我們大部分的經濟問題當中。自私是存在的，毫無疑問它使得生活中的所有競爭活動都充滿了它的色彩。如果自私只是某個階級的特徵，那麼它是很容易對付的。但它是存在於人類的一切當中，並且貪婪也是同樣存在的。

嫉妒是這樣，羨慕也同樣如此。

但是，純粹為生存而去奮鬥卻比過去要少多了，雖然一種不安寧的感覺正在增強——我們有機會追求一些更好的東西。當我們習慣於文明的修飾之後，便很少地想到它了。正如世界對進步的瞭解一樣，它是伴隨著生活中的大量事物而增加的。

在普通美國人家的院子裡，齒輪、機械材料比一個非洲國王所擁有的還要多。普通美國小孩身邊的工具，比整個愛斯基摩社會所有的還多。廚房用具、餐廳用具、臥室用具和煤礦設備可以開出一張單子，這張單子將使五百年前最奢侈的大富豪目瞪口呆。

生活設施的增加還只是到達一個階段。我們就像那些帶著他所有錢財到鎮上來的印第安人一樣，買下他們所看到的每一種東西，卻沒有充分意識到很多勞動和工業材料被用來為世界增加了一些毫無價值的小物品。這些小物品被製造出來只是為了銷售，被買下來也只是為了佔有——它並不能為這個世界提供服務，如同它們最初只是浪費一樣，最終將成為垃圾。

人類已經向前發展，工業已經被用於滿足世界的需求。因此我們可以更進一步地發展，朝著我們現在很多人可以期望的生活方向發展。但是目前「已經夠好了」的階段，卻在阻礙著我們去獲得那種生活。我們正在擺脫對物質佔有的崇拜，成為富人不再是什麼了不起的事。事實上，成為富人不再是世人共同的雄心壯志了。

人們不再像他們過去那樣為賺錢而賺錢了。當然，他們也不再敬畏錢，不再站著向擁有它的人致敬了。因為累積我們並不需要的東西，並不能增加我們的榮耀。

只要稍微想一想就可以明白，就個人利益而言，大量地累積金錢並沒有任何意義。

一個人只是一個人，不論是窮人還是富人，他依靠同樣數量和種類的食物來維持生活，用同樣多的衣服為自己保持溫暖，沒有人能同時住兩間房屋。

但是如果一個人能想到服務，如果一個人有著非凡的宏偉計畫，如果一個人擁有想使產業像玫瑰一樣開出那麼美麗的花朵來的雄心壯志，一天的工作生活突然變成新鮮、充滿激情的人類動機，那麼，一個人從一大筆金錢中看到的，就像一個農夫從他的玉米苗中看到的一樣——新的、更大的豐收，這豐收的喜悅將像太陽的光輝一樣普照大地。

這個世界上有兩種傻瓜。

一種傻瓜是百萬富翁。他認為透過聚斂錢財，能在某種程度上積累真正的權力。

另一種傻瓜是身無分文的革命家。他認為只要他能從一個階級手中把錢奪過來，再把錢交給另一個階級，這世界上的所有弊病都能夠治好。

他們都是走上了歧路。他們試圖買下世界上所有的西洋棋和紙牌，以為這樣他們就可以獲得大量的棋牌技巧。我們時代一些最會賺錢的人，從來沒有為人類的財富增加過一分錢的東西。難道一個玩牌的人為這個世界增加過財富嗎？

如果我們每個人都盡我們最大的創造能力去創造財富的話，那麼每個人都能夠獲得足夠的東西，這個世界也能夠為每個人提供足夠的東西，這將是很容易做到的事。在這個世界上出現任何真正的生活必需品匱乏——不是因為錢包裡缺少金屬片的撞擊聲引起的虛幻匱乏——都只能歸因於缺少足夠的生產，而缺少生產通常只能歸因於缺乏怎樣生產和生產什麼的知識。

我們必須相信以下這些是出發點：

大地出產，或者能夠生產足夠的物質，以供每個人過著美好的生活——不只是糧食，而且還有我們需要的其他一切東西。因為一切都是從土地上生產出來的。勞動、生產、分配和報酬是可以組織得非常好的，能夠根據公正的原則讓每個人得到和他的奉獻相稱的一份。

無論人類本性的弱點如何，我們的經濟制度都可以調整好——雖然也許不能消除——使自私沒有權利造成經濟上的嚴重不公平。

企業的生存是容易還是困難，要看生產和分配中展現出來它是有技術還是缺乏技術。

有人認為企業是為了利潤而存在的，這是錯誤的，企業的存在是為了服務。它是一種職業，必須有被認可的職業道德，違背這種職業道德將使一個人失去他原先的社會地位。

企業需要更多的職業精神。這種職業精神從自豪感中，而不是從被強制中獲取職業的正義。這種職業精神能夠發現自己被人們違背之處，並能對此加以懲罰，使得企業有一天會變得清白。

一臺不時停頓一下的機器，是一臺有毛病的機器，它的毛病就在它的自身內部。一個經常得病的身體，是一個有病的身體，他的疾病就存在於他的自身體內。企業也是如此，它的錯誤——其中很多純粹是屬於企業的道德錯誤——阻礙著它的發展，並且使它常常得病。終有一天，企業道德將被普遍認可，到那時候，經商將被看作是所有職業中最古老、最有用的職業。

福特公司所做的一切——我所做的一切——就是想要證明那種將服務置於利潤之上的、能使世界變得更加美好的事業是一項高貴的職業。

我經常想，我們公司之所以能取得在某種程度上被認為是顯著的發展，要歸於一些偶然事件——我不想說「成功」，因為這個詞是墓誌銘，而我們才剛剛開始。我們所使用過的一些方法，雖然方法本身非常好，但只適合製造我們特定的產品，而不能應用於任何其他的企業，或者不能應用於與我們不同的其他生產或人類事業中去。

曾有人想當然地認為我們的理論和方法從根本上就是不對的，這是因為他們沒有理解。事實已經駁斥了這種觀點，但是仍然有人真誠地相信：我們所做的一切不能由任何其他公司去做——我們是在被一根魔杖驅使，我們或任何其他人都不能按照我們生產汽車和曳引機的模式去製造鞋子、帽子、縫紉機、鐘錶、打字機，或任何其他的生活必需品。只要我們冒險進入其他生產領域，很快就會發現我們的錯誤。對於這些說法，我不能同意。沒有任何東西是從天上掉下來的。這本書前面的篇章可以證明這點。我們沒有什麼東西是別人所不能擁有的。我們並沒有什麼特殊的好運——除了那些總是垂青任何盡最大努力工作的人之外。

在我們開始的時候，沒有任何可以被稱之為有利的因素，我們幾乎是從零做起。我們所擁有的都是我們創造出來的，是我們透過對一種原則的堅定信仰和不間斷的勞動而獲得的。

我們把一種被當作奢侈品的東西變成一種生活必需品，沒有在耍花招或詭計。當我們開始製造我們目前這種汽車時，全國只有很少的好公路，汽車也很少。大眾的頭腦中根深蒂固的觀念是，在最好的情況下一輛汽車也只不過是有錢人的玩具。

我們唯一的有利之處，就是沒有先例。

我們根據一種在當時尚未被企業所知的信仰開始投入生產。新的觀念總是會被人們看成是古怪的。我們中的一些人生來就是這樣，我們不能不去想像任何新的東西都必須是古怪的，並且可能是奇異的。源於我們信仰的機械產品經常在變化。我們不斷地發現新的和更好的方式，並把它用於實踐當中，但我們並沒有發現有必要去改變這些原則。

我不能想像，怎麼可能會有必要去改變這些原則？因為我堅信它們絕對是普遍適用的，肯定能夠引導所有的人走向更美好、更廣闊的生活。

如果我不這麼認為的話，我將不會一直工作，因為我所賺的錢並不重要。只有被用來以實際的例子推進一條原則時，金錢才是有用的。這條原則就是企業只有提供服務，才是真正的企業；企業必須少從社會獲取，而多付出給社會，除非每個人都能從一個企業的存在中獲得好處，否則這個企業就不應該存在。

我已經用汽車和曳引機證明了這點。

我想用鐵路和公共服務公司來證明它——不是為了使我個人滿意，也不是為了從中賺錢——應用這些原則而不能獲利是完全不可能的，我想要證明它，那麼，我們所有的人擁有的就會更多，通過增加所有企業提供的服務，我們所有的人就可以生活得更好。

貧窮不可能用公式來消除，它只能經由艱苦、聰明的工作來消除。實際上，我們是證明一種原則的實驗站。我們確實賺到了錢，但這只不過正是我們對它更進一步的證明，因為這是不用言詞就能自行確立的一種證據。

在第一章中，我已闡述過我們的信條。

在根據這些信條而完成了我們的工作之後，讓我再把它重複一遍——因為它是我們所有工作的基礎：

對未來毫不畏懼，對過去充滿敬意

一個害怕未來、害怕失敗的人，會使他的行為處處受到限制。失敗是更富智慧的行為，再次開始的唯一機會。誠實的失敗並沒有什麼不光彩，丟人的是害怕失敗。

過去的一切只有對進步指出了可能的途徑和方式時，才是有價值的。

不要理會競爭

不論是誰，如果能將一件事做得更好，就應該由他去做這件事。試圖不讓另一個人從事商業是犯罪——因為他為了個人的利益而企圖降低別人的條件——用權力而不是用智慧。

把服務置於利潤之前

沒有利潤，企業就無法存在。獲取利潤並不是註定錯誤的。誠實經營的商業企業不可能得不到利潤回報，但利潤必須依靠良好的服務而獲得。它不能是基礎，必須是服務的結果。

生產不是低價買進高價賣出

它是這樣一個過程：以公平的價格買進原料，以盡可能低的成本把這些原料轉化成可消費的產品，再把它交給消費者。賭博、投機和損人的交易，只會阻礙這一過程。

我們必須生產，但生產背後的精神才是更加重要的。那種服務的產品必然會帶來真正的服務願望。各種完全人為的規則在金融和工業方面建立起來，並作為法律被通過，這些東西的經常性失敗證明它們甚至連好的猜想都算不上。

所有經濟推理的基礎是大地和它生產的東西。使大地以各種形式生產出足夠多和足夠可靠作為真正生活基礎的物品——不僅僅是局限於吃和喝的生活——才是最高的服務，這是一套經濟制度的真正基礎。我們能製造產品——生產的問題已經被最完美地解決了，我們可以把任何一種東西量產。我們的物質生活方式很有力地證明了這一點。

現在人們還在盼望、期待著將許多程序和改進用於實踐當中去，以使生活的物質水準達到極其完美的程度。但是我們過度地陷入了我們所做的事情之中，被它包圍著——我們對自己為什麼做這些事情的理由沒有給予足夠的關心。我們的整個競爭機制、我們的全部創造性表達、我們所有人員的工作，都是圍繞著物質生產中心——還有物質生產的副產品：成功和財富。

比如有一種觀點認為，個人或一個集體的利益可以犧牲另一個人或另一群體的利益為代價的方式來獲得。然而，這種利用消滅一個人的方式，不可能得到任何好處。

如果農民壓倒了工業主，他會變得更好些嗎？如果工業主壓倒了農民，他就會變得更好些嗎？資本家能夠經由壓倒勞動者而獲益嗎？或者勞動者能夠經由壓倒資本家而獲益嗎？或者一個企業的人能夠經由壓倒競爭對手而獲益嗎？

不能！

毀滅性的競爭不會給任何人帶來好處，必須拋棄那種引起大批企業失敗而對少數企業帶來利潤的競爭。毀滅性的競爭缺乏那種產生進步的品德，進步是來自於高尚的競爭。

糟糕的競爭是個人式的，它是一種個人或集體利益的膨脹。它是一種戰爭，是由那種想除掉某個人的欲望煽動起來的。也就是說，它的動機既不是對生產的驕傲感，也不是希望在服務中過人一等的願望，更不是想用科學的方法來進行生產的正常抱負。它只是被排擠別人的欲望所推動，為了獲得更多的金錢而去壟斷市場——一旦達到了目的，它就會以品質低劣的產品來代替以前高品質的產品。把我們從那種毀滅性的渺小競爭中解脫出來，也就可以把我們從許多觀念中解脫出來。

我們被緊緊地捆綁著去使用單一的老辦法，但我們需要機動性，否則我們使用一些東西時只會採用一種方法，只用一條管道去輸送許多東西，一旦這種使用量減少了，或那條管道給堵住了，企業的運轉也就停頓下來了，所有「蕭條」的悲慘局面便開始了。

就拿玉米為例子來說吧。在美國，儲存了上百萬甚至上千萬蒲式耳的玉米，但卻看不到如何消耗。一定數量的玉米被用作人和動物的糧食，但並不是所有的玉米。在《禁酒法》被通過之前，相當一部分的玉米被用於釀酒，這並不是一條使用好玉米的好辦法。但在漫長的歲月裡，人們只是順著這兩條管道使用玉米，當其中的一條被堵住時，玉米的存貨便開始堆積起來。通常使貨物不能流通是錢的因素，但即使有足夠的錢，我們也不可能消費掉我們某些時候所擁有的糧食。

當食物多到不能作為糧食去消費時，為什麼不找其他的消費途徑呢？為什麼只把玉米用去餵豬和釀酒呢？為什麼呆坐不動，不為降臨到玉米農場的可怕災難而悲傷呢？除了生產豬肉或釀造威士忌酒之外，難道玉米就沒有別的用處了嗎？

肯定有。只要是最重要的用途能夠完全滿足，玉米應該還有很多用途。總是有足夠的管道保持著暢通，以使玉米能被使用而不至被浪費掉。

有一段時間，農民把玉米當成燃料燒——玉米很多而煤很少。這是極為野蠻的處理玉米方式，但這裡面包含著一個新想法的萌芽——玉米中有燃料，可以從玉米中提取油和酒精燃料。

打開這種新思路是一個非常重要的時刻，因為這樣一來，儲存堆積的玉米就可以挪動了。為什麼我們的弓上只有一根弦？為什麼不能有兩根？如果一根斷了，還有另一根。如果生豬飼養業衰退了，那麼農民為什麼不把他的玉米變成曳引機燃料？

我們需要更多的多樣化，到處都四通八達不是個壞主意。我們有一個單行的貨幣體制，對於那些擁有它的人來說，這是非常好的體制。對於吃利息的人、控制信貸的金融家來說，這是完美的體制。這些人直接擁有叫作錢的商品，並直接擁有造錢和使用錢的機器。然而，人們發現這是一套糟透了的體制，因為它限制了生產，堵塞了流通。

如果有對利益集團的特殊保護，那麼也應該有對平民百姓的特殊保護。多樣化的出路，多樣化的用途，多樣化的金融途徑，是我們應對經濟危機的最有力防禦。

勞動也是這樣，應該由年輕人組成機動勞動力隊伍，可以為田野的收割、礦井、工廠或鐵路提供緊急援助。如果由於煤炭的缺乏，使得幾萬家企業有熄火的危險，一百萬人有失業的危險，那麼有足夠數量的人自願去煤礦和鐵路上工作，則既是一件好工作又是很人道主義的事。

在這個世界上總有一些事情需要去做，而且只有我們去做。整個世界可能好吃懶做，在工廠中也許會「無事可做」。在這個地方或那個地方也許會「無事可做」，但總是有一些事情需要去做。這一現實應該促使我們去建立一個我們自己的組織，使得這些「有事情需要做」可以做到，並使失業下降到最低的程度。

每一種進步都以很微妙的方式在個人身上開始，群眾並不比單一的個人相加更強些。這種進步就在人的自身之內開始，當他由興趣所至發展到有明確的目的，當他從猶豫不決發展到具有決定性的方向，當他由不成熟的判斷發展到成熟的判斷，當他由實習生變成師傅，當他由業餘愛好變成一個在工作中發現真正樂趣的工人，當他由一個需要別人看管的人變成一個值得信任的、不用監督和驅策就能做好自己工作的人時，那時候整個世界就前進了。

前進並不是件容易的事。當所有的人都被教導一切都應該輕鬆容易時，我們是生活在一個蕭條的時代。真正有意義的工作卻從來都不是輕鬆容易的。你所承擔的責任越重，你的工作就越難做。

當然，輕鬆也有它應有的地方——每一個工作著的人都應該有足夠的休息和閒暇，工作勞苦的人應該有舒適的椅子、溫暖的火爐、快樂的環境，這些是他應有的權利。但一個人只有做完他的工作之後，才能享受他的輕鬆。工作從來都不可能被罩上輕鬆的面紗。

有些工作是不必要的勞累，它可以透過適當的管理來減輕。應該採用每一種裝置，使人們能自由地做他們的工作，血肉身軀不應該被用來承擔那些本來可以由鋼鐵承擔的重負。但即使條件到了最好的程度，工作也仍然就是工作，任何一個投入其工作的人都會感到這是工作。

沒有多少可以挑挑揀揀的，那些被分派的工作可能遠遠不如人們所期望的，但一個人的真正事業並不總是他願意選擇去做的事業，而是他被選擇去做的事業。現在，微不足道的工作要比未來社會的多，只要還有這樣的瑣碎工作，就需要有人去做。但是，並沒有理由因為一個人的工作微不足道而去處罰他。有一點可以用於說明這些簡單的工作，而不能用於說明那些所謂的「重要工作」，那就是它們是有用的，是令人尊敬的，是誠實的。

已經到了必須把苦役從勞動中剔除出去的時候了。人們反對的不是工作，而是其中的苦役，我們必須將我們所發現每個地方的苦役驅逐出去。在把懲罰犯人的踏輪從日常工作中剔除出去之前，我們不可能創造完全文明的社會。現在，在某種程度上發明從事著這種事情。我們在將人們從榨取他們力氣且又重又累的工作中解脫出來這方面，取得了很大的成功。但是，即使是在減輕重活的時候，我們也沒能消除工作中的單調。

這是在向我們召喚的另一個領域——廢除單調。為了做到這一點，毫無疑問，我們會發現應該對我們的體製作出另一些必要的改變。

現在的工作機會遠比過去多得多，進步的機會也更多了，這一點是真的。現在的年輕人進入企業時，他所進入的一套體制和二十五年前的體制是完全不同的。這套體制變得更緊密了，其中遊戲或摩擦更少了。很少有事情能符合個人的喜好和願望，現在的工人發現自己只是一個組織中的一部分，而這個組織很少能帶給他主動性。

雖然一切就是如此，但「人只是機器」並不是真的，在組織中，個人機會已經完全失去，這也不是真的。

如果年輕人願意從這些觀點中解脫出來，按照體制的本來面貌去看待它，那麼他將會發現，他原來以為是障礙的東西實際上是一種幫助。

企業組織並不是阻礙能力擴張的手段，而是減少因為平庸所導致操作失誤和浪費的手段；它並不是阻礙那些有抱負、頭腦清晰的人發揮他們最大能力的手段，而是制止那些狂傲自大的人表現出他們最糟糕一面的手段。那也就是說，當懶散、粗心、遲鈍和無精打采得以肆無忌憚地橫衝直撞的時候，所有的人都要因此而受到連累。企業不可能繁榮發展，因此也不可能付出生活所需的薪資。

當一個組織推動那些毫不在意的人工作得比他們的本性使他們工作得更好時，這是為他們好——他們在身體、精神和經濟上都會更好。如果隨便放縱這些毫不在意的人，使他們自行其是的話，我們怎麼能夠付出薪資呢？

如果一個企業的制度在將平庸提升到更高標準的同時，卻將有能力的人降到了更低的標準，那麼這將是非常糟的制度，確實是非常糟的制度。但是一種制度，即使是一種非常完美的制度，也必須要有能幹的人來操作它。

沒有一種制度能夠自動運行，而且現在制度的運行比舊制度的運行需要動更多的腦筋。現在比以往任何時候都更加需要有頭腦的人，雖然需要他們的地方也許和以前不同了。這就好像動力一樣：以前，每一臺機器都是由腳力來帶動，這種動力對機器來說也不錯；但是我們現在則將動力往回搬了——把它集中到了動力房中。這樣，我們就可以使工廠中的每一件工作不再需要最高的能力才能做好了，那些頭腦更聰明的人被派到智慧電站去工作了。

每一個企業在發展的同時，也為那些有能力的人創造了施展才能的空間，這是它必然可以做到的。但是，這並不是意味著每天都有新的機會，並且機會會蜂擁而至。根本就不是這麼回事。機會只有在經過艱苦的勞動之後才會到來，只有那些能夠經受得住日常的辛勞、並且依然能夠保持生機和機警的人，最終才能贏得機會。

一個人在企業中並不是為了追求一鳴驚人，而是腳踏實地、實實在在地工作。大企業的行動必須保持從容和謹慎。有抱負的年輕人應該把目光放得長遠一些，從而為事業的發展留下充分的時間。大量的事情正處在變化之中。我們應該學會去做自然的主人，而不是做自然的僕人。雖然我們已經擁有了那麼多奇妙的技術，但我們對於自然資源仍然極大地依賴，並且這些自然資源是無法替代的。我們開採煤炭、開採礦石和砍伐樹木，可是我們使用煤和礦石，這些東西便被消耗掉了，樹木也不能在短期內重新長大以供我們使用。終有一天，我們將不再依靠煤炭，而是充分利用我們周圍的熱能——現在我們能夠利用水力發電來獲取能量。我們將進一步改進這種方法。

我十分相信，隨著化學的發展，我們將發現一種新的方法，它能把越來越多的東西變成比金屬更加耐用的物質——我們還沒有研究棉花的使用方法。我們將會製造出比自然生長出來的木材更好的材料。真誠服務的精神將會為我們創造一切。

我們每個人應該誠懇地做好我們的每一份工作。

一切都是有可能的……

「信仰是希望獲得的東西，是那些尚未被看到的事物存在的證據。」

成功講座 382

亨利·福特
Henry Ford自傳

海鴿文化出版圖書有限公司
Seadove Publishing Company Ltd.

作者　亨利・福特
譯者　陳永年
美術構成　騾賴耙工作室
封面設計　九角文化設計
發行人　羅清維
企畫執行　林義傑、張緯倫
責任行政　陳淑貞

出版　海鴿文化出版圖書有限公司
出版登記　行政院新聞局局版北市業字第780號
發行部　台北市信義區林口街54-4號1樓
電話　02-27273008
傳真　02-27270603
e - mail　seadove.book@msa.hinet.net

總經銷　創智文化有限公司
住址　新北市土城區忠承路89號6樓
電話　02-22683489
傳真　02-22696560
網址　www.booknews.com.tw

香港總經銷　和平圖書有限公司
住址　香港柴灣嘉業街12號百樂門大廈17樓
電話　（852）2804-6687
傳真　（852）2804-6409

CVS總代理　美璟文化有限公司
電話　02-27239968　e - mail：net@uth.com.tw

出版日期　2022年05月01日　一版一刷

定價　360元
郵政劃撥　18989626　戶名：海鴿文化出版圖書有限公司

國家圖書館出版品預行編目資料

亨利・福特自傳：影響人類歷史進程的100名人排行榜唯一企業家／亨利・福特作；陳永年譯.--
一版，--臺北市 ： 海鴿文化，2022.05
面 ；　公分. －－（成功講座；382）
ISBN 978-986-392-455-5（平裝）
1. 福特（Ford, Henry, 1863-1947） 2. 汽車業 3. 企業家
4. 自傳 5. 美國
785.28　　110016193